Victor Goldschmidt

Über Harmonie und Komplikation

Verlag
der
Wissenschaften

Victor Goldschmidt

Über Harmonie und Komplikation

ISBN/EAN: 9783957004727

Auflage: 1

Erscheinungsjahr: 2015

Erscheinungsort: Norderstedt, Deutschland

Hergestellt in Europa, USA, Kanada, Australien, Japan
Verlag der Wissenschaften in Hansebooks GmbH, Norderstedt

Ueber

Harmonie und Complication.

Von

Dr. Victor Goldschmidt.
a. o. Professor an der Universität Heidelberg.

Mit 28 in den Text gedruckten Figuren.

Berlin.

Verlag von Julius Springer.

1901.

Ist es der Einklang nicht, der aus dem Busen dringt
Und in sein Herz die Welt zurückeschlingt?
Wenn die Natur des Fadens ew'ge Länge
Gleichzeitig drehend auf die Spindel zwingt,
Wenn aller Wesen unharmon'sche Menge
Verdriesslich durcheinander klingt,
Wer theilt die fliessend immer gleiche Reihe
Belebend ab, dass sie sich rhythmisch regt?
Wer ruft das Einzelne zur allgemeinen Weihe,
Wo es in herrlichen Accorden schlägt?

Des Menschen Kraft, im Dichter offenbart.
       (Göthe. Faust. Vorspiel auf dem Theater.)

———

Die Zahl ist das Wesen der Dinge.
       (Pythagoras.)

Vorwort.

Harmonisch nennen wir eine Gruppirung oder Gliederung, die unser Geist, als seinem Wesen und den Sinnen angepasst, dem Gemüth wohlthuend aus der Welt der Erscheinungen auswählt oder, die Aussenwelt verändernd, schafft. In dieser Auswahl und diesem Schaffen bilden unser Sinn, unser Geist und Gemüth ihr Wesen ab und wir können deren Eigenart in diesem Bild studiren.

Jeder Sinn zeigt mehr oder minder deutlich erkennbar seine Harmonie. Am vollkommensten das Gehör im Geniessen und Schaffen der zur Musik gruppirten Töne; dann das Gesicht im Auswählen und Ordnen der Farben und räumlichen Massen zu Werken der bildenden Kunst. Aber auch der Geist und das Gemüth als Ganzes lassen eine Harmonie erkennen, geniessend und schaffend.

Es zeigt sich nun die Harmonie in ihren verschiedenen Formen beherrscht durch ein einfaches Erscheinungs- und Entwicklungs-Gesetz, das Gesetz der **Complication.** Dasselbe Gesetz aber finden wir objectiv bei der Differenzirung der Naturgebilde vom Einfachen zum fein Gegliederten, so bei den Tönen, den Farben und, besonders scharf präcisirt, bei den Krystallen.

Harmonie ist die Concordanz zwischen der Aussenwelt und unserem Gemüth, vermittelt durch eine Concordanz mit den Sinnen und dem Geist. Solche Concordanz empfinden wir als wohlthuend. Sie ist uns deshalb erwünscht, und der Wunsch ist der Antrieb zum harmonischen Schaffen.

Die Harmonie ist der Schlüssel zum Verständniss der Natur, indem sie das auswählt, was unseren einzelnen Sinnen und dem widerbildenden Vereiniger der Sinnes-Wahrnehmungen, dem Geist, angepasst in der Aussenwelt enthalten ist. Aber nur daraus besteht die unserer Erkenntniss zugängliche Natur. Die Natur ist uns nur dadurch zugänglich, erkennbar und genussbringend, dass sich in unseren Sinnen, im Geist und Gemüth Processe abspielen, die, von den Vorgängen der Aussenwelt inducirt, diesen analog (parallel) verlaufen, von den gleichen Gesetzen beherrscht sind.

Erkenntniss-Theorie ist daher die Zusammenfassung derjenigen Gesetze, die dem Geist und der Aussenwelt gemeinsam sind. Jedes solche Gesetz ist ein Baustein der Erkenntniss-Theorie Der versuchte Nachweis, dass das die Harmonie beherrschende Gesetz der Complication ein solcher Baustein sei, bildet den Inhalt der vorliegenden Studie.

Indem ich diese Untersuchung der Oeffentlichkeit übergebe, bin ich mir der Schwierigkeit der Aufgabe wohl bewusst. Ebenso der Lückenhaftigkeit der Durchführung. Wenn ich mich trotzdem zur Herausgabe entschloss, so geschah das, um einen zeitlichen Abschluss zu gewinnen und nicht ohne strenge Selbstkritik. Bereits 1893 war der wesentliche Inhalt niedergeschrieben und zum Druck bestimmt. Seitdem habe ich das Manuscript immer aufs neue hervorgeholt, ergänzt und berichtigt.

Ich weiss wohl, dass ich mich theilweise auf Gebieten bewege, die ich nicht wie ein Fachmann beherrsche. Es wäre aber jeder in der gleichen Lage, der es unternähme, verschiedene Wissenschaften durch ein geistiges Band zu verknüpfen, aus dem, was den verschiedenen Gebieten der Erkenntniss gemeinsam ist, auf die Natur des menschlichen Geistes zu schliessen.

Ein Antrieb, diese verknüpfende Arbeit selbst zu versuchen, nicht sie anderen zu überlassen, lag für mich darin, dass ich glaubte, auf dem Specialgebiet meiner Untersuchungen, der Krystallographie, im Gesetz der Complication, den Schlüssel zum Verständniss der Harmonie gefunden zu haben. War aber dieser Weg der richtige, so schien es nicht wahrscheinlich, dass ein Nicht-Krystallograph ihn finden oder begehen würde.

Um Irrthümer auf fremden Gebieten möglichst zu vermeiden, habe ich vor der Drucklegung Stücke, bei denen es wünschenswerth erschien, Freunden und Kennern der bezüglichen Gebiete vorgelesen und um deren Kritik ersucht. Es waren die Professoren E. Askenasy, R. Gottlieb, A. Horstmann, G. Landsberg, Geheimrath Th. Leber und Dr. R. Magnus in Heidelberg, Prof. L. Edinger in Frankfurt, Dr. Ben. und Im. Friedländer in Berlin und Prof. J. Rosenthal in Erlangen. Besonders eingehend wurden die philosophischen Theile mit Prof. P. Hensel in Heidelberg besprochen. Ich bin den Genannten dankbar für ihr geneigtes Gehör und ihre kritischen Bemerkungen, die vielfach klärend und berichtigend gewirkt haben.

Heidelberg im Dezember 1900.

V. Goldschmidt.

Inhalt.

Einleitung.

Γνῶϑι σεαυτόν, erkenne dich selbst, ist das Endziel aller Wissenschaft. Von den Dingen besteht für uns nur das, was unsere Sinne aufnehmen und unser Denkorgan verarbeitet. Unsere Fähigkeit, die Aussenwelt zu verstehen, lässt sich so erklären, dass sich in unserem Geist Vorgänge abspielen (Mikrokosmos), die den Vorgängen in der Natur (Makrokosmos) analog verlaufen. Die den Naturerscheinungen, analogen Geistesprocesse nennen wir Naturgesetze. Die Naturgesetze existiren für uns nur, sofern sie zugleich Gesetze unserer Sinne und unseres Geistes, d. h. unserer Erkenntniss sind. Alle Wissenschaften haben am Ausbau der Theorie der Erkenntniss mitzuarbeiten. Dies Gebiet ist allen gemeinsam. Haben wir durch das Studium einer Wissenschaft einen Fortschritt in der Theorie der Erkenntniss gemacht, so entsteht die Aufgabe, diesen in den anderen Wissenschaften zu prüfen, zu sehen, ob das gefundene Gesetz auch die anderen Wissenschaften beherrscht. Das geschieht, indem wir es versuchsweise auf die anderen Gebiete übertragen. Vermöge solcher Uebertragung kann ein Wissensgebiet durch ein anderes Befruchtung erfahren.

Beispiel. Darwin hat für die Thiere die Gesetze der Descendenz und des Kampfes ums Dasein aufgestellt. Er übertrug dieselben auf die Pflanzen. Aber viele andere Wissenschaften sind durch Uebertragung dieser Gesetze befruchtet worden.

Beherrscht ein Gesetz alle Gebiete, so ist es ein Grundgesetz der Erkenntniss.

Die Krystallographie hat von anderen Wissenschaften vielfach Gesetze und Methoden übernommen. Chemiker, Physiker, Mathematiker haben die in ihrer Wissenschaft ausgebauten Principien mit ungleichem Erfolg in die Krystallographie eingeführt. Es hat aber auch die Krystallographie ihre eigenthümlichen Erkenntniss-Methoden und Gesetze. Unter diesen können solche sein, die, auf andere Gebiete übertragen, sich auch dort als giltig erweisen und als wichtig, indem sie aufklärend und anregend wirken, die also die oben genannte erkenntniss-theoretische Bedeutung besitzen.

Ein solches Gesetz von allgemeiner Bedeutung ist, wie ich glaube, das Gesetz der **Complication**, nach dem sich aus einfacher Anlage die Manichfaltigkeit der Krystallformen entwickelt. Nach ihm entsteht, wie ich zu zeigen versuchen will, eine reiche Manichfaltigkeit auch in anderen Gebieten der belebten, wie der unbelebten Natur. Dem menschlichen Geist aber erscheint gerade die aus diesem Gesetz erfliessende Manichfaltigkeit als harmonisch, wohlthuend, schön, kurz als congenial d. h. dem Erfassen durch die Sinne und der Verarbeitung durch Empfindung und Verstand angepasst. Aus dem Umstand, dass das nach dem Gesetz der Complication Entwickelte der Einrichtung unserer Sinne und unseres Geistes angepasst ist, schliessen wir, dass das Gesetz der Complication auch die Entwicklung unserer Sinne und unseres Geistes beherrscht.

Wir sehen hier die Möglichkeit, die metaphysischen Begriffe „harmonisch" und „schön" naturwissenschaftlich herzuleiten.

Die vorliegende Arbeit schliesst sich organisch an die Untersuchungen des Verfassers über das Wesen der Krystalle. Im Index der Krystallformen[1]) wurde das Formen-Material gesammelt, kritisch gesichtet und geordnet, und dabei in eine Form gebracht, die eine Discussion in den Zahlenreihen, wie in deren Abbild, der Projection ermöglichte.

Diese Discussion zeigte, dass die ganze Entwicklung der Krystallformen[2]) von gewissen Primärflächen ausgehend beherrscht ist von einem einfachen Gesetz, dem Gesetz der Complication.[3]) Dies Gesetz umschliesst zugleich das Gesetz von der Rationalität der Indices, das Gesetz der Zonen, sowie das Gesetz der Constanz der Winkel. Das sind, zusammen mit dem Gesetz der Gesammtformen die bisher bekannten Hauptgesetze der formellen Krystallographie.

Zwei Untersuchungen über Verknüpfung der Krystall-Partikel[4]) suchten den Zusammenhang zwischen den krystallbauenden Kräften der Partikel und den Formen darzulegen und die Entwicklung der Formen nach dem Gesetz der Complication genetisch zu begründen.[5])

Bisher schien es, als sei das Gesetz der Rationalität der Indices eine specielle, in der Natur vereinzelt dastehende Erscheinung, die nur den Krystallen eigenthümlich ist. Es zeigte sich aber, dass das nicht der Fall ist, dass vielmehr das Gesetz der Complication (von dem das von der Rationalität der Indices ein Theil ist) auch andere grosse Gebiete beherrscht. Es ist, wie

---

[1]) Berlin, Springer. 1886—1892.
[2]) Zeitschr. f. Kryst. 1897. **28.** 1 u. 414.
[3]) Ebenda S. 13.
[4]) Ebenda. 1897. **29.** 38; 1898. **29.** 361.
[5]) Ebenda. 1897. **28.** 13; 1897. **29.** 48.

ich glaube im Folgenden zeigen zu können, die Grundlage der Harmonie und drückt dadurch der Musik seinen Stempel auf. Sind die gezogenen Schlüsse richtig, so bestimmt es gewisse Einrichtungen des Ohrs. Es findet sich objectiv bei den Spectral-Linien, subjectiv bei den Farben und giebt Einblick in das Wesen des Auges.

Das krystallographische Gesetz der Complication erscheint als ein weittragendes Entwicklungs-Gesetz für die Bildung der Manichfaltigkeit der Natur, ja der menschlichen Sinne und des menschlichen Geistes. Bestätigt sich das, so wird die Krystallographie zum Schlüssel für das Verständniss andrer Gebiete der Natur und liefert ihren Beitrag zur Theorie der Erkenntniss.

Andrerseits werfen die Gebiete, in denen das gleiche Gesetz herrscht, Licht zurück auf die Krystallographie. Die Krystallformen haben ihre Harmonie wie die Töne und Farben, wie Auge und Ohr und wie der menschliche Geist. Wir verstehen die Gesetze der Krystallformen, indem wir sie den höheren, allgemeineren Gesetzen der Natur und des Geistes unterordnen.

Ohne eine Betrachtung der Harmonie der Töne ist die Harmonie der Krystallformen unverständlich. Andrerseits können der Ton- und Farbenlehre zum Verständniss ihrer Harmonie einige Darlegungen aus der Krystallographie nicht erspart werden. Letztere konnten hier nur kurz und andeutungsweise gegeben werden; ich muss für das Nähere auf die oben citirten Publikationen verweisen.

Ich habe bereits an mehreren Stellen die Beziehungen zwischen Krystallographie und Harmonielehre angedeutet.[1]) Es wurden die Namen „harmonische Zahlen", „harmonische Reihen", „Octavenform der Reihe", „Dominante" angewendet und gesagt, dass die Begründung dieser Bezeichnungen folgen werde. Diese Schuld soll hier abgetragen werden.

Entwicklung der Krystallformen.

Krystalle sind bei ungestörter Ausbildung von ebenen Flächen bedeckt. Jede Krystallart hat ihr Formen-System, d. h. die an ihr beobachteten Flächen stehen in einem gesetzmässigen Zusammenhang, sowohl unter sich, als mit den physikalischen Eigenschaften und dem Bau des Krystalls aus, wie wir annehmen, parallel aneinander gereihten gleichen Partikeln.

Unter den Flächen, die eine Krystallart hervorbringt, und deren Zahl ist bei manchen Arten sehr gross, sind gewisse Flächen besonders wichtig durch Häufigkeit und Grösse, andre sind seltener, andre ganz selten. Mit

---

[1]) Zeitschr. f. Kryst. 1896. **26.** 7; 1897. **28.** 25.

der Häufigkeit nimmt die Grösse und endlich die Sicherheit der Beobachtung
ab. Danach haben die Flächen einer Krystallart eine bestimmte Rangordnung. Die wichtigsten nennen wir Hauptflächen, Primärflächen, auch
Primärknoten mit Rücksicht auf eine Darstellung durch Projection, in der sich
die Flächen als Punkte (Knoten) abbilden.

Es zeigt sich nun, dass die schwächeren (abgeleiteten) Flächen sich
zwischen die Hauptflächen (Primärflächen) in bestimmter Weise einordnen.
Seien A B (Fig. 1) 2 Primärflächen, so bildet sich bei fortschreitender
Differenzirung eine Fläche C, die die Kante A B parallelkantig unter be-
stimmtem Winkel abstumpft. C ist schwächer, im Rang niederer, als A und B.
Geht die Differenzirung weiter, so entstehen Flächen D, E, die die Kanten AC, BC abstumpfen. Die Flächen D und E sind
schwächer als C. Bei noch weiterer Differenzirung
bilden sich schwache Kanten-Abstumpfungen FGHI.
Wir haben hier 3 Stadien der regelmässigen Entwicklung:

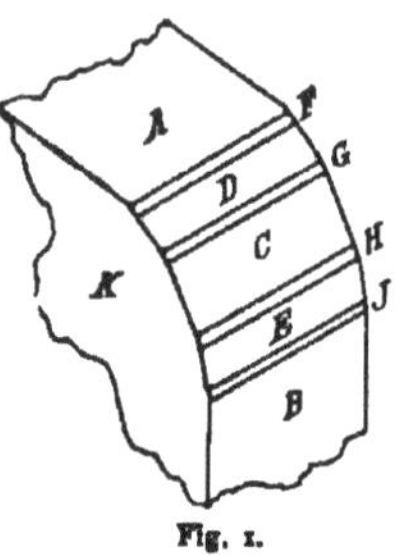

Fig. 1.

$$
\begin{array}{llllll}
N_0 &= A & & & & B \\
N_1 &= A & & C & & B \\
N_2 &= A & D & C & E & B \\
N_3 &= A\ F\ D\ G\ C\ H\ E\ I\ B
\end{array}
$$

Meist geht die Entwicklung nur bis N_1, oft bis N_2, selten bis N_3 und
äusserst selten darüber hinaus. Die zwischen 2 Primärflächen entwickelten
(abgeleiteten) Flächen bilden mit diesen eine Zone (Primärzone), charakterisiert
durch parallele Kanten. Die erste abgeleitete Fläche C, die wichtigste, nennen
wir Dominante, wenn zwischen 2 Primärflächen: Primärdominante.

Die gleiche Entwicklung kann sich an der Kante zwischen 2 anderen
Primärflächen vollziehen z. B. zwischen AK oder BK (Fig. 1). Wir sagen: es
spannen sich Primärzonen AB, AK, BK zwischen den Primärflächen (Primärknoten) A, B, K. Weitere Differenzirung bringt Zonen zwischen je einer Primär-
fläche und einer Primärdominante z. B. CK (Secundärzonen); dann zwischen je
2 Primärdominanten (Tertiärzonen). Die beiden Flächen, zwischen denen eine
Zone sich spannt, nennen wir die Endknoten der Zone. Auch die Zonen
haben ihre Rangordnung. Mit dieser Entwicklung ist ein grosser Formen-
reichtum geschaffen, besonders, wenn die Zahl der Primärflächen gross ist
und die Differenzirung in den Zonen weit geht, bis N_2 oder N_3. In jeder
Zone folgt die Anordnung der Flächen einem bestimmten Zahlengesetz, das für
alle Zonen aller Krystallarten das gleiche ist. Wir nennen es das Gesetz der
Complication. Es regelt den Ort resp. die Neigung der Einzelflächen, ihre
Grösse und Rangordnung und gestattet, nicht beobachtete Flächen als wahrscheinlich vorherzusagen, beobachtete auf ihre Wahrscheinlichkeit zu prüfen.[1]

---

[1] Vgl. Zeitschr. f. Kryst. 1897. **28.** S. 32—35. S. 426. 446. 1900. **33.** 441—446.

Ersetzen der Flächen durch Ihre Normalen. Auffassung der Normalen als Richtungen der Partikelkräfte. Zwischen den Flächen und den krystallbauenden parallelgestellten Theilchen (Partikel) besteht eine Beziehung. Die hypothetisch eingeführte Beziehung sei die, dass jede am Krystall mögliche Fläche senkrecht steht zu einer der Partikelkräfte. Der Partikel schreiben wir Primärkräfte zu von bestimmter Richtung und Intensität, und nehmen an, die Primärkräfte der Partikel (und zwar aller, da die Partikel parallel orientiert im Krystall sitzen) stehen senkrecht auf den Primärflächen. Wir ersetzen die Flächen durch ihre Normalen (Senkrechten zu den Flächen) aus einem Punkt innerhalb des Krystalls und haben so die Richtungen der flächenbauenden Partikelkräfte. An Stelle der Primärflächen treten Primärkräfte, an Stelle der abgeleiteten Flächen, abgeleitete Kräfte. Die Krystallmessung giebt, indem sie die Lage der Flächen ermittelt, die Richtung der Partikelkräfte. Wir können aber auch deren relative Intensität finden.

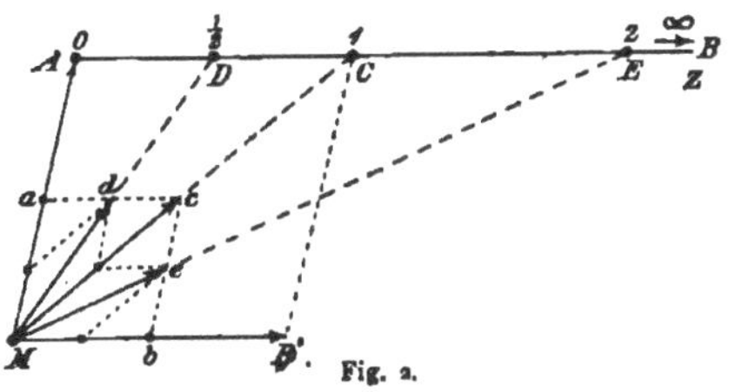

Deduction der Flächen einer Zone aus den Primärkräften. Seien A, B (Fig. 2) die Primärkräfte, die senkrecht zu sich die Flächen A, B (Fig. 1) bilden, so ist genetisch das empirisch gefundene Gesetz der Entwicklung folgendes: Die Kräfte A, B zerfallen in 2 Hälften, von denen die einen a, b sich zur Resultante c zusammenlegen. Zu c senkrecht entsteht die Fläche C. Wiederholt sich der Process, so tritt $\frac{1}{2}$a mit $\frac{1}{2}$c zusammen zu einer Resultante d, ebenso $\frac{1}{2}$b und $\frac{1}{2}$c zu e. Bei nochmaliger Wiederholung des Processes schieben sich weitere, schwächere Resultanten zwischen ad, dc, ce, eb ein etc. So finden wir Richtung und Intensität der abgeleiteten Kräfte, dadurch Ort und Rangordnung der abgeleiteten Flächen. Die Flächen stehen senkrecht zu den Kräften, die Rangordnung entspricht der relativen Intensität.

Zahlengesetz der Complication. Wir ziehen durch A parallel B eine Gerade AZ (Fig. 2) und verlängern Ma, Md, Mc, Me, Mb bis zum Durchstich mit AZ, so sind die Richtungen Ma, Md, Mc, Me, Mb charakterisirt durch die Durchstichpunkte A, D, C, E, B. B liegt im Unendlichen. Setzen wir nun AC = MB' = 1 = der Primärkraft in Richtung MB, so ist, wie sich zeigen lässt, AD = $\frac{1}{2}$, AC = 1, AE = 2, AB = ∞. Das Durchstechen der Geraden AZ nennen wir projiziren, die Durchstichpunkte Projectionspunkte. Die Projectionspunkte charakterisiren die Lage der Flächen, ihr Ort ist gegeben durch die Zahlen 0 · $\frac{1}{2}$ · 1 2 ∞. Diese Zahlen nennen wir die harmonischen Zahlen, ihre Reihe harmonische Zahlenreihe und, wenn lückenlos, Normalreihe. In den Normalreihen und harmonischen Zahlen drückt sich unser Entwicklungsgesetz aus. Wir haben:

$$\text{Primärflächen: A} \quad \cdot \quad \cdot \quad \cdot \quad \cdot \quad \cdot \quad \cdot \quad \cdot \quad \text{B}$$
$$N_0 = 0 \quad \cdot \quad \cdot \quad \cdot \quad \cdot \quad \cdot \quad \cdot \quad \cdot \quad \infty = \text{Normalreihe } 0.$$

$$\text{1. Complication: A} \quad \cdot \quad \cdot \quad \cdot \quad \text{C} \quad \cdot \quad \cdot \quad \cdot \quad \text{B}$$
$$N_1 = 0 \quad \cdot \quad \cdot \quad \cdot \quad 1 \quad \cdot \quad \cdot \quad \cdot \quad \infty = \text{Normalreihe } 1.$$

$$\text{2. Complication: A} \quad \cdot \quad \text{D} \quad \cdot \quad \text{C} \quad \cdot \quad \text{E} \quad \cdot \quad \text{B}$$
$$N_2 = 0 \quad \cdot \quad \tfrac{1}{2} \quad \cdot \quad 1 \quad \cdot \quad 2 \quad \cdot \quad \infty = \text{Normalreihe } 2.$$

$$\text{3. Complication: A} \quad \text{F} \quad \text{D} \quad \text{G} \quad \text{C} \quad \text{H} \quad \text{E} \quad \text{I} \quad \text{B}$$
$$N_3 = 0 \quad \tfrac{1}{3} \quad \tfrac{1}{2} \quad \tfrac{2}{3} \quad 1 \quad \tfrac{3}{2} \quad 2 \quad 3 \quad \infty = \text{Normalreihe } 3.$$

u. s. w.

Es ist klar, wie die Reihe bei einer 4., 5. Complication aussehen würde. Aber die Natur geht, mit seltenen Ausnahmen, über N_3 nicht hinaus.

Umformung einer Reihe auf die Form $0 \cdot 1 \cdot \infty$. Die Zahlenreihe einer Zone zeigt nur dann zwischen $0 \cdot \infty$ den gesetzmässigen Verlauf, wenn die Punkte $0 \cdot \infty$ den Endknoten des Zonenstücks zugehören. Kennen wir die Endknoten, so können wir ihnen die Zahlen $0 \cdot \infty$ beilegen und aus den Zwischenzahlen beurtheilen, ob die Reihe normal oder gestört ist. Umgekehrt erkennen wir die Endknoten als solche daran, dass die Reihe normal wird, d. h. unserem Zahlengesetz folgt, wenn wir die Endknoten $0 \cdot \infty$ nennen.

Stehen nun an den Endknoten, in Folge vorheriger anderweiter Annahme, nicht $0 \cdot \infty$, sondern andere Zahlen $z_1 \cdot z_2$, so können wir die Reihe in die Form $0 \cdot \infty$ bringen, indem wir statt jeder Zahl z der Reihe setzen:

$$p = \frac{z - z_1}{z_2 - z}$$

Beispiel. Es sei eine Reihe gefunden:

$$\text{Flächen: A} \quad \text{D} \quad \text{C} \quad \text{E} \quad \text{B}$$
$$z = 1 \quad \tfrac{4}{3} \quad \tfrac{3}{2} \quad \tfrac{5}{3} \quad 2$$

und wir vermuthen, A und B seien die Endknoten, so ist in obiger Formel $z_1 = 1$, $z_2 = 2$ und wir bilden:

$$p = \frac{z - 1}{2 - z} = 0 \quad \tfrac{1}{2} \quad 1 \quad 2 \quad \infty = N_2$$

Wir erkennen, dass nach dieser Umformung die Reihe den gesetzmässigen Verlauf hat, und aus dem gesetzmässigen Verlauf schliessen wir umgekehrt, dass in der That, wie wir vermuteten, AB die Endknoten der Entwicklung sind.

Die Rangordnung der Flächen zeigt sich in der Einfachheit der Zahlen in der Reihe $0 \cdot 1 \cdot \infty$.

$$\text{Den höchsten Rang haben} \quad 0 \qquad \infty$$
$$\text{dann} \quad 1$$
$$\text{dann} \quad \tfrac{1}{2} \quad 2$$
$$\text{dann} \quad \tfrac{1}{3} \quad \tfrac{2}{3} \quad \tfrac{3}{2} \quad 3$$
$$\cdot \quad \cdot \quad \cdot \quad \cdot$$

Aus der Entwicklung in allen einzelnen Zonen (Primärzonen, Secundärzonen, Tertiärzonen u. s. w.), ausgehend von den Primärflächen, setzt sich das
Formensystem einer Krystallart zusammen.

Das ist in grossen Zügen ein Bild von der Entwicklung der Formen, wie
wir es bei den Krystallen aller Systeme und jeder beliebigen Zusammensetzung finden.

Harmonie der Töne.

In der Musik ist die Auswahl der Töne zu harmonischen Gruppen
Menschenwerk d. h. ein Abbild des menschlichen Geistes und zwar des Geistes
der menschlichen Gesammtheit. Denn das von Einzelnen als harmonisch Zu-
sammengestellte wird von der Gesammtheit als schön und wohlthuend empfunden. In dieser Gemeinsamkeit liegt die Möglichkeit des Geniessens musikalischer Compositionen durch die Zuhörer.

Bei den Krystallformen ist nicht eine gefällige Auswahl getroffen,
sondern alles Vorhandene ist nüchtern verzeichnet, in Zahlentabellen und
Figuren niedergelegt. In diesen Aufzeichnungen, der Wiedergabe der von
Menscheneinfluss freien Zusammenstellungen der Formen durch die schaffende
Natur, spricht sich unmittelbar und für alle Krystallarten geltend das Gesetz
der Complication aus.

Es soll nun nachgewiesen werden, dass die Tongruppen, die unser Ohr
als harmonisch aus der unendlichen Verschiedenheit des Erklingenden auswählt, dem gleichen Gesetz der Complication folgen. Wir wollen zeigen, wie
sich aus diesem Gesetz die Elemente einer musikalischen Harmonielehre ableiten lassen und zwar die Zusammensetzung der harmonischen Accorde und
Folgen, das Wesen der Tonleitern und Tonarten und der Aufbau von Musikstücken aus Accorden und Folgen.[1]

Musikalische Zahlenreihe. Diatonische Tonleiter. Gehen wir von einem
Grundton z. B. c aus, so gehören zu diesem andere Töne d e f   deren
Schwingungszahlen pro Zeiteinheit mit denen von c in einfachem rationalem

---

[1] Der Erste, der Beziehungen zwischen Krystallformen und harmonischen Tönen
suchte, dürfte Chr. S. Weiss gewesen sein. (Betrachtung der Dimensionsverhältnisse in
den Hauptkörpern des sphäroedrischen Systems und ihren Gegenkörpern im Vergleich mit
den harmonischen Verhältnissen der Töne. Abh. Berlin. Ak. 22. Oct. 1818). Er vergleicht
im regulären Würfel, Octaeder, Tetraeder, Dodekaeder, Leucitoeder die Längen aus dem
Mittelpunkt nach den Ecken, den Kanten- und Flächen-Mitten und zieht eine Analogie
zwischen deren Verhältnissen $\sqrt{3} : \sqrt{2} : \sqrt{4} : \sqrt{3}$;   und den Schwingungsverhältnissen
3 2; 4 : 3; . . der Töne.

Herr Geheimerath Weisbach in Freiberg hatte die Güte, mich auf diese Publikation
aufmerksam zu machen.

Verhältniss stehen. Für $c = 1$ ist die Zahl z der Schwingungen, zunächst in der sogenannten diatonischen Tonleiter:

$$
\begin{array}{ccccccccc}
 & c & d & e & f & g & a & h & \overline{c}\,^1) \\
z = 1 & & \tfrac{9}{8} & \tfrac{5}{4} & \tfrac{4}{3} & \tfrac{3}{2} & \tfrac{5}{3} & \tfrac{15}{8} & 2
\end{array}
$$

Grundton   Secund   Terz   Quart   Quint   Sext   Septim   Octav

Die reciproke Reihe

$$
\begin{array}{ccccccccc}
 & & c & d & e & f & g & a & h & \overline{c} \\
1 = \tfrac{1}{z} = 1 & & \tfrac{8}{9} & \tfrac{4}{5} & \tfrac{3}{4} & \tfrac{2}{3} & \tfrac{3}{5} & \tfrac{8}{15} & \tfrac{1}{2}
\end{array}
$$

giebt das Verhältniss der Schwingungsdauern d. h. der Zeit, die die einzelnen Schwingungen für die verschiedenen Töne brauchen, zugleich der Längen d. h. der Wege der einzelnen fortschreitenden Wellen oder der Längen der als Ganzes schwingenden musikalischen Instrumente, als Längen der Orgelpfeifen, der Stimmgabeln, der schwingenden Stücke der gleichen Saite. Spanne ich eine Saite auf den Grundton c und drücke in $\tfrac{1}{3}$ der Länge nieder, so dass beim Anstreichen $\tfrac{2}{3}$ der Länge schwingen, so erklingt die Quint g.

Endknoten der Octav. Wir wollen den Grundton (c) und den Octavton ($\overline{c}$) die Endknoten der Octav, d. h. des Inbegriffs der Töne zwischen $c\,\overline{c}$, nennen. (Das Wort Octav hat im Gebrauch der Musik einen doppelten Sinn. Man nennt Octav das Gebiet zwischen c und $\overline{c}$; zugleich nennt man $\overline{c}$ die Octav von c.)

Die Wahl des Grundtons ist beliebig. Das als Grundton unseres Systems übliche c hat 264 Schwingungen pro Secunde nach Verabredung der deutschen Naturforscher-Versammlung von 1834. Die Wahl des Grundtons nennt man die Stimmung. Man pflegt zur Bezeichnung der Stimmung nicht die Zahl der Schwingungen für c, sondern die für $a = \tfrac{5}{3} c = 440$ anzugeben. Eine neuere Verabredung der Pariser Akademie (Pariser Stimmung) hat für a 435 Schwingungen pro Secunde festgesetzt,[2]) doch werden diese Verabredungen nicht immer eingehalten. Man findet die Instrumente höher oder tiefer gestimmt, oft zum grossen Unbehagen der Sänger.

Tonsysteme auf verschiedenem Grundton. Statt auf c mit 264 Schwingungen kann man das ganze Tonsystem auf einem anderen Grundton aufbauen z. B. auf a mit 435 Schwingungen. Die diatonische Tonleiter ist dann:

$$
\begin{array}{ccccccccc}
 & a & h & cis & d & e & fis & gis & \overline{a} \\
z = 1 & & \tfrac{9}{8} & \tfrac{5}{4} & \tfrac{4}{3} & \tfrac{3}{2} & \tfrac{5}{3} & \tfrac{15}{8} & 2
\end{array}
$$

---

[1]) Wir wollen, von einer mittleren Octav ausgehend, die Töne der höheren Octaven mit Strichen über den Buchstaben bezeichnen, die der niederen Octaven durch Striche unter den Buchstaben. Also:

$\underset{=}{c}\ \underset{=}{d}\ \underset{=}{e}$ $\underset{-}{c}\ \underset{-}{d}\ \underset{-}{e}$ $c\,d\,e\cdot\cdot$ $\overline{c}\,\overline{d}\,\overline{e}$ $\overline{\overline{c}}\,\overline{\overline{d}}\,\overline{\overline{e}}$ $\overline{\overline{\overline{c}}}\,\overline{\overline{\overline{d}}}\,\overline{\overline{\overline{e}}}$

Dies erscheint zur Uebersicht bequem.

[2]) Vgl. Helmholtz, Lehre v. d. Ton-Empfindungen 1877. 29.

Die Verhältnisszahlen z der Schwingungen sind die gleichen. Die Schwingungszahlen selbst sind auch die gleichen nur mit dem constanten Faktor k, der die Grundtöne ineinander verwandelt. Ist $a = \tfrac{5}{3}c$, so erhalten alle Töne des Tonsystems auf a den gleichen Coefficienten $\tfrac{5}{3}$. Im Uebrigen sind beide Tonsysteme gleich. Allgemein: ist der neue Grundton $c' = k\,c$, so werden die Schwingungszahlen n für alle Töne im neuen Tonsystem: zu $n' = k\,n$.

Gleichheit der Zahlen z resp. l für alle Tonsysteme. z und l sind Verhältnisszahlen. Im Verhältniss kann der constante Faktor k weggehoben werden. Daher sind die Zahlen z resp. l gleich für alle denkbaren Tonsysteme. Wir studiren den Charakter der z-Reihe für ein bestimmtes System und kennen ihn dadurch für alle. Unsere folgenden Betrachtungen beziehen sich nur auf die Verhältnisszahlen z resp. l. Diese, nicht die Schwingungszahlen pro Zeiteinheit bestimmen die Harmonie.

Unser Tonsystem baut sich ansteigend auf dem Grundton c auf (C-Dur), absteigend auf a (A-Moll).[1]) Wir verfahren daher allgemein, indem wir den Grundton unseres Tonsystems $= 1$ setzen und c (resp. a) nennen.

Die Fortsetzung der Reihe über Grundton und Octav nach beiden Seiten liefert Töne, die musikalisch mit denselben Buchstaben bezeichnet werden, wie die Töne innerhalb der ersten (mittleren) Octav. Wir haben:

$$
\begin{aligned}
&\underline{c}\cdots\underline{f}\;\;\underline{g}\cdot\underline{a}\cdots c\cdots f\cdot g\cdot a\cdots \bar{c}\cdots \bar{f}\cdot\bar{g}\cdot\bar{a}\cdots \bar{\bar{c}}\qquad \bar{\bar{f}}\cdot\bar{\bar{g}}\cdot\bar{\bar{a}}\cdots \bar{\bar{\bar{c}}}\cdots\\[4pt]
z=&\cdots\ \tfrac{1}{2}\cdots\tfrac{2}{3}\cdot\tfrac{3}{4}\cdot\tfrac{5}{6}\cdots 1\cdots\tfrac{4}{3}\cdot\tfrac{3}{2}\cdot\tfrac{5}{3}\cdots 2\cdots\tfrac{8}{3}\cdot 3\cdot\tfrac{10}{3}\cdots 4\cdots\tfrac{16}{3}\cdot 6\cdot\tfrac{20}{3}\cdots 8\cdots\\[4pt]
=&\cdots\tfrac{1}{2}(1\quad\tfrac{4}{3}\cdot\tfrac{3}{2}\;\tfrac{5}{3}\quad 2)\cdots\qquad\qquad\cdots 2(1\cdots\tfrac{4}{3}\cdot\tfrac{3}{2}\cdot\tfrac{5}{3}\cdots 2)\cdots\\[4pt]
&\qquad\qquad\cdots(1\cdots\tfrac{4}{3}\cdot\tfrac{3}{2}\cdot\tfrac{5}{3}\cdots 2)\qquad\qquad\cdots 4(1\quad\tfrac{4}{3}\cdot\tfrac{3}{2}\cdot\tfrac{5}{3}\quad 2)\cdots\\[4pt]
=&(\cdots\tfrac{1}{2},\ 1,\ 2,\ 4\cdots)\,(1\quad\tfrac{4}{3}\;\tfrac{3}{2}\cdot\tfrac{5}{3}\cdot\quad\cdots 2)
\end{aligned}
$$

Die Reihe geht nach beiden Seiten ins Unendliche. Sie gliedert sich periodisch in harmonisch gleichwerthige Stücke (Octaven). Für das Ohr wahrnehmbar, musikalisch brauchbar, ist nur eine kleine Zahl von Octaven. Die Zahl ist verschieden für verschiedene Personen, doch nicht in weiten Grenzen.

Jede Periode hat die gleichen Zahlen, abgesehen von dem Faktor $\tfrac{1}{2}$, 1, 2, 4 · $= 2^n$, worin n eine $\pm$ ganze Zahl ist. Wir können schreiben:

$$
z = 2^n\,(1\quad\cdot\tfrac{4}{3}\cdot\tfrac{3}{2}\;\tfrac{5}{3}\quad 2),\ \text{worin}\ n = \overline{3},\ \overline{2},\ \overline{1},\ 0,\ 1,\ 2,\ 3\ \cdot\ \cdot
$$

Harmonische Gleichwerthigkeit der Octaven. Gleiche Töne in jeder Octav. Reduction auf das Intervall $c\,\bar{c}$. $z = 1\cdot\ \cdot\tfrac{1}{2}\cdot\ \ 2$. Umstellen der Töne in der Harmonie. Wir wollen für die folgenden Betrachtungen die gleiche Zahl obiger Reihe für jede Octav als gleichwerthig ansehen, d. h. den Faktor 2^n weglassen. Die Berechtigung dieser Annahme spricht sich darin aus, dass

---

[1]) Charakteristisch für C-Dur resp. A-Moll als Anfangs-Tonarten ist das Fehlen von Aenderungs-Zeichen ♯ und ♭. Wir betrachten das Verhältniss von C-Dur und A-Moll weiter unten (S. 37) näher.

man Töne, die um eine Octav von einander abstehen, mit demselben Buchstaben bezeichnet. Man nennt:

$$1 = c; \qquad \tfrac{3}{2} = g; \qquad \tfrac{5}{3} = a$$

Ebenso: $2^n \cdot 1 = c$; $2^n \cdot \tfrac{3}{2} = g$; $2^n \cdot \tfrac{5}{3} = a$ \qquad für beliebiges ganzzahliges n.

Man sagt zwei Stimmen singen dieselben Töne (unisono) z. B. c f g a, wenn auch in verschiedenen Octaven. Alle c unter sich, alle f, alle g unter sich gelten harmonisch als gleichwerthig.

Wir dürfen, ohne Aenderung der Harmonie, jeden Ton um Octaven verlegen, ein z mit einem beliebigen Vielfachen von 2 multipliciren oder dividiren. Das benutzen wir, um zum Vergleich alle Töne in das Intervall $z = 1 \quad \tfrac{3}{2} \quad 2$ zu verlegen. Bei den folgenden Rechnungen lassen wir alle Faktoren $2^{\pm n}$ weg, die den Ton aus dem Intervall $z = 1 \quad 2$ wegbrächten.

Beispiel: $g = \tfrac{3}{2}$. Die Quint von g ist $\tfrac{3}{2} \times \tfrac{3}{2} = \tfrac{9}{4}$. Dafür setzen wir $\tfrac{9}{8} = d$, dividiren durch 2, um den Ton in das Intervall $1 \cdot \cdot 2$ zu bringen. Wir schreiben kurz: $\tfrac{3}{2} \times \tfrac{3}{2} = \tfrac{9}{8}$.

Aus der Annahme der harmonischen Gleichwerthigkeit der Octaven folgt ferner, dass wir statt der Töne die Buchstaben schreiben und die Töne (Buchstaben) in der Harmonie umstellen können. Danach ist: $c \, e \, g \doteq$ (harmonisch gleichwerthig) $\overline{c} \, e \, g \doteq e \, g \, \overline{c} \doteq g \, \overline{c} \, \overline{e} \doteq g \, c \, e \cdot \ \cdot$, der C-Dur-Accord.

Reihe der Schwingungszahlen. Setzen wir statt der Verhältnisszahlen z die Schwingungszahlen für c Schwingungen pro Secunde für den Grundton, so ändert sich nur der constante Faktor. Wir haben die Reihe:

$$2^n \, c \, (1 \quad \cdot \tfrac{5}{4} \cdot \tfrac{3}{2} \cdot \tfrac{5}{3} \quad 2), \ \text{worin} \ n = \ \overline{3}, \ \overline{2}, \ \overline{1}, \ 0, \ 1, \ 2, \ 3,$$

Bei anderer Wahl des Grundtons. Für das Tonsystem ändert sich nur der Coefficient. Geben wir dem Grundton die Schwingungszahl $c' = k \, c$, so ist die Reihe:

$$2^n \, c' \, (1 \quad \tfrac{5}{4} \quad \tfrac{3}{2} \cdot \tfrac{5}{3} \cdot \quad 2), \ \text{worin} \ n = \ \overline{3}, \ \overline{2}, \ \overline{1}, \ 0, \ 1, \ 2, \ 3$$
$$c' = k \, c$$

Tonleiter nennt man die Reihenfolge der Töne innerhalb der Octav. Die Anordnung erfolgt nach steigender Schwingungszahl. Von den innerhalb einer Octav möglichen Tönen wird nur eine beschränkte Zahl für die musikalisch gebrauchten Tonleitern ausgewählt. Je nach dieser Wahl unterscheidet man 3 Arten von Tonleitern: diatonische, chromatische und enharmonische. Die allgemeine Form einer Tonleiter ist in Zahlen:

$$z = 1 \quad \cdot \tfrac{5}{4} \cdot \tfrac{3}{2} \cdot \tfrac{5}{3} \quad 2.$$

Wir wollen zunächst das Wesen dieser 3 Arten von Tonleitern aus unserem krystallographischen Zahlengesetz herleiten.

Diatonische Tonleiter. Umformung. Die diatonische Tonleiter zeigt die Schwingungszahlen:

$$z = \begin{array}{ccccccccc} & c & d & e & f & g & a & h & \bar{c} \\ = & 1 & \tfrac{9}{8} & \tfrac{5}{4} & \tfrac{4}{3} & \tfrac{3}{2} & \tfrac{5}{3} & \tfrac{15}{8} & 2 \end{array}$$

Diese Form der Zahlenreihe: $z = 1 \cdots \tfrac{3}{2} \cdots 2$ fanden wir auch bei den Krystallen und nannten sie Octavenform[1]) wegen Analogie mit der Musik. Geeignet zur Diskussion der Entwicklung der Krystallformen zeigte sich aber nicht diese, sondern die Form $p = 0 \cdots 1 \cdots \infty$. Wir erhalten die Reihe der p aus den z durch die Transformation:

$$p = \frac{z-1}{2-z}$$

Die umgekehrte Transformation, d. h. die Auffindung jedes einem p entsprechenden z, geschieht durch die Formel:

$$z = \frac{2p+1}{p+1}$$

Wir wollen diese Transformation auf die musikalische Zahlenreihe anwenden. Ihr Sinn und ihre Berechtigung für die Krystallformen wurde in der Zeitschrift für Krystallographie 1897, **28**, 25 nachgewiesen. Sie soll hier zunächst durch Analogie auf die musikalischen Zahlenreihen angewendet werden. Wir sehen die Berechtigung dieser Uebertragung aus der Brauchbarkeit der Schlüsse, indem die musikalischen Reihen in der umgewandelten Form $p = 0 \cdots 1 \cdots \infty$ Einblick geben in das Wesen der Harmonie. Ein deductiver Beweis soll nachträglich versucht werden. Wir wollen die p **harmonische Zahlen** nennen. Der Name wurde auch für die Krystalle angewendet.[2])

Die **diatonische Tonleiter** hat die Schwingungszahlen:

$$\begin{array}{ccccccccc} & c & d & e & f & g & a & h & \bar{c} \\ z = & 1 & \tfrac{9}{8} & \tfrac{5}{4} & \tfrac{4}{3} & \tfrac{3}{2} & \tfrac{5}{3} & \tfrac{15}{8} & 2 \end{array} \quad \text{Daraus folgt:}$$

$$p = \frac{z-1}{2-z} = 0 \quad \tfrac{1}{7} \quad \tfrac{1}{4} \quad \tfrac{1}{2} \quad 1 \quad 2 \quad 7 \quad \infty \quad \textbf{(Diatonische p-Reihe)}$$

Die krystallographischen Normalreihen. Wir fanden für die Krystalle die Normalreihen:[3])

$$
\begin{aligned}
N_0 &= 0 \;\cdots\cdots\cdots\cdots\cdots\cdots\cdots\cdots\; \infty \\
N_1 &= 0 \;\cdots\cdots\cdots\; 1 \;\cdots\cdots\cdots\; \infty \\
N_2 &= 0 \;\cdots\; \tfrac{1}{2} \;\cdots\; 1 \;\cdots\; 2 \;\cdots\; \infty \\
N_3 &= 0 \;\cdot\; \tfrac{1}{3} \;\cdot\; \tfrac{1}{2} \;\cdot\; \tfrac{2}{3} \;\cdot\; 1 \;\cdot\; \tfrac{3}{2} \;\cdot\; 2 \;\cdot\; 3 \;\cdot\; \infty \\
N_4 &= 0 \;\; \tfrac{1}{4} \;\; \tfrac{1}{3} \;\; \tfrac{2}{5} \;\; \tfrac{1}{2} \;\; \tfrac{3}{5} \;\; \tfrac{2}{3} \;\; \tfrac{3}{4} \;\; 1 \;\; \tfrac{4}{3} \;\; \tfrac{3}{2} \;\; \tfrac{5}{3} \;\; 2 \;\; \tfrac{5}{2} \;\; 3 \;\; 4 \;\; \infty \\
N_5 &= \cdots \qquad\qquad \text{u. s w.}
\end{aligned}
$$

---

[1]) Vgl. Zeitschr. f. Kryst. 1897. **28**. 25.

[2]) Ebenda. S. 25. Zeile 14 v. o. lies $\dfrac{p-1}{2-p}$ statt $\dfrac{p-1}{p-2}$.

[3]) Vgl. Zeitschr. f. Kryst. 1897. **28**. 11. Die Hälften dieser Reihen (zwischen 0 und 1) sind in der Zahlentheorie als Brocot'sche Reihe bekannt. (Vgl. E. Caben, Théor. d. Nombres, Paris 1900, S. 333.)

Diese Normalreihen wurden für die Krystallformen auch als harmonische Reihen bezeichnet.

Vergleich der diatonischen p-Reihe mit den krystallographischen Normalreihen. Die diatonische p-Reihe ist:

$$\begin{array}{ccccccccc} \text{c} & \text{d} & \text{e} & \text{f} & \text{g} & \text{a} & \cdot & \text{h} & \bar{\text{c}} \\ \text{p} = 0 & \tfrac{2}{7} & \tfrac{1}{3} & \tfrac{1}{2} & 1 & 2 & \cdot & 7 & \infty \end{array}$$

Wir bemerken an ihr Folgendes:

1. Sie ist **symmetrisch**, wie die krystallographischen Normalreihen, abgesehen von der fehlenden 3. Rechts von dem Mittelpunkt 1 stehen die Reciproken der linken Seite.

2. Der **Mittelpunkt 1** ist nach den Endknoten $0 \cdot \infty$ der wichtigste Punkt der Reihe, musikalisch wie krystallographisch. Er entspricht der Quint und hat musikalisch den Vorzugsnamen **Dominante**. Dieser Name wurde auf die Krystallographie übertragen.[1]

3. Die Zahlen $\tfrac{2}{7}$ (d) und 7 (h) passen nicht zu den krystallographischen Normalreihen.

ad 1. Zur **Symmetrie** fehlt die Zahl p = 3. Sie entspricht dem Ton b mit der Schwingungszahl $z = \tfrac{7}{4}$. Fügen wir diese zu, so haben wir:

$$\begin{array}{ccccccccc} \text{c} & \text{d} & \text{e} & \text{f} & \text{g} & \text{a} & \text{b} & \text{h} & \text{c} \\ \text{p} = 0 & \tfrac{2}{7} & \tfrac{1}{3} & \tfrac{1}{2} & 1 & 2 & 3 & 7 & \infty. \end{array}$$

Damit stellt sich merkwürdiger Weise die alphabetische Reihe a b c d e f g her. Nur h erscheint eingeschoben.

Harmonische Wirkung der Symmetrie. Einen angenehmen Klang geben die Folgen:

$$\begin{array}{lll} \text{c} \cdot \text{g} \cdot \bar{\text{c}} : & \text{p} = 0 \cdot \cdot \cdot 1 \cdot \cdot \cdot \infty \\ \text{c} \ \text{f} \ \text{g} \ \text{a} \ \bar{\text{c}} : & \text{p} = 0 \cdot \cdot \tfrac{1}{2} \ 1 \ 2 \cdot \cdot \infty \\ \text{c} \ \text{e} \ \text{g} \ \text{b} \ \bar{\text{c}} : & \text{p} = 0 \cdot \tfrac{1}{3} \cdot 1 \cdot 3 \cdot \infty \\ \text{c} \ \text{d} \ \text{g} \ \text{h} \ \bar{\text{c}} : & \text{p} = 0 \ \tfrac{2}{7} \cdot \cdot 1 \cdot \cdot 7 \ \infty \end{array}$$

Man prüft das leicht, indem man die Töne der Reihe nach am Clavier anschlägt.[2]

Versuch. c es g mit den Schwingungszahlen $z = 1 \ \tfrac{6}{5} \ \tfrac{3}{2}$, den harmonischen Zahlen $p = 0 \ \tfrac{1}{4} \ 1$ gibt systematisch ergänzt die Folge:

$$\begin{array}{llllll} \text{p} = 0 \ \tfrac{1}{4} \cdot 1 \cdot 4 \ \infty & \text{mit} & z = 1 \ \tfrac{6}{5} \cdot \tfrac{3}{2} \cdot \tfrac{9}{5} \ 2 \\ \quad \text{c es} \quad \text{g} \quad \text{b}' \ \bar{\text{c}} & & \quad \text{c es} \quad \text{g} \quad \text{b}' \ \bar{\text{c}} \end{array}$$

Das eingeschobene b' $(z = \tfrac{9}{5})$ ist höher als b $(z = \tfrac{7}{4})$ und tiefer als h $(z = \tfrac{15}{4})$. In der That, wenn wir am Clavier eine Folge c es g b $\bar{\text{c}}$ bilden, so befriedigt uns diese nicht,

---

[1] Vgl. Zeitschr. f. Kryst. 1897. **28**. 25.

[2] Ob man wohl dabei von einem symmetrischen Klang reden kann?

auch nicht c es g h c. Unser Ohr verlangt zu c es g $\overline{c}$ einen zu es symmetrischen Ton b′ mit p = 4, z = $\frac{9}{5}$ zwischen b und h, der auf dem Clavier fehlt, auf der Geige aber sich hervorbringen lässt.

ad 2. Die **Dominante p = 1** spielt in der Entwicklung der Formen, wie der harmonischen Töne eine hervorragende und ähnliche Rolle. Sowohl bei der freien (harmonischen) Entwicklung innerhalb der Octav (der freien Zone[1]), als auch bei der Weiterbildung nach aussen: In der Musik zur Fortbildung der Tonarten (siehe weiter unten), in der Krystallographie zum Ausbau des Zonenverbandes durch Bildung von Secundär-, Tertiär-Zonen.[1]

ad 3. Ausfallen von 4 und 7 aus der Reihe. Motivirung der d und h. Die Zahlen 4 (d) und 7 (h) passen nicht in die diatonische p-Reihe, wenn wir sie mit der krystallographischen Normalreihe vergleichen. In der That gehören d und h nicht in den harmonischen Verband c · g · $\overline{c}$ = 0 · 1 · ∞ (C-Dur), sondern in den nächst verwandten[a] g · d · $\overline{g}$ (G-Dur). Wir haben:

$$\begin{array}{llcccccc}
\text{Zwischen c}\,\overline{c} & & c & e & f & g & a & \overline{c} \quad \text{mit den} \\
\text{harmonischen Zahlen} & p = & 0 & \tfrac{1}{3} & \tfrac{1}{2} & 1 & 2 & \infty \quad \text{und den} \\
\text{Schwingungszahlen} & z = & 1 & \tfrac{5}{4} & \tfrac{4}{3} & \tfrac{3}{2} & \tfrac{5}{3} & 2.
\end{array}$$

Analog gebaut, aber den Grundton c um eine Quint verlegt, auf die Dominante g haben wir:

$$\begin{array}{llcccccc}
\text{Zwischen g}\,\overline{g} & & g & h & c & d & e & \overline{g} \quad \text{mit den} \\
\text{harmonischen Zahlen} & p = & 0 & \tfrac{1}{3} & \tfrac{1}{2} & 1 & 2 & \infty \\
& z = & \tfrac{3}{2}(1 & \tfrac{5}{4} & \tfrac{4}{3} & \tfrac{3}{2} & \tfrac{5}{3} & 2)
\end{array}$$

Es kommen den Tönen d h nicht die harmonischen Zahlen 4 · 7 zwischen c $\overline{c}$ zu, sondern 1 · $\frac{1}{3}$ zwischen g $\overline{g}$. So, durch harmonische Entwicklung zwischen g $\overline{g}$, nicht zwischen c $\overline{c}$ sind d und h in unsere Tonreihe gekommen. Damit entfallen die irregulären Zahlen 4 · 7 aus der diatonischen Reihe. Diese baut sich vielmehr aus 2 harmonischen Reihen von der Form:

$$p = 0 \quad \tfrac{1}{3} \quad \tfrac{1}{2} \quad 1 \quad 2 \quad \infty.$$

Diese Reihen haben die grösste Aehnlichkeit mit den krystallographischen Normalreihen.

Entstehung und Bedeutung der diatonischen Tonleiter. Die diatonische Tonleiter besteht danach aus 2 heterogenen Stücken; beide von der gleichen Form. Eins harmonisch entwickelt zwischen c $\overline{c}$ und eins (um eine Quint verlegt) zwischen g $\overline{g}$.

Die Bedeutung der diatonischen Tonleiter besteht darin, dass sie rein d. h. mit genauen Zahlen, die Töne liefert, die zum Aufbau harmonisch einfacher Musikstücke dienen. Wir haben in ihr die Töne:

---

[1] Vgl. Zeitschr. f. Kryst. 1897. **28.** 409, 445.
[a] Ueber solche Verwandtschaft siehe weiter unten.

$$\text{der steigenden Harmonie}^{1}): \quad p = 0 \quad \tfrac{1}{3} \quad \tfrac{1}{2} \quad 1 \quad 2 \quad \infty$$

$$\text{für C-Dur} \quad : \qquad c \quad e \quad f \quad g \quad a \quad \overline{c}$$

$$\text{für G-Dur} \quad : \qquad g \quad h \quad c \quad d \quad e \quad \overline{g} \quad \text{und}$$

$$\text{der fallenden Harmonie}^{1}): \quad \overline{p} = 0 \quad \overline{\tfrac{1}{3}} \quad \overline{\tfrac{1}{2}} \quad \overline{1} \quad \overline{2} \quad \overline{\infty}$$

$$\text{für A-Moll} \quad : \qquad a \quad f \quad e \quad d \quad c \quad \underline{a}$$

$$\text{für E-Moll} \quad : \qquad e \quad c \quad h \quad a \quad g \quad \underline{e}$$

Dazu einige wichtige Accorde weiter verwandter Tonarten $f\,a\,c\,\overline{f}: p = 0\tfrac{1}{3}\,1\,\infty$ in F-Dur, $\overline{h}\,g\,e\,h : \overline{p} = 0\,\overline{\tfrac{1}{3}}\,\overline{1}\,\overline{\infty}$ in H-Moll. Wie sich aus solchen Accorden die Musikstücke aufbauen, werden wir unten sehen.

Wir erkennen an den Zahlen, dass die diatonische Tonleiter kein einfaches harmonisches Gebilde zwischen den Endknoten $c\,\overline{c}$ ist, sondern ein Aggregat mehrerer harmonischer Gebilde. Es ist eine Vorrathskammer, in der die Töne der Dur-Harmonien zwischen $c\,\overline{c}$ und $g\,\overline{g}$, zugleich die der Moll-Harmonien $a\,\underline{a}$ und $e\,\underline{e}$, der Tonhöhe nach geordnet, für den Gebrauch niedergelegt sind. Eine gute harmonische Wirkung hat die diatonische Tonleiter als Ganzes nicht, weder im Zusammenklingen aller ihrer Töne, noch im Abspielen der Folge.

Solche Aggregate, solche Vorrathskammern, in denen die Töne noch anderer Harmonien niedergelegt sind, sind die übrigen Arten von Tonleitern, die chromatische und die enharmonische. Wir werden deren Zusammensetzung weiter unten betrachten.

Eine als Instrument ausgeführte chromatische Tonleiter ist das Clavier. Man erkennt an ihm leicht den Charakter als Vorrathskammer, der man die Töne in harmonischen Gruppen als Accorde und Folgen zum Gebrauch entnimmt.

Vergleich mit den krystallographischen Normalreihen. Lassen wir $d = \tfrac{1}{2}$, $h = 7$ als nicht zur Harmonie $c\,\overline{c}$ gehörig weg, so lautet unsere harmonische Reihe:

$$\begin{array}{ccccccc} c & e & f & g & a & (b) & c \\ p = 0 & \tfrac{1}{3} & \tfrac{1}{2} & 1 & 2 & (3) & \infty \end{array}$$

Sie steht zwischen den Normalreihen: $N_2 = 0 \cdot \tfrac{1}{2} \cdot 1 \cdot 2 \cdot \infty$

$$\text{und: } N_3 = 0 \; \tfrac{1}{3} \; \tfrac{1}{2} \; \tfrac{3}{2} \; 1 \; \tfrac{3}{2} \; 2 \; 3 \; \infty.$$

Auch bei den Krystallformen beobachten wir oft Reihen, die in der Entwicklung zwischen zwei Normalreihen stehen.

Ergänzung der harmonischen Tonreihe $p = 0\,\tfrac{1}{3}\,\tfrac{1}{2}\,1\,2\,(3)\,\infty$ zur Normalreihe N_3. Für N_3 fehlen $p = \tfrac{2}{3}, \tfrac{3}{2}$. Diese entsprechen $z = \tfrac{2}{3}, \tfrac{3}{2}$ d. h. den Tönen fis, as zwischen $c\,\overline{c}$. Fügen wir diese ein, so erhalten wir:

---

[1]) Ueber die steigenden und fallenden (Dur und Moll) Harmonien geben einige der folgenden Seiten Aufschluss. Vgl. auch den Accord-Schlüssel S. 39.

$$\begin{aligned}
N_3: &\quad p = 0 \ \ \tfrac13 \ \ \tfrac12 \ \ \tfrac23 \ \ 1 \ \ \tfrac32 \ \ 2 \ \ 3 \ \ \infty \\
\text{entsprechend:} \ &\quad z = 1 \ \ \tfrac54 \ \ \tfrac43 \ \ \tfrac75 \ \ \tfrac32 \ \ \tfrac85 \ \ \tfrac53 \ \ \tfrac74 \ \ 2 \\
\text{den Tönen:} \ &\qquad \ \ c \ \ e \ \ f \ \ fis \ \ g \ \ as \ \ a \ \ b \ \ c.
\end{aligned}$$

Die Reihe nähert sich unserer chromatischen Tonleiter, ist jedoch nicht, wie diese, ein Aggregat, sondern ein harmonisch entwickeltes Ganze. Es fragt sich, ob unsere Musik diese Reihe verwerthet, die Complication so weit treibt. Ich glaube nicht. Zur Begründung dieser Meinung möchte ich Folgendes sagen: Unsere Musik hat sich, wie ich unten darzulegen versuchen werde, polyphon entwickelt, und zwar durch Aneinanderreihen von Accorden aus der Reihe $p = 0\ \tfrac13\ \tfrac12\ 1\ 2\ (3)\ \infty$ resp. $p = 0\ \overline{\tfrac13}\ \overline{\tfrac12}\ \bar1\ \bar2\ (\bar3)\ \bar\infty$ mit wechselndem Grundton. Die Grundtöne unter sich in einfacher Verwandtschaft, zunächst nach den harmonischen Zahlen $0\ \infty$, dann $0\ 1\ \infty$, $0\ \tfrac12\ 1\ 2\ \infty$. Für solchen Aufbau der Musikstücke aus harmonisch sich aneinander reihenden Accorden ist die Differenzirung innerhalb der Octav bis zur vollen Reihe N_3 wohl zu complicirt. Die harmonische Verknüpfung der fortschreitenden Grundtöne giebt zusammen mit den von ihnen getragenen stehenden Accorden bereits eine hohe Manichfaltigkeit. Die Rücksicht auf die Accorde wirkt beschränkend auf die Entwicklung der Tonfolgen d. h. auf die harmonische Entwicklung innerhalb der Octav.

Anmerkung. Es ist nicht ausgeschlossen, dass das Wesen der harmonischen Tonreihe sich wohl in den Zahlen p ausdrückt, dass aber das Charakteristische darin ein anderes ist, als bei den Krystallformen. Möglicherweise haben wir in den Zahlen

$$p = 0 \ \ \tfrac13 \ \ \tfrac12 \ \ 1 \ \ 2 \ \ (3) \ \ \infty$$

die fortlaufenden ganzen Zahlen $0\ 1\ 2\ 3$ mit ihren Reciproken zu sehen[1]). Als Weiterentwicklung wäre dann zu erwarten:

$$\begin{aligned}
\text{nicht:} &\quad 0 \ \ \tfrac13 \ \ \tfrac12 \ \ \tfrac23 \ \ 1 \ \ \tfrac32 \ \ 2 \ \ 3 \ \ \infty \\
\text{sondern:} &\quad 0 \ \ \tfrac14 \ \ \tfrac13 \ \ \tfrac12 \ \ 1 \ \ 2 \ \ 3 \ \ 4 \ \ \infty.
\end{aligned}$$

Aus der Untersuchung der Musikstücke konnte ich eine Entscheidung nicht gewinnen. Es kommen darin $\tfrac23$, $\tfrac32$, aber auch $\tfrac14$ vereinzelt vor. Wegen der Analogie mit den Krystallformen bei der ersten Deutung und den daraus sich ergebenden Consequenzen halte ich diese für die richtige, wollte aber auch die zweite Deutung nicht unerwähnt lassen.

Einstimmige und mehrstimmige Musik. Wo mehrstimmige Entwicklung der Musik nicht stattgefunden hat, wo also nicht Accorde, nur Tonfolgen benutzt werden, kann sich die Complication innerhalb der Octav reicher gestalten. Dabei dürfte die Reihe N_3 erreicht, vielleicht überschritten werden. Solche einstimmige Musik hat sich im Orient hoch entwickelt und erhalten, so bei den Arabern, Indern, Japanern. Es finden sich da in den Tonreihen Feinheiten, die unsere Musik nicht kennt, wohl deshalb, weil sie sich nicht oder schwer mit unseren Accorden vertragen. Es ist jedoch möglich, dass ein feinsinniger Künstler die Schönheit beider Entwicklungen vereinigt, etwa,

---

[1]) Das Gleiche gilt von den Farben. Siehe weiter unten. (S. 75.)

indem er die verfeinerten orientalischen Tonfolgen wechseln lässt mit unseren einfacheren Accordgängen. Möglich, dass dies auch bereits geschehen ist.

Anmerkung. Ich habe versucht, mir über die Frage der weitergehenden Complication innerhalb der Octav Klarheit zu verschaffen durch Aufsuchen der hochentwickelten einstimmigen Musik in ihrer Heimath, in Tunis, Indien und Japan. Doch fand ich mich selbst nicht befähigt zu einem entscheidenden Urtheil und muss dies besseren Musikern überlassen. Doch eins glaube ich gefunden zu haben, dass unsere mehrstimmige Musik, wo sie eindringt, die zarten Feinheiten der einstimmigen Musik zerstört; sozusagen den Flügelstaub von dem Falter abstreift. Der Process vollzieht sich derzeit in Japan. Die Musik der Japaner erscheint uns dürftig, weil die Accorde fehlen, und unrein, weil Zwischentöne da sind, die unsere vereinfachte Entwicklung der Tonfolgen nicht hat. Andererseits erscheint dem musikalisch feinsinnigen Japaner unsere Musik in der Tonfolge roh, da die Feinheiten der Entwicklung zwischen den Tönen fehlen. Die Accorde auf den Tonfolgen sitzend, geben ihm zu viel und stören ihm den Genuss seiner zarten, fein beweglichen Folgen. Dadurch ist verständlich, dass er seine Musik mehr liebt.

Diese Deutung erklärt, warum die japanischen Melodien einen mehrstimmigen Satz nicht vertragen, ohne dadurch ihren Charakter zu verlieren. Mit Rücksicht auf die Accorde verschiebt sich um ein Kleines die Tonfolge. Und damit ist das Musikstück nicht mehr dasselbe. Es ist europäisch geworden. Feinere Ohren als die meinigen dürften die Schiebung bei diesem Wechsel stärker empfinden und genauer klarstellen. Uebrigens muss das Studium der hochentwickelten einstimmigen Musik für musikalisch feine Ohren ein eigenartiger hoher Genuss sein.

Accorde und Folgen. Accord nennen wir eine Gruppe harmonischer Töne in gleichzeitigem Erklingen. Folge eine solche im Erklingen nach einander. Statt Folge können wir auch sagen aufgelöster Accord oder fortschreitender Accord und schreiben c—f—g—a—c im Gegensatz zum stehenden Accord c f g a c. Gewisse Accorde sind besonders wohlklingend, harmonisch, für den Aufbau der Musikstücke besonders wichtig. Wir nennen sie Hauptaccorde.

Die Accorde sind charakterisirt durch die Buchstaben ihrer Töne oder durch ihre harmonischen Zahlen (p) und den Grundton, auf den sich die Zahlen beziehen. Wir wollen schreiben:

$$c\ e\ g = 0\ \tfrac{3}{5}\ 1\ (c).$$

Das soll heissen: der Accord c e g hat die harmonischen Zahlen $p = 0\ \tfrac{3}{5}\ 1$ in Bezug auf den Grunton c.

Durch **Verlegen der Töne um Octaven** wird, wie wir schon sagten (S. 9) der harmonische Charakter eines Accordes nicht geändert. Es sind harmonisch gleichwerthig $c\ e\ g = c\ g\ \overline{e} = e\ g\ \overline{\overline{c}}$. Wir bezeichnen im Folgenden alle mit $c\ e\ g = 0\ \tfrac{3}{5}\ 1\ (c)$.

Verschiedene Deutung eines Accords. Die gleichen Töne können durch harmonische Entwicklung zwischen verschiedenen Endknoten entstehen. Durch Annahme eines anderen Grundtons erhält ein Accord andere Zahlen. Dadurch haben wir die Möglichkeit verschiedener Deutung. Z. B.:

$$c\ e\ g = 0\ \tfrac{3}{5}\ 1\ (c) \qquad g\ c\ e = 0\ \tfrac{1}{2}\ 2\ (g).$$

Die **Hauptaccorde** aus der harmonischen Reihe:

$$\mathfrak{p} = 0\ \tfrac{1}{3}\ \tfrac{1}{2}\ |\ 2\ (3)\ \infty$$
$$c\quad e\quad f\quad g\quad a\quad (b)\quad \bar{c}$$

sind:

$$0\ 1 = 0\ 1\ \infty$$
$$0\ \tfrac{1}{2}\ 1\ 2 = 0\ \tfrac{1}{2}\ 1\ 2\ \infty \ \text{und}\ 0\ \tfrac{1}{2}\ 2$$
$$0\ \tfrac{1}{3}\ 1\ 3 = 0\ \tfrac{1}{3}\ 1\ 3\ \infty \ \text{und}\ 0\ \tfrac{1}{3}\ 1$$
$$0\ \tfrac{1}{3}\ 2 = 0\ \tfrac{1}{3}\ 2\ \infty.$$

Wir wollen sie einzeln betrachten:

0 1 $= 0\,1\,\infty = c\,g\,\bar{c}$, die krystallographische Normalreihe N_1. Die leere Quint. Das ist die grundlegende harmonische Theilung. Allerdings nur ein Zweiklang.

0 $\tfrac{1}{2}$ 1 2 $= 0\,\tfrac{1}{2}\,1\,2\,\infty = c\,f\,g\,a\,\bar{c}$, die krystallographische Normalreihe N_2, sollte nach Analogie mit den Krystallen der wichtigste mehr als zweitönige Accord sein. $c\,f\,g\,a\,\bar{c}$ klingt aber als Accord nicht gut. Es stört die Nähe von $f\,g\,a$ durch Interferenz (Rauhigkeit) bei gleichzeitigem Erklingen. Diese Störung entfällt, wenn wir $g = 1$ weglassen. $0\,\tfrac{1}{2}\,2\,\infty = c\,f\,a\,\bar{c}$ gibt einen guten Klang.

Die störende Interferenz entfällt auch bei $0\,\tfrac{1}{2}\,1\,2\,\infty = c\!-\!f\!-\!g\!-\!a\!-\!c$ als Folge. Beim Erklingen nach einander stört die Nähe von $f\,g\,a$ nicht. Ja, mir scheint diese Folge von allen die melodischeste zu sein. Sie spielt die Hauptrolle beim Aneinanderreihen der Grundtöne der Accorde zum Aufbau der Musikstücke. Wir werden das weiter unten kennen lernen (vgl. S. 42 flgd.).

0 $\tfrac{1}{3}$ 1 $= 0\,\tfrac{1}{3}\,1\,\infty = c\,e\,g\,\bar{c}$, nennt man den **Dur-Accord** oder Dur-Dreiklang. Er ist, den Zahlen nach, die nächst einfache Gruppe. Hier stört Interferenz durch Nähe der Töne nicht. Das gibt $0\,\tfrac{1}{3}\,1\,\infty$ vor $0\,\tfrac{1}{3}\,1\,2\,\infty$ als Accord den Vorzug, nicht als Folge. Uebrigens ist $0\,\tfrac{1}{2}\,2\,\infty\,(c) = c\,f\,a\,\bar{c}$ harmonisch $= 0\,\tfrac{1}{3}\,1\,\infty\,(f) = f\,a\,c\,\bar{f}$, also ebenfalls ein Dur-Accord, nur auf anderem Grundton, nur eine Quint abwärts gelegt. Der Dur-Accord entspricht also zugleich $0\,\tfrac{1}{2}\,2\,\infty$ und $0\,\tfrac{1}{3}\,1\,\infty$. Das erhöht seine harmonische Wichtigkeit. Der Dur-Accord ist der wichtigste Accord der steigenden Harmonie, vielleicht der ganzen Musik.

0 $\tfrac{1}{3}$ 1 3 $\infty = c\,e\,g\,b\,\bar{c}$, der **symmetrisch ergänzte Dur-Accord**, er wirkt harmonisch als Accord und Folge. Das Eintreten von $b = 3$ macht den Accord voller, den Wohlklang gesättigter. In der That finden wir im vierstimmigen Satz von Musikstücken den Accord $0\,\tfrac{1}{3}\,1\,3\,\infty$ an besonders betonten, wichtigen Stellen (vgl. Beisp. 4, S. 50).

0 $\tfrac{1}{3}$ 2 $= 0\,\tfrac{1}{3}\,2\,\infty = c\,e\,a\,\bar{c}$ ist ein Moll-Accord $= 0\,\bar{\tfrac{1}{3}}\,\bar{1}\,(e)$[1] $= e\,c\,a$. Die

---

[1] Ueber diese Schreibweise siehe unten S. 19.

Deutung o $\frac{1}{3}$ 2 ist den Moll-Accorden zu geben, da wo sie zwischen die
Accorde eines Dur-Stücks eingestreut sind, die Deutung o $\overline{\frac{1}{3}}$ $\overline{1}$ [1]) denselben
Accorden in Moll-Stücken (vgl. Beisp. 5, S. 52.)

**Verwandtschaft der Tonarten. Verknüpfung durch den Dur-Accord,
Fortbildung der Tonarten auf der Quint.** c e g $=$ o $\frac{1}{3}$ 1 (c) ist der Dur-Accord
zwischen c $\overline{c}$. Zugleich ist derselbe Accord g c e $=$ o $\frac{1}{2}$ 2 (g) zwischen g $\overline{g}$.
G-Dur ist ansteigend die C-Dur nächst verwandte Tonart. Die Verschiebung
des Grundtons ist eine Quint. Die Gemeinsamkeit dieses wichtigen Accords
ist einer der Gründe der Zusammengehörigkeit (Verwandtschaft) von C- und
G-Dur. Allgemein verknüpft der Dur-Accord jede Dur-Tonart mit der auf
ansteigender und auf absteigender Quint gebildeten Dur-Tonart, z. B. C-Dur
mit G-Dur ansteigend, mit F-Dur absteigend. Es ist nämlich:

$$c\,e\,g = o\,\tfrac{1}{3}\,1 \text{ (C-Dur)} \qquad\qquad c\,f\,a = o\,\tfrac{1}{3}\,2 \text{ (C-Dur)}$$
$$g\,c\,e = o\,\tfrac{1}{2}\,2 \text{ (G-Dur)} \qquad\qquad f\,a\,c = o\,\tfrac{1}{3}\,1 \text{ (F-Dur).}$$

Wir kommen auf diese Fortbildung der Tonarten auf der Quint zurück.

**Harmonie der reciproken Schwingungszahlen, der Wellenlängen, Schwin-
gungsdauern.** Wir fanden mit wachsenden Schwingungszahlen in der Octav
c c die Töne:

$$
\begin{array}{ccccccc}
 & c & e & f & g & a & \overline{c} \\
z = & 1 & \tfrac{5}{4} & \tfrac{4}{3} & \tfrac{3}{2} & \tfrac{5}{3} & 2 \text{ mit den}
\end{array}
$$
$$\text{harmonischen Zahlen: } p = o \quad \tfrac{1}{3} \quad \tfrac{1}{2} \quad 1 \quad 2 \quad \infty.$$

Setzen wir nun statt der z ihre Reciproken, so erhalten wir:

$$
\begin{array}{ccccccc}
 & & c & e & f & g & a & \overline{c} \\
1 = \dfrac{1}{z} = & 1 & \tfrac{4}{5} & \tfrac{3}{4} & \tfrac{2}{3} & \tfrac{3}{5} & \tfrac{1}{2}
\end{array}
$$

Diese Reciproken haben ihre selbständige Bedeutung. Sie geben das
Verhältniss der Wellenlängen (l), der Schwingungsdauern der Töne resp. der
Länge der entsprechenden Saiten, Pfeifen u. s. w. Sie geben zugleich die
Intervalle nach abwärts, die fallenden Intervalle. Ist für c $=$ 1, g $=$ $\frac{2}{3}$
die Quint aufwärts, so ist reciprok f $=$ $\frac{3}{4}$ die Quint abwärts d. h. der Ton,
dessen Quint aufwärts c $=$ 1 ist. Denn es ist $\frac{4}{3} \cdot \frac{3}{4} = 1$. Auf die Wellenlängen l kann man, so gut wie auf die Schwingungszahlen z, die Gesetze
der Harmonie beziehen.

Wir können nun die $\dfrac{1}{z}$, ohne Aenderung der harmonischen Bedeutung
der Töne, mit 2 multipliciren oder dividiren, d. h. die Töne um eine Octav auf-
oder abwärts verlegen. (Vgl S. 9.) Wir multipliciren mit 2, um der Reihe
wieder die Octavenform 1 $\cdot$ 2 zu geben, und erhalten:

---

[1]) Ueber diese Schreibweise siehe unten S. 19.

$$\overline{z} = \frac{2}{z} = \begin{array}{cccccc} c & e & f & g & a & \overline{c} \\ 2 & \tfrac{8}{5} & \tfrac{3}{2} & \tfrac{4}{3} & \tfrac{6}{5} & 1. \end{array}$$

Das — über z soll andeuten, dass die Zahlenreihe der $\overline{z}$ Reciproke zur Zahlenreihe der z enthält. Um die den p entsprechenden harmonischen Zahlen $\overline{p}$ d. h. die Reihe in der Form $0 \cdots \infty$ zu erhalten, transformiren wir, wie S. 11 angegeben, nach der Formel:

$$\overline{p} = \frac{\overline{z} - 1}{2 - \overline{z}}$$

und erhalten:

$$\overline{p} = \begin{array}{cccccc} c & e & f & g & a & \overline{c} \\ \infty & \tfrac{3}{2} & 1 & \tfrac{1}{2} & \tfrac{1}{4} & 0, \end{array}$$

wobei das — über den Zahlen nicht „minus" sein soll, sondern nur ein Index zur Bezeichnung der harmonischen Zahlen $\overline{p}$ im Gegensatz zu den p. Die $\overline{p}$ wollen wir die fallenden harmonischen Zahlen nennen, im Gegensatz zu den p, den steigenden harmonischen Zahlen. In der Reihe der $\overline{p}$ ist $f = \overline{1}$ die fallende Dominante, die absteigende oder fallende Quint.

Die Zahlen der obigen Reihe $\overline{p}$ sind nicht dieselben, wie die der Reihe p. Der Analogie nach müssten sie lauten:

$$\overline{p} = 0 \quad \tfrac{1}{3} \quad \tfrac{1}{2} \quad 1 \quad 2 \quad \infty.$$

Welchen Tönen entsprechen nun diese Zahlen? Wir finden das, indem wir bilden:

$$\overline{z} = \frac{2\,\overline{p} + 1}{\overline{p} + 1} \quad \text{(vgl. S. 11)}.$$

Das — der $\overline{p}$ wird bei dieser Umrechnung, weil nicht minus, sondern nur ein Index, nicht berücksichtigt.

Wir erhalten aus:

$$\overline{p} = \begin{array}{cccccc} 0 & \tfrac{1}{3} & \tfrac{1}{2} & 1 & 2 & \infty \end{array}$$
$$\overline{z} = \begin{array}{cccccc} 1 & \tfrac{5}{4} & \tfrac{4}{3} & \tfrac{3}{2} & \tfrac{5}{3} & 2, \end{array} \quad \text{daraus:}$$
$$z = \frac{2}{\overline{z}} = \begin{array}{cccccc} 2 & \tfrac{8}{5} & \tfrac{3}{2} & \tfrac{4}{3} & \tfrac{6}{5} & 1, \end{array} \quad \text{entsprechend}$$

den Tönen: $\quad \overline{c} \quad as \quad g \quad f \quad es \quad c$

Directe Berechnung von $\overline{p}$ aus p, von p aus $\overline{p}$. Aus den Formeln:

$$\overline{p} = \frac{\overline{z} - 1}{2 - \overline{z}}; \quad \overline{z} = \frac{2}{z}; \quad z = \frac{2p + 1}{p + 1} \quad \text{(S. 11)}$$

ergibt sich:

$$\overline{p} = \frac{1}{2p}; \quad p = \frac{1}{2\overline{p}}$$

für denselben Ton, bezogen auf denselben Grundton.

Z. B. in Octav $c\,\overline{c}$ ist für g: $\quad p = 1; \quad \overline{p} = \tfrac{1}{2}$

für a: $\quad \overline{p} = \tfrac{1}{4}; \quad p = 2$

Berechnung von $\bar{p}$ aus z, von z aus $\bar{p}$. Aus den Formeln:

$$z = \frac{2p+1}{p+1}; \quad p = \frac{z-1}{2-z} \ \text{(S. 6)}; \quad p = \frac{1}{2\bar{p}}; \quad \bar{p} = \frac{1}{2p}$$

ergibt sich:

$$z = \frac{2+2\bar{p}}{1+2\bar{p}}; \quad \bar{p} = \frac{2-z}{2z-2}$$

für denselben Ton, bezogen auf denselben Grundton.

Z. B. in Octav $c\bar{c}$ ist für g $\quad \bar{p} = \tfrac{1}{2}; \quad z = \tfrac{3}{2}$
für e $\quad z = \tfrac{5}{4}; \quad \bar{p} = \tfrac{3}{2}$.

Zusammenstellung der Formeln.

$p = \dfrac{z-1}{2-z}$	$p = \dfrac{1}{2\bar{p}}$	$z = \dfrac{2p+1}{p+1}$	$z = \dfrac{2+2\bar{p}}{1+2\bar{p}}$	$z = \dfrac{2}{z}$
$\bar{p} = \dfrac{\bar{z}-1}{2-z}$	$\bar{p} = \dfrac{1}{2p}$	$\bar{z} = \dfrac{2\bar{p}+1}{p+1}$	$\bar{p} = \dfrac{2-z}{2z-2}$	$\bar{z} = \dfrac{2}{z}$

Steigende und fallende Harmonie. Dur und Moll. Wie die Harmonie der ansteigend entwickelten Töne beherrscht ist durch die steigenden harmonischen Zahlen p, so ist die Harmonie der absteigend entwickelten Töne beherrscht durch die fallenden harmonischen Zahlen $\bar{p}$. Es zeigt sich, dass die steigende Harmonie das ist, was wir **Dur** nennen, die fallende, was wir **Moll** nennen. Wir bezeichnen als:

Steigend harmonische Reihe
$\qquad$ = Dur-Reihe: $\quad$ p = o $\quad \tfrac{1}{3} \quad \tfrac{1}{2} \quad 1 \quad 2 \quad \infty$
$\qquad$ z. B. C-Dur-Reihe: $\qquad$ c $\quad$ e $\quad$ f $\quad$ g $\quad$ a $\quad \bar{c}$.

Fallend harmonische Reihe
$\qquad$ = Moll-Reihe: $\quad \bar{p}$ = o $\quad \tfrac{\bar{1}}{3} \quad \tfrac{\bar{1}}{2} \quad \bar{1} \quad \bar{2} \quad \bar{\infty}$
$\qquad$ z. B. C-Moll-Reihe: $\qquad \bar{c} \quad$ as $\quad$ g $\quad$ f $\quad$ es $\quad$ c.

Zwischen steigender und fallender, Dur- und Moll-Harmonie besteht volle Reciprocität. **Dur** baut sich aus den Schwingungszahlen (z) ebenso auf, wie **Moll** aus deren Reciprocen, den Wellenlängen (l). Jede harmonische Erscheinung in Dur hat ihr Gegenbild in Moll. Wir werden dies im Folgenden im Einzelnen betrachten.

In der Entwicklung aufwärts liegt der Dur-Charakter, in der Entwicklung abwärts der Moll-Charakter. Ob wohl hierin der psychologische Unterschied der Wirkung begründet ist, Dur als fröhes, muthiges Aufstreben und Lebhafterwerden, Moll als wehmüthiges Absinken und Matterwerden?

Wir haben oben die Hauptaccorde der steigenden Harmonie betrachtet. Wir wollen nun die Hauptaccorde der fallenden Harmonie ansehen. Dabei zeigt es sich, dass wir das über die Accorde der steigenden Harmonie Gesagte wörtlich abschreiben können, indem wir nur für alle p setzen $\overline{p}$ und an Stelle der zu p gehörigen Buchstaben die zu p gehörigen (vgl. S. 17).

Die Hauptaccorde aus der fallenden harmonischen Reihe:

$$\overline{p} = 0\quad \overline{\tfrac{1}{2}}\quad \overline{\tfrac{1}{3}}\quad \overline{1}\quad \overline{2}\quad (\overline{3})\quad \overline{\infty}$$

z. B: $\quad\overline{c}$ as g f es (d') c in C-Moll

oder: $\quad\overline{a}$ f e d c (b') a in A-Moll

sind:

$$0\ \overline{1} = 0\ \overline{1}\ \overline{\infty}$$
$$0\ \overline{\tfrac{1}{2}}\ \overline{1}\ \overline{2} = 0\ \overline{\tfrac{1}{2}}\ \overline{1}\ \overline{2}\ \infty \quad \text{und} \quad 0\ \overline{\tfrac{1}{2}}\ \overline{2}$$
$$0\ \overline{\tfrac{1}{3}}\ \overline{1}\ \overline{3} = 0\ \overline{\tfrac{1}{3}}\ \overline{1}\ \overline{3}\ \infty \quad \text{und} \quad 0\ \overline{\tfrac{1}{3}}\ \overline{1}$$
$$0\ \overline{\tfrac{1}{3}}\ \overline{2} = 0\ \overline{\tfrac{1}{3}}\ \overline{2}\ \infty.$$

Wir wollen sie einzeln betrachten:

$0\ \overline{1} = 0\ \overline{1}\ \overline{\infty} = \overline{c}\ f\ c$, die krystallographische Normalreihe $N_1 = 0\ 1\ \infty$. Die fallende leere Quint. Das ist die grundlegende harmonische Theilung. Allerdings ein Zweiklang. $c\ f = 0\ \overline{1}$ (c) ist harmonisch zugleich steigende Quint $f\ c = 0\ 1$ (f). Somit ist $0\ 1$ harmonisch gleichwerthig mit $0\ \overline{1}$.

$0\ \overline{\tfrac{1}{2}}\ \overline{1}\ \overline{2} = 0\ \overline{\tfrac{1}{2}}\ \overline{1}\ \overline{2}\ \infty = \overline{c}\ g\ f\ es\ c$, die krystallographische Normalreihe N_2 sollte nach Analogie mit den Krystallen der wichtigste mehr als zweitönige fallende Accord sein. $\overline{c}\ g\ f\ es\ c$ klingt aber als Accord nicht gut. Es stört die Nähe von g f es durch Interferenz (Rauhigkeit) bei gleichzeitigem Erklingen. Diese Störung entfällt, wenn wir $f = 1$ weglassen. $0\ \overline{\tfrac{1}{2}}\ \overline{2}\ \infty = \overline{c}\ g\ es\ c$ gibt einen guten Klang.

Die störende Interferenz entfällt auch bei $0\ \overline{\tfrac{1}{2}}\ \overline{1}\ \overline{2}\ \overline{\infty} = \overline{c} - g - f - es - c$ als Folge. Beim Erklingen nach einander stört die Nähe von g f es nicht. Diese Folge spielt die Hauptrolle beim Aneinanderreihen der Grundtöne der Accorde zum Aufbau von Musikstücken mit fallender Harmonie (vgl. Beisp. 5, S. 52).

$0\ \overline{\tfrac{1}{3}}\ \overline{1} = 0\ \overline{\tfrac{1}{3}}\ \overline{1}\ \overline{\infty} = \overline{c}$ as f c nennt man den **Moll-Accord** oder Moll-Dreiklang. Er ist den Zahlen nach die nächst einfache Gruppe. Hier stört Interferenz durch Nähe der Töne nicht. Das gibt $0\ \overline{\tfrac{1}{3}}\ \overline{1}\ \infty$ vor $0\ \overline{\tfrac{1}{2}}\ \overline{1}\ \overline{2}\ \infty$ als Accord den Vorzug, nicht als Folge. — Uebrigens ist $0\ \overline{\tfrac{1}{3}}\ \overline{2}\ \infty$ (c) $= \overline{c}\ g\ es\ c$ harmonisch $= 0\ \overline{\tfrac{1}{3}}\ \overline{1}\ \infty$ (g) $= \overline{g}\ es\ c\ g$, also ebenfalls ein Moll-Accord, nur auf anderem Grundton, um eine Quint aufwärts gelegt. Der Moll-Accord entspricht also zugleich $0\ \overline{\tfrac{1}{3}}\ \overline{2}\ \infty$ und $0\ \overline{\tfrac{1}{3}}\ \overline{1}\ \infty$. Das erhöht seine harmonische Wichtigkeit. Der Moll-Accord ist der wichtigste Accord der fallenden Harmonie. Er concurrirt an Wichtigkeit mit dem Dur-Accord.

$0\ \overline{\tfrac{1}{3}}\ \overline{1}\ \overline{3}\ \overline{\infty} = c$ as f d' c,[1] der **symmetrisch ergänzte Moll-Accord.** Er

---

[1] d' ist nicht das d ($z = \tfrac{9}{8}$) unserer diatonischen Reihe, auch nicht $=$ es ($z = \tfrac{6}{5}$). Es steht zwischen beiden. Denn es ist nach der Formel: $z = \dfrac{2 + 2\overline{p}}{1 + 2\,p}$ (S. 20) für $\overline{p} = 3$; $z = \tfrac{8}{7}$. Wir können daher c as f d' c $= 0\ \overline{\tfrac{1}{3}}\ \overline{1}\ \overline{3}\ \overline{\infty}$ auf dem Clavier nicht hervorbringen.

wirkt harmonisch als Accord und Folge. Das Eintreten von d' $= \bar{3}$ macht den Accord voller, den Wohlklang gesättigter (vgl. Beisp. 4, S. 50).

$0\,\bar{\tfrac{1}{3}}\,\bar{2} = 0\,\bar{\tfrac{1}{3}}\,\bar{2}\,\infty = \bar{c}$ as es c ist ein Dur-Accord $= 0\,\tfrac{1}{3}\,1$ (as) $=$ as c es. Die Deutung $0\,\bar{\tfrac{1}{3}}\,\bar{2}$ ist den Dur-Accorden zu geben, da, wo sie zwischen die Accorde eines Stückes fallender Harmonie (Moll-Stückes) eingestreut sind, die Deutung $0\,\tfrac{1}{3}\,1$ denselben Accorden in Stücken steigender Harmonie (Dur-Stücken) (vgl. Beisp. 5, S. 52).

Verwandtschaft der Tonarten. Verknüpfung durch den Moll-Accord. Fortbildung der Tonarten. $\bar{c}$ as f $= 0\,\bar{\tfrac{1}{3}}\,\bar{1}$ (c) ist der Moll-Accord zwischen $\bar{c}$ c. Zugleich ist derselbe Accord $\bar{f}$ c as $= 0\,\bar{\tfrac{1}{3}}\,\bar{2}$ (f) zwischen $\bar{f}$ f. F-Moll ist fallend die C-Moll nächst verwandte Tonart. Die Verschiebung des Grundtons ist eine Quint. Die Gemeinsamkeit dieses wichtigen Accords ist einer der Gründe der Zusammengehörigkeit (Verwandtschaft) von C-Moll und F-Moll. Allgemein verknüpft der Moll-Accord jede Moll-Tonart mit der auf absteigender und auf ansteigender Quint gebildeten Moll-Tonart. Z. B. C-Moll mit F-Moll absteigend, mit G-Moll ansteigend. Es ist nämlich:

$$\bar{c}\text{ as f} = 0\,\bar{\tfrac{1}{3}}\,\bar{1}\ (\text{C-Moll}) \qquad \bar{c}\text{ g es} = 0\,\bar{\tfrac{1}{3}}\,\bar{2}\ (\text{C-Moll})$$
$$\bar{f}\text{ c as} = 0\,\bar{\tfrac{1}{3}}\,\bar{2}\ (\text{F-Moll}) \qquad \bar{g}\text{ es c} = 0\,\bar{\tfrac{1}{3}}\,\bar{1}\ (\text{G-Moll}).$$

Wir kommen auf diese Fortbildung der Tonarten auf der Quint zurück.

Vierfache Deutung des Dur-Accords. Wir haben bereits 3 Deutungen des Dur-Accords kennen gelernt. Dazu kommt noch eine vierte:

$$\text{c e g} = 0\,\tfrac{1}{3}\,1\ (\text{c}) \text{ und } \text{g c e} = 0\,\tfrac{1}{3}\,2\ (\text{g}) \text{ in steigender Harmonie }\Big\rbrace$$
$$\text{e c g} = 0\,\bar{\tfrac{1}{3}}\,\bar{2}\ (\text{e}) \text{ und } \text{g e c} = 0\,\bar{\tfrac{1}{3}}\,\bar{1}\ (\text{g}) \text{ in fallender Harmonie}$$

(vgl. den Accord-Schlüssel S. 39). Genau entsprechend haben wir:

Vierfache Deutung des Moll-Accords.

$$\text{c as f} = 0\,\bar{\tfrac{1}{3}}\,\bar{1}\ (\text{c}) \text{ und } \text{f c as} = 0\,\bar{\tfrac{1}{3}}\,\bar{2}\ (\text{f}) \text{ in fallender Harmonie }\Big\rbrace$$
$$\text{as c f} = 0\,\tfrac{1}{3}\,2\ (\text{as}) \text{ und } \text{f as c} = 0\,\tfrac{1}{3}\,1\ (\text{f}) \text{ in steigender Harmonie}$$

$0\,\bar{\tfrac{1}{3}}\,\bar{2}$ und $0\,\bar{\tfrac{1}{3}}\,\bar{1}$ sind die Formen des Dur-Accords bei fallender (Moll)-Deutung des Stückes, $0\,\tfrac{1}{3}\,2$ und $0\,\tfrac{1}{3}\,1$ sind die Formen des Moll-Accords bei steigender (Dur)-Deutung des Stückes. Unter diesen ist in fast allen Fällen $0\,\tfrac{1}{3}\,2$ resp. $0\,\bar{\tfrac{1}{3}}\,\bar{2}$ anzunehmen (vgl. die Beispiele S. 42 flge). $0\,\tfrac{1}{3}\,1$ resp. $0\,\bar{\tfrac{1}{3}}\,\bar{1}$ ist, soweit meine Beobachtung reicht, nur in wenigen Fällen anzunehmen. In Beisp. 6, S. 54a halte ich $0\,\tfrac{1}{3}\,1$ für gesichert. Der, wenn auch seltene, Nachweis von p $= \tfrac{1}{3}$ lässt darauf schliessen, dass die harmonische Entwicklung ausnahmsweise bis p $= \tfrac{1}{3}$ geht.

Tonart nennen wir einen Ton z. B. c mit seinen Octaven und den Tönen der harmonischen Entwicklung innerhalb der Octaven. Wir unterscheiden:

Tonarten mit steigender Harmonie (Dur) und mit fallender (Moll). Die Entwicklung in der Octav kann vom Grundton aus ansteigen zum höheren Octavton, das nennen wir steigende oder Dur-Harmonie. Z. B. C-Dur zwischen c und $\bar{c}$; oder sie kann vom Grundton aus fallen zum nächst niederen Octavton, das nennen wir fallende, oder Moll-Harmonie. Z. B. A-Moll zwischen $\bar{a}$ und a.

Wir sehen in den Accorden der Moll-Tonarten genau das absteigende Spiegelbild der Accorde der steigenden (Dur)-Tonarten.

Die weitere Ausbildung des Tonsystems kann auf zwei Arten geschehen:

   1. durch feinere Differenzirung innerhalb der Octav. (Enharmonische Entwicklung);

   2. durch Fortbildung auf verändertem Grundton.

Die enharmonische Entwicklung d. h. die Differenzirung innerhalb der Octav geschieht, wie wir sahen, nach dem Gesetz der **Complication**, das wir von den Krystallen her kennen. Wir fanden in der Musik, wie bei den Krystallen, die harmonischen Reihen:

Steigend:

$$N_0: \quad p = 0 \ \cdot\ \cdot\ \cdot\ \cdot\ \cdot\ \cdot\ \cdot\ \cdot\ \cdot\ \cdot\ \cdot\ \cdot\ \cdot \quad \infty$$
$$N_1: \quad p = 0 \ \cdot\ \cdot\ \cdot\ \cdot\ \cdot\ \cdot\ 1\ \cdot\ \cdot\ \cdot\ \cdot \quad \infty$$
$$N_2: \quad p = 0 \ \cdot\ \cdot\ \tfrac{1}{2}\ \cdot\ \cdot\ 1\ \cdot\ \cdot\ 2\ \cdot\ \cdot \quad \infty$$
$$N_3: \quad p = 0 \ \cdot\ \tfrac{1}{3}\ \cdot\ \tfrac{1}{2}\ \cdot\ \tfrac{2}{3}\ \cdot\ 1\ \cdot\ \tfrac{1}{2}\ \cdot\ 2\ \cdot\ 3 \ \cdot \quad \infty$$
$$\text{z. B.:} \quad c \ \cdot\ e \ \cdot\ f \ \cdot\ \text{fis} \ \cdot\ g \quad \text{as} \quad a \quad b \quad \bar{c}$$

Fallend:

$$N_0: \quad \bar{p} = 0 \ \cdot \quad \bar{\bar{\infty}}$$
$$N_1: \quad \bar{p} = 0 \ \cdot \quad \bar{1} \quad \cdot \quad \bar{\infty}$$
$$N_2: \quad \bar{p} = 0 \ \cdot\ \cdot\ \bar{\tfrac{1}{2}}\ \cdot\ \bar{1}\ \cdot\ \cdot\ \bar{2}\ \cdot\ \cdot \quad \bar{\infty}$$
$$N_3: \quad \bar{p} = 0 \ \cdot\ \bar{\tfrac{1}{3}}\ \cdot\ \bar{\tfrac{1}{2}}\ \cdot\ \bar{\tfrac{2}{3}}\ \cdot\ \bar{1}\ \cdot\ \bar{\tfrac{1}{2}}\ \cdot\ \bar{2}\ \cdot\ \bar{3}\ \cdot \quad \bar{\infty}$$

Eine weitere Complication innerhalb der Octav zur Bildung von

$$N_4: \quad p = 0 \ \tfrac{1}{4}\ \tfrac{1}{3}\ \tfrac{2}{5}\ \tfrac{1}{2}\ \tfrac{3}{5}\ \tfrac{2}{3}\ \tfrac{3}{4}\ 1\ \tfrac{5}{4}\ \tfrac{4}{3}\ \tfrac{5}{3}\ 2\ \tfrac{5}{2}\ 3\ 4\ \infty$$
$$\text{resp.:} \quad \bar{p} = 0 \ \bar{\tfrac{1}{4}}\ \bar{\tfrac{1}{3}}\ \bar{\tfrac{2}{5}}\ \bar{\tfrac{1}{2}}\ \bar{\tfrac{3}{5}}\ \bar{\tfrac{2}{3}}\ \bar{\tfrac{3}{4}}\ \bar{1}\ \bar{\tfrac{5}{4}}\ \bar{\tfrac{4}{3}}\ \bar{\tfrac{5}{3}}\ \bar{2}\ \bar{\tfrac{5}{2}}\ \bar{3}\ \bar{4}\ \bar{\infty}$$

glaube ich für unsere Musik nicht annehmen zu dürfen. Vielleicht existirt sie in der einstimmigen Musik mancher Völker. Allenfalls ist der Moll-Accord c es g c ausnahmsweise als $p = 0\,\tfrac{1}{3}\,1\,\infty$ zu deuten, der Dur-Accord als $\bar{p} = 0\,\bar{\tfrac{1}{3}}\,\bar{1}\,\bar{\infty}$. In den weitaus meisten Fällen erklärt sich der Dur-Accord steigend als $0\,\tfrac{1}{3}\,1\,\infty$ resp. als $0\,\tfrac{1}{2}\,2\,\infty$, fallend als $0\,\bar{\tfrac{1}{3}}\,\bar{2}\,\bar{\infty}$; der Moll-Accord fallend als $0\,\bar{\tfrac{1}{3}}\,\bar{1}\,\bar{\infty}$ resp. als $0\,\bar{\tfrac{1}{2}}\,\bar{2}\,\bar{\infty}$, steigend als $0\,\tfrac{1}{3}\,2\,\infty$. Wir haben das oben besprochen vgl. die Beispiele S. 42 flgde. Die Zahlen p gehen über 3 selten hinaus.

Grenze der Entwicklung bei den Krystallen. Merkwürdigerweise geht die Entwicklung durch Complication bei den Krystallen auch nur bis N_3. Selten erreicht sie N_4, und wo dies der Fall ist, ist vielleicht eine andere Deutung anzunehmen, nämlich die Wirkung der Dominante von N_4 als Primärknoten oder verstärkter Knoten und Zerfall von N_4 in zwei selbständige N_3.

Beispiel. Calcit. Zone p. e: φ. Zeitschr. f. Kryst. 1897. **28.** S. 29.

Accord analog der krystallographischen Combination. Immer erscheint in der Musik als Accord nur ein Theil der Normalreihe N_3 und zwar meist folgende Auswahl:

$$
\begin{array}{ll}
\text{Steigend:} & \text{Fallend:}
\end{array}
$$

Steigend:		Fallend:	
$0\ \infty$	$=$ Octav	$0\ \overline{\infty}$	$=$ Octav
$0\ 1\ \infty$	$=$ leere Quint	$0\ \overline{1}\ \overline{\infty}$	$=$ leere Quint
$\left.\begin{array}{l}0\ \tfrac{1}{2}\ 2\ \infty\\ 0\ \tfrac{1}{3}\ 1\ \infty\end{array}\right\}$	$=$ Dur-Accord	$\left.\begin{array}{l}0\ \overline{\tfrac{1}{2}}\ \overline{2}\ \overline{\infty}\\ 0\ \overline{\tfrac{1}{3}}\ \overline{1}\ \overline{\infty}\end{array}\right\}$	$=$ Moll-Accord
$0\ \tfrac{1}{4}\ 2\ \infty$	$=$ Moll-Accord	$0\ \overline{\tfrac{1}{4}}\ \overline{2}\ \overline{\infty}$	$=$ Dur-Accord

Dieser Auswahl entspricht die Auswahl der Natur bei den Krystallen zur Bildung der Combinationen. Auch hier tritt die volle Reihe N_3 mit ihren 9 Flächen an einem Krystall selten auf. Meist nur eine Auswahl. Der Grund ist in beiden Fällen der gleiche: die gegenseitige Störung zu sehr benachbarter Kräfte resp. Bewegungen durch Interferenz. Zu nahe Töne stören einander durch Rauhigkeit im Accord, in der Folge durch Ineinanderfliessen für unsere Empfindung. Bei den Krystallen gehen zu sehr benachbarte Flächen durch Rundung in einander über.

Rangordnung der harmonischen Töne einer Tonart. Wir können den zwischen zwei Endknoten entwickelten und so eine Tonart bildenden harmonischen Tönen eine Rangordnung geben und zwar nach der Entwicklung aus den Endknoten durch Complication und nach der entsprechenden Wichtigkeit. Diese drückt sich aus in den harmonischen Zahlen:

$$
\begin{array}{llllllllll}
p = & 0\ \underline{\infty} & \cdot\ 1 & \tfrac{1}{2}\ 2 & \cdot\ \tfrac{1}{4} & \cdot\ 3 & [\tfrac{1}{6} & \tfrac{1}{8} & \tfrac{1}{4} & \cdot\ ] \\
\text{z. B.:} & c\ \overline{c} & g & \cdot\ fa & \cdot\ e & b & [fis & as & es & \cdot\ ].
\end{array}
$$

Es ist die gleiche Rangordnung, die wir bei den Krystallflächen der freien Zone kennen lernten (vgl. Zeitschr. f. Kryst. 1897, **28.** Seite 11 u. 18).

Wie bei den Krystallen ist das im Rang Höchste das Wahrscheinlichste.[1] Nach der Wahrscheinlichkeit bemisst sich die Zahl der beobachteten Fälle, die Häufigkeit. Wird die Rangordnung niedrig, die Wahrscheinlichkeit gering, so wird die Beobachtung vereinzelt und unsicher. Die Reihe reisst praktisch ab. So reisst unsere harmonische Reihe praktisch ab nach $p = \tfrac{1}{4}$ oder 3. $p = 3$ ist wesentlich seltener als die vorhergehenden; $\tfrac{1}{6}\ \tfrac{1}{8}\ \tfrac{1}{4}$ sind vereinzelt und unsicher. Die complicirteren Zahlen kommen nicht in Betracht.

Praktisch haben wir daher die harmonischen Reihen:

---

[1] Vgl. Zeitschr. f. Kryst. 1897. **28.** 7.

Dem Rang der p nach geordnet:

Steigend: $p = $ o ∞ 1 $\tfrac{1}{2}$ 2 $\tfrac{1}{3}$ (3)

Fallend: $\bar{p} = $ o $\bar{\infty}$ $\bar{1}$ $\overline{\tfrac{1}{2}}$ $\bar{2}$ $\overline{\tfrac{1}{3}}$ $(\bar{3})$

Der Grösse der p nach geordnet:

Steigend: $p = $ o $\tfrac{1}{3}$ $\tfrac{1}{2}$ 1 2 (3) ∞

Fallend: $\bar{p} = $ o $\overline{\tfrac{1}{3}}$ $\overline{\tfrac{1}{2}}$ $\bar{1}$ $\bar{2}$ $(\bar{3})$ $\bar{\infty}$

Fortbildung auf verändertem Grundton. Die enharmonische Entwicklung erfolgt also nach den Zahlen $p = \pm\,$o $\tfrac{1}{3}\tfrac{1}{2}$ 1 2 ∞ d. h. nach dem Gesetz der Complication. Sie liefert zwischen $c\,\bar{c}$ folgende Töne:

	c	e	f	g	a	$\bar{c}$
steigend: $p =$	o	$\tfrac{1}{3}$	$\tfrac{1}{2}$	1	2	∞
$z =$	1	$\tfrac{5}{4}$	$\tfrac{4}{3}$	$\tfrac{3}{2}$	$\tfrac{5}{3}$	2

	$\bar{c}$	as	g	f	es	c
fallend: $\bar{p} =$	o	$\overline{\tfrac{1}{3}}$	$\overline{\tfrac{1}{2}}$	$\bar{1}$	$\bar{2}$	$\bar{\infty}$
$z =$	2	$\tfrac{8}{5}$	$\tfrac{3}{2}$	$\tfrac{4}{3}$	$\tfrac{6}{5}$	1

Die Fortbildung des Tonsystems könnte nun in der Weise erfolgen, dass einer dieser Töne nach dem andern zum Grundton gewählt wird, zwischen ihm und seiner Octav die enharmonische Wirkung sich vollzieht. Bei dieser Verlegung multipliciren sich alle z mit dem z des neuen Grundtons. Es sei z. B. g mit $z = \tfrac{2}{3}$ der neue Grundton, so erhalten wir die Töne:

steigend: $p =$ o $\tfrac{1}{3}$ $\tfrac{1}{2}$ 1 2 ∞

$z = \tfrac{2}{3}($1 $\tfrac{5}{4}$ $\tfrac{4}{3}$ $\tfrac{3}{2}$ $\tfrac{5}{3}$ 2$)$

$z^1) = $ $\tfrac{3}{2}$ $\tfrac{15}{8}$ 1 $\tfrac{9}{8}$ $\tfrac{5}{4}$ $\tfrac{3}{2}$

$\qquad$ g h c d e g (G-Dur)

fallend: $p =$ o $\tfrac{1}{3}$ $\tfrac{1}{2}$ 1 2 ∞

$z = \tfrac{2}{3}($1 $\tfrac{4}{5}$ $\tfrac{3}{4}$ $\tfrac{2}{3}$ $\tfrac{3}{5}$ $\tfrac{1}{2})$

$z^1) = $ $\tfrac{2}{3}$ $\tfrac{8}{15}$ 1 $\tfrac{8}{9}$ $\tfrac{4}{5}$ $\tfrac{2}{3}$

$\qquad$ g es d c b g (G-Moll)

In der That erfolgt die Fortbildung in dieser Weise. Die Rolle der verschiedenen Töne der Reihe $p = \pm\,$o $\tfrac{1}{3}\tfrac{1}{2}$ 1 2 ∞ als Grundtöne bei dieser Fortbildung ist aber verschieden. Sie richtet sich nach der Rangordnung der Zahlen, nämlich o $\infty \cdot$ 1 $\cdot \tfrac{1}{2}$ 2 $\cdot \tfrac{1}{3} \cdot$ Wir haben danach 3 Arten der Fortbildung: auf $p = \pm\infty$ d. h. auf der Octav, auf $p = \pm$ 1 d. h. auf der Quint, auf $p = \pm\tfrac{1}{2}$, 2 und $\tfrac{1}{3}$, d. h. auf den Zwischentönen.

---

[1]) Die Zahlen z um Octaven verlegt zwischen 1 2 (vgl. S. 9). Diese in den folgenden Rechnungen stets angewandte Verlegung durch Multiplication mit $2^{\pm n}$ werden wir nicht mehr besonders erwähnen.

1. Fortbildung auf der Octav: steigend $p = \infty$ und fallend $\bar{p} = \bar{\infty}$. Sie füllt das Tonsystem mit einer Reihe gleichwerthiger Perioden (Octaven), liefert aber harmonisch keine neuen Töne. Wir brauchen sie nicht weiter zu besprechen.

2. Fortbildung auf der Dominante (Quint) steigend auf $p = 1$, fallend auf $\bar{p} = \bar{1}$. Sie ist für den Ausbau unseres harmonischen Tonsystems die wichtigste. Sie liefert die gebräuchlichen Tonarten mit allen ihren Tönen. Wir haben sie eingehend zu betrachten.

3. Fortbildung auf den Zwischentönen zunächst steigend auf $p = \tfrac{1}{2}$, 2 fallend auf $\bar{p} = \bar{\tfrac{1}{2}}$, $\bar{2}$, untergeordnet auf höheren Zahlen $p = \pm\tfrac{1}{3}$, 3, Das Wirkungsfeld dieser Fortbildungen ist die Detailarbeit zum Aufbau nicht der Tonarten, sondern der Musikstücke. Sie liefern die Folge der Grundtöne der Accorde bei den Musikstücken. (Vgl. die Beispiele S. 42 fgde.) Beim Aufbau der Musikstücke finden wir die Fortbildung der Grundtöne der Accorde steigend auf $p = 1$, dann auf $p = \tfrac{1}{2}$, 2, selten auf $p = \tfrac{1}{3}$, 3 und unsicher auf $p = \tfrac{1}{4}, \tfrac{1}{5}, \tfrac{1}{6}$ · ·, entsprechend der oben dargelegten Rangordnung. Ebenso fallend auf $\bar{p} = \bar{1}$, dann $\bar{p} = \bar{\tfrac{1}{2}}$, $\bar{2}$, selten auf $\bar{p} = \bar{\tfrac{1}{3}}$, $\bar{3}$ und unsicher auf $\bar{\tfrac{1}{4}}, \bar{\tfrac{1}{5}}, \bar{\tfrac{1}{6}}$ · · · · ·.

Alle 3 Arten der Fortbildung bestehen nebeneinander und wiederholen sich. Sie führen oft auf ungleiche, dicht benachbarte Töne. Der hierdurch entstehende Conflict wird durch einen Compromiss behoben (Temperirung). Wo die Differenz sehr klein ist, bemerkt sie das Ohr nicht.

Ausbau des Tonsystems durch Fortbildung auf der Dominante (Quint) $p = \pm 1$. Gehen wir von einem Grundton aus, z. B. c (mit 261 Schwingungen pro Secunde), so gehören zu diesem seine Octaven auf- und abwärts und die harmonischen steigenden und fallenden Töne innerhalb der Octaven. Sie bilden zusammen die Tonarten C-Dur und C-Moll. Durch Verlegung des Grundtons c um eine Quint, steigend nach g, fallend nach f, bilden sich die nächstverwandten Tonarten G-Dur und G-Moll, F-Dur und F-Moll. Der Process der Fortbildung auf der Dominante, das ist der Verlegung des Grundtons um eine Quint wiederholt sich. Wir gelangen von g· aufwärts nach d, von f abwärts nach b. Damit gewinnen wir die Grundtöne der nächst verwandten Tonarten D-Dur und D-Moll, B-Dur und B-Moll und alle Töne dieser Tonarten. Die Grundtöne bilden eine nach beiden Seiten ins Unendliche fortschreitende Reihe (Quinten-Reihe. Siehe unten S. 28). Die auf ihnen in der angegebenen Weise gebauten Tonarten bilden zusammen unser Tonsystem. Es umfasst alle in unserer Musik verwendeten Töne.

Den Anfang dieser Entwickelung verlegen wir nach c und denken unser Tonsystem auf c aufgebaut. Wir könnten ebenso gut den Anfang in einen anderen Ton der Quintenreihe verlegen. Für die fallenden Harmonien legen wir in der That den Anfang nach a. Dieser Anfang ist mit 435 Schwingungen pro Secunde unter den Musikern verabredet. Es sind Stimmgabeln angefertigt, die diesen Ton festlegen und den Andern bekannt geben. (Pariser Stimmung.)

Reihe der Dominanten (Quinten). Wir erhalten, von c ausgehend, durch wiederholte Quintenbildung, d. h. wiederholte Multiplication resp. Division von $z = 1$ mit $\tfrac{3}{2}$ folgende Reihe:

$$
\begin{array}{llcccccccccl}
z = & \ldots & \left(\tfrac{3}{2}\right)^{-4} & \left(\tfrac{3}{2}\right)^{-3} & \left(\tfrac{3}{2}\right)^{-2} & \left(\tfrac{3}{2}\right)^{-1} & 1 & \tfrac{3}{2} & \left(\tfrac{3}{2}\right)^{2} & \left(\tfrac{3}{2}\right)^{3} & \left(\tfrac{3}{2}\right)^{4} & \ldots \\
= & \ldots & \tfrac{16}{81} & \tfrac{8}{27} & \tfrac{4}{9} & \tfrac{2}{3} & 1 & \tfrac{3}{2} & \tfrac{9}{4} & \tfrac{27}{8} & \tfrac{81}{16} & \ldots \\
= & \ldots & \left(\tfrac{128}{81}\right) & \left(\tfrac{32}{27}\right) & \tfrac{16}{9} & \tfrac{4}{3} & 1 & \tfrac{3}{2} & \tfrac{9}{8} & \left(\tfrac{27}{16}\right) & \left(\tfrac{81}{64}\right) & \ldots \\
\text{abgeglichen} = & \ldots & \tfrac{4}{5} & \tfrac{6}{5} & \cdot & \cdot & \cdot & \cdot & \cdot & \tfrac{5}{3} & \tfrac{5}{4} & \ldots \\
& \ldots & \text{as} & \text{es} & \text{b} & \text{f} & \text{c} & \text{g} & \text{d} & \text{a} & \text{e} & \ldots
\end{array}
$$

Widerspruch zwischen der Entwicklung nach Quinten und nach Octaven mit innerer Differenzirung. Bei der Differenzirung in der Octav erhielten wir die Töne:

$$
\begin{array}{lllcccccc}
\text{steigend:} & & & \text{c} & \text{e} & \text{f} & \text{g} & \text{a} & \text{c} \\
\text{mit} & z = & 1 & \tfrac{5}{4} & \tfrac{4}{3} & \tfrac{3}{2} & \tfrac{5}{3} & 2 \\
\end{array}
$$

$$
\begin{array}{lllcccccc}
\text{fallend} & & & \text{c} & \text{es} & \text{f} & \text{g} & \text{as} & \text{c} \\
\text{mit} & z = & 1 & \tfrac{6}{5} & \tfrac{4}{3} & \tfrac{3}{2} & \tfrac{8}{5} & 2 \\
\end{array}
$$

Das stimmt mit den obigen Zahlen für Fortbildung auf der Quint nur für c f g. Dort hatten wir:

$$\text{as} = \tfrac{128}{81} = 1{\cdot}58;\quad \text{es} = \tfrac{32}{27} = 1{\cdot}18;\quad \text{a} = \tfrac{27}{16} = 1{\cdot}69;\quad \text{e} = \tfrac{81}{64} = 1{\cdot}27$$

hier: $\quad \text{as} = \tfrac{8}{5} = 1{\cdot}60;\quad \text{es} = \tfrac{6}{5} = 1{\cdot}20;\quad \text{a} = \tfrac{5}{3} = 1{\cdot}67;\quad \text{e} = \tfrac{5}{4} = 1{\cdot}25$

Der Unterschied ist gering:

$$
\begin{array}{llll}
\text{für as} = \tfrac{8}{5} : \tfrac{128}{81} = 81 : 80 & \text{statt} & 1 \\
\text{für es} = \tfrac{6}{5} : \tfrac{32}{27} = 81 : 80 & \text{„} & 1 \\
\text{für a} = \tfrac{5}{3} : \tfrac{27}{16} = 80 : 81 & \text{„} & 1 \\
\text{für e} = \tfrac{5}{4} : \tfrac{81}{64} = 80 : 81 & \text{„} & 1 \\
\end{array}
$$

Ausgleich. Temperirung. Gestatteter Spielraum. Man nennt $16 : 15 = 1{\cdot}067$ einen halben Ton. Dann ist das Intervall $81 : 80 = 1{\cdot}013$ etwa ein Zehntel Ton. Die Differenz ist zu fein, um den meisten Ohren bemerkbar zu sein oder sie unangenehm zu berühren. Wir vereinigen die zwei nur um das Verhältniss $81 : 80$ differirenden Töne und nehmen für sie die einfachere Zahl der Entwicklung in der Octav. Solchen Ausgleich unter Verwischung kleiner Differenzen nennt man Temperirung. Das Verhältniss (Intervall) $80 : 81$ wollen wir den gestatteten Spielraum nennen.

Stimmung der Saiten-Instrumente. Unsere wichtigsten Saiten-Instrumente, Violine, Viola, Cello, sind in Quinten gestimmt. Sie geben ein Bild der Fortbildung auf der Dominante. Jede Saite ist ein Instrument für sich. Sie zusammen mit ihrer harmonischen Differenzirung bilden einen Theil unseres Tonsystems. Die Stimmung, d. h. die Herstellung der harmonischen Beziehung zwischen den 4 Saiten erfolgt nach der Quint. Die Töne der leeren Saiten sind c g d a e. Bei ihrer Stimmung stossen wir auf einen Conflict zwischen Qintenstimmung und Octavenharmonie. Wir haben:

Sollen c g a e dem c-System angehören, so sind c g und a e reine Quinten. Denn $\frac{2}{3} \times 1 = \frac{2}{3}$; $\frac{2}{3} \times \frac{2}{3} = \frac{4}{9}$ (oder $\frac{1}{4}$). Dagegen ist g d nur reine Quint für $d = \frac{8}{9} = \frac{2}{3} \times \frac{2}{3} \times \frac{2}{3}$, a d nur für $d = \frac{10}{9} = \frac{2}{3} \times \frac{1}{4}$. Der Widerspruch ist nicht zu beseitigen. Der Ausgleich des Widerspruchs geschieht durch Temperiren, d. h. durch Vernachlässigen des halben Fehlers nach beiden Seiten. Der Fehler ist $\frac{8}{9} : \frac{10}{9} = \frac{80}{81}$, statt 1, der obige gestattete Spielraum. Wir stimmen so, dass d nach g und nach a möglichst genau als Quint erklingt. Der halbe Fehler, der Fehler von d nach beiden Seiten (etwa ein Zwanzigstel-Ton) ist dem Ohr nicht störend.

Reihe der Dominanten (Quinten). Die Fortbildung kann, wie wir sahen, nach oben und nach unten geschehen, nach steigenden und nach fallenden Dominanten, nach $p = \pm 1$. Gehen wir von c aus, so haben wir:

steigend: c g d a e h fis cis gis ·
fallend: c f b es as des ges ces fes

Wir können die zwei Reihen bei c zusammenstossen und erhalten eine einzige **Dominanten-Reihe:**

Dur-Nummern

11	10	9	8	7	6	5	4	3	2	1	0	1	2	3	4	5	6	7	8	9	10	11	12	13	14
ases	eses	bes	fes	ces	ges	des	as	es	b	f	c	g	d	a	e	h	fis	cis	gis	dis	ais	eis	his	fisis	cisis
14'	13'	12'	11'	10'	9'	8'	7'	6'	5'	4'	3'	2'	1'	0'	1'	2'	3'	4'	5'	6'	7'	8'	9'	10'	11'
g	d	a																					c	g	d

Moll-Nummern

Die Eigenschaften der Dominantenreihe sind für unsere Musik wichtig. Wir bemerken folgende Punkte:

1. Die Reihe verläuft von beliebig gewähltem festem Anfang nach beiden Seiten steigend und fallend ins Unendliche. Die physiologische Grenze liegt da, wo unser Ohr die Schwingungen nicht mehr als Ton auffasst. Harmonisch wird die Grenze der Reihe erreicht, da wo in ihr harmonisch gleichwerthige Töne wiederkehren. Das ist theoretisch nirgends der Fall, praktisch nach der 12. Quint auf- und abwärts (vgl. Punkt 9. S. 30.)

2. Zum Studium der Harmonie verlegen wir die Töne der Dominanten-reihe in das Intervall c c̄ mit $z = 1 \ldots 2$ (die mittlere Octav) durch Multi-plication mit $2^{\pm m}$, wobei m eine ganze Zahl ist. Jeder Ton erhält eine Be-zeichnung (Buchstaben c, d, f $\ldots$ fis, gis, as, des $\ldots$) ohne Berücksichtigung der Octav, in der er liegt, d. h. so, als ob er in der mittleren Octav läge.

3. Wir können die Reihe nach rechts (steigend) oder nach links (fallend) lesen. Jeder Ton der Reihe ist der Grundton zweier unserer Tonarten, einer Dur- und einer Moll-Tonart. Nach diesem Grundton wird die Tonart benannt: C-Dur, C-Moll, G-Dur, G-Moll

4. Die Nachbarschaft der Töne der Reihe, steigend und fallend, be-zeichnet die Verwandtschaft der entsprechenden Tonarten. Die nächsten Verwandten von C-Dur sind danach G-Dur und F-Dur, die von A-Moll: D-Moll und E-Moll.

5. Die Reihe zerfällt in Perioden von je 7 Tönen. Jede folgende Periode enthält die gleichen Töne, wie die vorhergehende, nur um einen halben Ton verschoben, in steigender Richtung aufwärts, in fallender abwärts. So bilden sich:

nach rechts (steigend) die erhöhten (♯) Töne: fis cis gis dis ais eis his
nach links (fallend) die verminderten (♭) Töne: b es as des ges ces fes

        In der folgenden Periode:

nach rechts (steigend) die ♯♯ (ˣ) Töne: fisis, cisis, gisis
nach links (fallend) die ♭♭ Töne: bes, eses, ases

6. Die erhöhten und die verminderten Töne folgen in der Reihe nach ihrer Wichtigkeit und Häufigkeit: fis, cis, gis $\ldots$ resp. b, es, as $\ldots$ Die Quintenreihe giebt unmittelbar die Rangordnung im ganzen Tonsystem. (Diese Rangordnung ist eine andere als die oben untersuchte harmonische in der Octav.)

7. Wir geben den Tönen der Reihe eine laufende Nummer und zwar in doppelter Weise. Von c steigend $0 \ 1 \ 2 \ldots$ und fallend $0 \ \bar{1} \ \bar{2} \ldots$ Diese nennen wir **Dur-Nummern.** Ausserdem von a steigend $0 \ 1' \ 2' \ldots$ und fallend $0 \ \bar{1}' \ \bar{2}' \ldots$ Diese nennen wir **Moll-Nummern.**

8. Berechnung der Schwingungszahl eines Tones z aus seiner Nummer. Setzen wir für c $z = 1$, so ist:

für jede Dur-Nummer n $z_n = \left(\tfrac{3}{2}\right)^n$ z. B. für cis: $z = \left(\tfrac{3}{2}\right)^7$, für ces: $z = \left(\tfrac{3}{2}\right)^{-7}$
für jede Moll-Nummer n' $z_{n'} = \tfrac{5}{3}\left(\tfrac{3}{2}\right)^{n'}$ z. B. für ais: $z = \tfrac{5}{3}\left(\tfrac{3}{2}\right)^7$.

Die so erhaltenen Zahlen verlegen wir durch Multiplikation mit dem nöthigen $2^{\pm m}$ in die mittlere Octav c c̄ mit $z = 1 \ldots \tfrac{5}{3} \cdot 2$.

Die Ausrechnung von z mit Verlegung in die Octav $c\,\bar{c}$ ist am einfachsten folgende:

Beispiel 1. **cis.** Die Dur-Nummer ist 7. Wir haben also: $z = (\tfrac{3}{2})^7$.

$$\lg \tfrac{3}{2} = 0{\cdot}17609. \qquad \lg (\tfrac{3}{2})^7 = 7 \times 0{\cdot}17609 = 1{\cdot}23263$$

Wir subtrahiren oder addiren m. $\lg 2 = m \times 0{\cdot}30103$, m so gewählt, dass die Differenz resp. Summe zwischen $\lg 1$ und $\lg 2$ fällt, d. h. grösser ist als o, kleiner als $0{\cdot}30103$. Also:

$$\lg (\tfrac{3}{2})^7 = 7 \times 0{\cdot}17609 = 1{\cdot}23263$$
$$\text{Wir subtrahiren: } -4 \times 0{\cdot}30103 = -1{\cdot}20412$$
$$\lg z = 0{\cdot}02851; \quad z = 1{\cdot}068 = \tfrac{16}{15}$$

Beispiel 2. **ces.** Die Moll-Nummer ist -7. Wir haben also:

$$z = (\tfrac{3}{2})^{-7}; \quad \lg (\tfrac{3}{2})^{-7} = -7 \times 0{\cdot}17609 = -1{\cdot}23263$$
$$\text{Wir addiren:} \qquad 5 \times 0{\cdot}30103 = 1{\cdot}50515$$
$$\lg z = 0{\cdot}27252; \quad z = 1{\cdot}873 = \tfrac{15}{8}.$$

Beispiel 1 und 2 liefern den **Zahlen-Nachweis für Eigenschaft 5. Verschiebung um einen halben Ton** bei Verschiebung um 7 Quinten auf- oder abwärts und Rückverlegung in die Octav $\bar{c}\,c$.

Einen halben Ton nennen wir das Verhältniss $z_1 : z_2 = 1 : \tfrac{16}{15}$

Nun berechneten wir in

Beisp. 1. Für c; $z_1 = 1$: für cis: $z_2 = \tfrac{16}{15}$; $z_1 : z_2 = 1 : \tfrac{16}{15}$ $= \tfrac{1}{2}$ Ton aufwärts
Beisp. 2. Für c: $z_1 = 2$; für ces: $z_2 = \tfrac{15}{8}$; $z_1 : z_2 = 2 : \tfrac{15}{8} = \tfrac{16}{15} : 1 = \tfrac{1}{2}$ Ton abwärts.

Die Verschiebung beträgt danach in Zahlen genau einen halben Ton. Von dem in cis resp. ces verschobenen Grundton beginnt die Quintenbildung wie von c aus, die neue Periode.

9. Die praktische Grenze der Tonbildung geht steigend bis his ($n = 12$, $n' = 9$), fallend bis bes ($\bar{n} = 9$, $\bar{n}' = 12$). Es ist nämlich mit dem gestatteten Spielraum $81 : 80$ his $= c$, bes $= a$ d. h. 12 Quinten sind fast genau 7 Octaven.

In Zahlen, nach obiger Art berechnet, haben wir nämlich:

$$
\left.
\begin{array}{ll}
\text{für his:} & z_2 = (\tfrac{3}{2})^{12} \\
\text{für c} & z_1 = 1
\end{array}
\right\} z_2 : z_1 = (\tfrac{3}{2})^{12}
$$
$$
\left.
\begin{array}{ll}
\text{für bes:} & z_2 = (\tfrac{3}{2})^{-9} \\
\text{für a} & z_1 = (\tfrac{3}{2})^{3}
\end{array}
\right\} z_1 : z_2 = (\tfrac{3}{2})^{12}
$$
$$\left.\right\} = 2^7 \times 1{\cdot}013 \qquad \text{In mittlere Octav verlegt:} \quad = 1{\cdot}013 = 81 : 80$$

Lassen wir diesen Ausgleich zu, wie das in der That geschieht, so kommen nach 12 Nummern der Reihe, auf- und absteigend, dieselben Buchstaben (Töne) wieder. Damit ist nach der Entwicklung durch Fortbildung auf der Dominante das Tonsystem praktisch abgeschlossen. Die in der Reihe darüber hinausgehenden Töne fisis, cisis sowie bes, eses, ases · · haben nur eine Bedeutung für Verschiebung des Anfangs des ganzen Tonsystems.

10. Jede Periode d. h. **je 7 aufeinanderfolgende Töne** der Quintenreihe, von beliebiger Stelle angefangen, bilden eine **diatonische Tonleiter** z. B.:

$\overline{1}$ 0 1 2 3 4 5 = f c g d a e h nach Tonhöhe geordnet: c d e f g a h = C-Dur
3 4 5 6 7 8 9 = d a e h fis cis gis „ „ „ a h cis d e fis gis = A-Dur.

11. Die Quintenperiode b f c g d a e = $\overline{2}$ $\overline{1}$ 0 1 2 3 4 enthält die 7 ersten Buchstaben des Alphabets:

$$a \ b \ c \ d \ e \ f \ g$$

dann folgt h als No. 5.

12. Zwei anschliessende Perioden liefern die sogenannte **chromatische Tonleiter** z. B.:

$\overline{1}$ · · · 12 nach der Tonhöhe z geordnet: c cis d dis e (eis) f fis g gis a ais h (his)
oder: $\overline{8}$ · · · 5 „ „ „ „ c des d es e (fes) f ges g as a b h (ces)

Dabei können die Töne No. 11. 12 resp. $\overline{8}$. $\overline{7}$ entfallen, denn es ist mit dem gestattetem Spielraum 81 : 80 eis = f, his = c, ces = h, fes = e. Dann umfasst die chromatische Tonleiter nur 12 aufeinander folgende Töne der Quintenreihe.

13. Drei anschliessende Perioden liefern die sogenannte **chromatisch-enharmonische Tonleiter.** Z. B. die 21 Töne No. $\overline{8}$—12. Diese lauten nach der Tonhöhe (z) innerhalb der Octav c c̄ geordnet:

c des cis d es dis e fes f ges fis g as gis a b ais h ces his c.

Die Reihe enthält die ♯ und ♭ Töne zugleich. Die ♯ und ♭ Töne des cis, es dis, ges fis, as gis, b ais treffen sich etwa in der Mitte. Der ♯ Ton ist jedesmal etwas höher als der ♭ Ton, und zwar um das Intervall 81 : 80.

Denn es ist:

z. B. $\quad$ für cis $z_2 = \left(\tfrac{3}{2}\right)^7 : 2^4 = 1{\cdot}068$ $\Big\}$
$\qquad\quad$ für des $z_1 = \left(\tfrac{3}{2}\right)^{-5} \times 2^3 = 1{\cdot}053$ $\Big\}$ $z_2 : z_1 = 1{\cdot}014 = 81 : 80.$

Allgemein: $\dfrac{z_2 \ (\sharp \ \text{Ton})}{z_1 \ (\flat \ \text{Ton})} = \dfrac{\left(\tfrac{3}{2}\right)^{12}}{2^7} = \dfrac{3^{12}}{2^{19}} = 1{\cdot}013 = 81 : 80.$

Dagegen rückt fes an e, eis an f, ces an h, his an c wieder bis auf das Intervall 81 : 80 heran. Zwischen c des, cis d · · bleiben Abstände von $\tfrac{1}{4}$ Ton.

14. Wir können nach dem gleichen Princip weiter bilden: **4 anschliessende Perioden** zu einer Tonleiter von 28 Tönen vereinigen. So erhalten wir z. B. von $\overline{8}$—19 ausser den ♭ und ♯ Tönen noch die ♯♯ Töne fisis, cisis   oder von $\overline{15}$—12 die ♯, ♭ und ♭♭ Töne.   Dann Tonleitern aus **5 Perioden** mit 35 Tönen, z. B. $\overline{15}$—19. Die ♯♯ und ♭♭ Töne, auf die Octav $c\bar{c}$ reducirt, schieben sich zwischen die anderen.   Sie bringen aber nichts Neues, wenn wir das Intervall 81 : 80 für den Spielraum jedes Tones gestatten.

$$\text{Wir haben z. B.: für fisis : } z_2 = \left(\tfrac{3}{2}\right)^{13} : 2^7 = 1{\cdot}520 \left.\right\} z_2 : z_1 = 1{\cdot}013$$
$$\text{für g}\quad z_1 = \tfrac{3}{2} \qquad\quad = 1{\cdot}5 \left.\right\} 81 : 80 = 1{\cdot}014.$$

Wir finden also in der Dominantenreihe eine Erklärung für das Zustandekommen unserer 3 Arten von Tonleitern.   Jede derselben bildet ein geschlossenes Stück der Dominantenreihe; die Töne durch Octavverlegung in eine Octav $c\bar{c}$ zusammengeschoben.   Wir haben daher in den Tonleitern nicht eine einfache harmonische Entwicklung innerhalb einer Octav, sondern ein Aggregat, eine Zusammenschiebung.

Wir lernten noch eine andere Art der Entstehung der Tonleitern kennen, nämlich durch Entwicklung nach den Zahlen $p = 0\;\tfrac{1}{3}\;\tfrac{1}{2}\;1\;2\;\infty$ zwischen $c\bar{c}$, dann zwischen $g\bar{g}$, $f\bar{f}$ Diese Töne ebenfalls durch Octavenverlegung zwischen $c\bar{c}$ geschoben.   Sie decken sich theils vollständig, theils bis auf den Spielraum 81 : 80 mit den durch Quintenbildung erhaltenen Tönen.

Wir haben beide Bildungsweisen als neben einander bestehend anzunehmen und zwar so, dass die Grundtöne der Tonarten sich nach Quinten fortbilden, und dass zwischen diesen Grundtönen und ihrer Octav sich die harmonische Entwicklung nach den Zahlen $0\;\tfrac{1}{3}\;\tfrac{1}{2}\;1\;2$ vollzieht.   Die harmonisch erlaubte Verlegung in eine Octav und die Ordnung nach der Höhe (z) gibt die Tonleitern.

15. Die Reihe der ganzen Töne erhalten wir aus der Dominantenreihe durch Ueberspringen von je einem Ton

$$\text{z. B.:}\quad \overline{6}\ \overline{4}\ |\ \overline{2}\ 0\ 2\ 4\quad 6\ 8 \qquad = \qquad \text{ges as}\ |\ \text{b c d e}\ |\ \text{fis gis} \cdot$$
$$\text{Daneben:}\quad \overline{5}\ \overline{3}\ |\ \overline{1}\ {}^1\ 3\ 5\quad 7\ 9 \qquad = \qquad \text{des es}\ |\ \text{f g a h}\ |\ \text{cis dis} \cdot$$

Und zwar folgen die Töne nun nach der Grösse von z und den Buchstaben des Alphabets.   Der Grund hierfür ist in den Zahlen z ersichtlich.

Beweis: Sei n die Nummer eines Tons, so ist die zweitnächste $= n + 2$. Damit ist:

$$\left.\begin{array}{l} z_2 = \left(\tfrac{3}{2}\right)^{n+2} \\[4pt] z_1 = \left(\tfrac{3}{2}\right)^{n} \end{array}\right\}\ z_2 : z_1 = \left(\tfrac{3}{2}\right)^{n+2}\ \left(\tfrac{3}{2}\right)^{n} = \left(\tfrac{3}{2}\right)^{2} = \tfrac{9}{4} = 2 \times \tfrac{9}{8} = \text{Octav} + \text{ganzer Ton},$$

denn $z_2 : z_1 = \tfrac{9}{8}$ nennen wir das Intervall eines ganzen Tones.

So erhalten wir durch **Zusammenschieben von 2 ganztönigen Reihen** sowohl die diatonische Tonleiter c d e f g a h, als auch die chromatische in ♯ und ♭ und aus beiden zusammen die chromatisch-enharmonische Reihe.[1]

---

[1] Vgl. Lobe, Katechismus d. Musik. 1881. 14.

Ja, auch die erweiterte Reihe mit $\times = $ ♯ ♯ und ♭ ♭ setzt sich ebenso aus 2 ganzzahligen Reihen zusammen.

In diesem Licht erscheint uns jede Tonleiter als zusammengeschoben aus 2 Reihen ganzer Töne, von denen jede im gleichmässigen Intervall 1 $\frac{2}{3}$ fortschreitet.

16. Die kleine Gruppe **0 bis 4** enthält die Töne c g d a e für die Stimmung unserer Streichinstrumente.

Violine	=		g	d	a	e	
Viola	=	c	g	d	a		aufwärts
Cello	=	c	g	d	a		
Bass	=		g	d	a	e	abwärts.

Sie bilden die Mitte der Dominanten-Reihe und zwar haben c g d a zugleich die kleinsten und dieselben Dur- und Moll-Nummern, nämlich:

$$0 \quad 1 \quad 2 \quad 3 \quad (4) = \text{Dur-Nummern}$$
$$c \quad g \quad d \quad a \quad (e)$$
$$\overline{3} \quad \overline{2} \quad \overline{1} \quad 0 \quad (1) = \text{Moll-Nummern.}$$

Die Saiten-Instrumente geben ein Bild der Entwicklung des Tonsystems. Jede Saite hat ihre Tonbildung durch harmonische Theilung; jede folgende Saite ist aus der vorhergehenden entwickelt durch Verlegung in die Quint. Zur Wahl der Quintendistanz dürften die 5 Finger der Hand mitgewirkt haben.

17. In der **Notenschrift** bezeichnet man den Anfang der Tonzählung durch die **Schlüssel**. Solcher Schlüssel hat man 3 Arten:

C-Schlüssel: Alt-, Tenor- und Discant-Schlüssel
(veraltet Mezzosopran-Schlüssel) 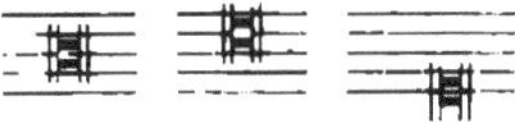

F-Schlüssel: Bass-Schlüssel
(veraltet Bariton-Schlüssel) 

G-Schlüssel: Violin-Schlüssel
(veraltet Französischer Schlüssel) 

F C G sind die 3 mittleren Töne $\overline{1}$ 0 1 der Dominantenreihe. Die C-Schlüssel sind die älteren. Das entspricht dem Anfang unseres Tonsystems. F G sind die Quint nach unten und oben.

18. Wir unterscheiden **Dur- und Moll-Tonarten** und benennen jede derselben nach ihrem Grundton. (Näheres siehe weiter unten.) Die Dur- und Moll-Tonarten haben eine bestimmte Reihenfolge nach der Zahl der vorgeschriebenen ♯ oder ♭. Die Dominantenreihe zeigt diese Reihenfolge und zwar giebt sie jeder Tonart eine Nummer, die Nummer ihres Grundtons. Die Nummern der ♯-Tonarten sind +, die der ♭-Tonarten —. Die **Zählung** der Dur-Tonarten beginnt bei c, die der Moll-Tonarten bei a. Die Nummer in der Dominantenreihe giebt für jede Tonart die Zahl der vorgeschriebenen ♯ resp. ♭ an.

Beispiele: h hat die Dur-Nummer $+5$ d. h. H-Dur hat ♯♯♯♯♯ vorgezeichnet.
h hat die Moll-Nummer $+2$ d. h. H-Moll hat ♯♯ vorgezeichnet.
c hat die Moll-Nummer -3 d. h. C-Moll hat ♭♭♭ vorgezeichnet.
c hat die Dur-Nummer 0 d. h. C-Dur hat k e i n e Vorzeichnung.

Jede folgende Tonart, nach oben oder unten, entwickelt sich aus der vorhergehenden durch Fortbildung der Grundtöne auf der Dominante (nach der Dominantenreihe). Innerhalb der Tonart entwickeln sich die Töne harmonisch zwischen Grundton und Octav und zwar für Dur nach der Zahlenreihe $p = 0\,\frac{1}{3}\,\frac{1}{2}\,1\,2\,\infty$, für Moll nach $\bar{p} = 0\,\overline{\frac{1}{3}}\,\overline{\frac{1}{2}}\,\bar{1}\,\bar{2}\,\overline{\infty}$.

Fortbildung auf den Zwischentönen $p = \pm \frac{1}{2}, 2; \frac{1}{3}$ finden wir neben Fortbildung nach 0, 1 bei der Accordfolge der Musikstücke. Wir erkennen diese Art der Fortbildung bei der Analyse von Musikstücken, wie solche in den Beispielen S. 42 durchgeführt ist. Wir wollen aus den Resultaten (vorgreifend) das Hierhergehörige an einem Beispiel kurz zeigen und verweisen für das Einzelne auf die eingehendere Darlegung weiter unten.

Stabat Mater von Palästrina (vgl. S. 54a).

Sta-bat	ma-ter	do-	lo-	ro-	sa			= Text
c	d	es	es	es	es	des	c	
g	b	c	c	b	c	b	g	= Accorde.
e	f	as	as	g	as	f	e	
c	b	as	as	es	as	b	c	
$p=$ $0\frac{1}{3}1$	$0\frac{1}{3}1$	$0\frac{1}{3}1$	$0\frac{1}{3}1$	$0\frac{1}{3}1$	$0\frac{1}{3}1$	$0\frac{1}{4}1$	$0\frac{1}{3}1$	= harmonische Zahlen der Accorde
c	b	as	as	es	as	b	c	= Grundtöne der Accorde [tende Harmonie)
$p=$ 2	1	$\frac{1}{2}$	$\frac{1}{3}$	0	$\frac{1}{3}$	1	2	= harmonische Zahlen der Grundtöne (Fortschrei-
		es	as	b	c			= Töne der fortschreitenden Harmonie
$p=$		0	$\frac{1}{2}$	1	2			= harmonische Zahlen der fortschr. Harmonie
		es						= Grundton d. fortschr. Harmonie u. d. ganzen Satzes.

Das Stück besteht aus einer Reihe von Accorden. Jeder Accord besteht aus einem Grundton und mehreren zugehörigen harmonischen Tönen: z. B. c e g c $= 0\,\frac{1}{3}\,1\,0$ (c); dann b f b d $= 0\,1\,0\,\frac{1}{3}$ (b). Wir schreiben dafür unter Ordnung nach der Grösse und Weglassung der Wiederholungen: $0\,\frac{1}{3}\,1$ (c); $0\,\frac{1}{3}\,1$ (b). Die Grundtöne der Accorde bilden eine Reihe verwandter Töne, charakterisirt durch ihre harmonischen Zahlen $p = 0\,\frac{1}{3}\,1\,2$ (as) in unserem Beispiel. Wir haben eine Fortbildung von Grundton zu Grundton nach den Zahlen $p = 0\,\frac{1}{3}\,1\,2$.

Das ist was wir zeigen wollten. In den Beispielen erkennen wir bei diesen harmonischen Fortbildungszahlen der Grundtöne eine **Rangordnung** nach

Häufigkeit und Wichtigkeit: $p = 0\ 1\ \tfrac{1}{2}\ 2$ (selten $\tfrac{1}{3}$ $\cdot$). Es ist die selbe Rangordnung, die wir S. 24 für die harmonischen Töne innerhalb der Octav kennen lernten und die das Gesetz der Complication den Tönen, wie den Krystallformen vorzeichnet. Jeder Grundton ist der Träger eines Accords, d. h. zwischen ihm und seiner Octav hat sich harmonische Entwicklung vollzogen, die, wie wir sahen, durch das gleiche Gesetz beherrscht ist.

Ableitung der 4 Classen von Tonarten, ♯-Dur, ♯-Moll, ♭-Dur, ♭-Moll.

Wir wollen Punkt 18 (S. 33) etwas näher ausführen.

Wir haben die steigende (Dur) und die fallende (Moll) Harmonie kennen gelernt, ferner die Fortbildung nach steigender und nach fallender Dominante. Daraus ergeben sich folgende Combinationen:

♯ Dur-Tonarten: auf steigender Dominante steigende Harmonie $= +\,+$
♯ Moll „ „ „ „ fallende „ $= +\,-$
♭ Dur „ „ fallender „ steigende „ $= -\,+$
♭ Moll „ „ „ „ fallende „ $= -\,-$

Damit sind die 4 Möglichkeiten erschöpft und zugleich die in der Musik angenommenen 4 Classen von Tonarten.

Ableitung der ♯ Dur-Tonarten: auf steigender Dominante steigende Harmonie. Wir gehen von c aus und bilden der Definition nach die steigende (Dur-)Harmonie:

$$p = 0 \quad \tfrac{1}{3} \quad \tfrac{1}{4} \quad 1 \quad 2 \quad \infty$$
$$z = 1 \quad \tfrac{5}{4} \quad \tfrac{4}{3} \quad \tfrac{3}{2} \quad \tfrac{5}{3} \quad 2$$
$$\ \ c \quad e \quad f \quad g \quad a \quad c \; = \text{C-Dur.}$$

Die gleiche Harmonie bilden wir dann auf den steigenden Dominanten g d a e h fis $\cdot$, indem wir diese, der Reihe nach, zu Grundtönen machen. Durch diese Verlegung des Grundtones multipliciren sich die Zahlen $z = 1\ \tfrac{5}{4}\ \tfrac{4}{3}\ \tfrac{3}{2}\ \tfrac{5}{3}\ 2$ mit dem z des neuen Grundtons. So erhalten wir bei Reduction auf das Intervall $z = 1 \ldots 2$:

No.	Harmon. Zahl: Multiplicator:	$p=0$ $z=1$	$\tfrac{1}{3}$ $\tfrac{5}{4}$	$\tfrac{1}{4}$ $\tfrac{4}{3}$	1 $\tfrac{3}{2}$	2 $\tfrac{5}{3}$	Vor- zeich- nung
0	C-Dur	c 1	e $\tfrac{5}{4}$	f $\tfrac{4}{3}$	g $\tfrac{3}{2}$	a $\tfrac{5}{3}$	
1	G-Dur	g $\tfrac{3}{2}$	h $\tfrac{15}{8}$	c 1	d $\tfrac{9}{8}$	e $\tfrac{5}{4}$	♯
2	D-Dur	d $\tfrac{9}{8}$ d $\tfrac{10}{9}$	(fis) $\tfrac{45}{32}$ fis $\tfrac{25}{18}$	g $\tfrac{3}{2}$ (g) $\tfrac{40}{27}$	(a) $\tfrac{27}{16}$ a $\tfrac{5}{3}$	h $\tfrac{15}{8}$ (h) $\tfrac{50}{27}$	♯♯
3	A-Dur	a $\tfrac{5}{3}$	cis $\tfrac{25}{24}$	d $\tfrac{10}{9}$	e $\tfrac{5}{4}$	fis $\tfrac{25}{18}$	♯♯♯
4	E-Dur	e $\tfrac{5}{4}$	gis $\tfrac{25}{16}$	a $\tfrac{5}{3}$	h $\tfrac{15}{8}$	cis $\tfrac{25}{24}$	♯♯♯♯
5	H-Dur	h $\tfrac{15}{8}$	dis $\left(\tfrac{75}{64}\right)\tfrac{7}{6}$	e $\tfrac{5}{4}$	fis $\left(\tfrac{45}{32}\right)\tfrac{7}{6}$	gis $\tfrac{25}{16}$	♯♯♯♯♯

Um für die Haupttöne c f g a   des ganzen Systems den gleichen Klang, dasselbe z festhalten zu können, ist mancher Ausgleich nöthig. So sehen wir d mit $z = \frac{9}{8}$ und $z = \frac{10}{9}$ auftreten. Die Schwankung $\frac{9}{8} : \frac{10}{9} = 81 : 80$ liegt innerhalb des gestatteten Spielraums (S. 27).

Ableitung der ♯ Moll-Tonarten: Auf steigender Dominante fallende Harmonie. Wir gehen von a als No. o der Zählung aus (Moll-Nummern der Dominanten-Reihe S. 28) und bilden auf a der Definition nach die fallende Harmonie mit:

$$p = o\quad \overline{\tfrac{1}{3}}\quad \overline{\tfrac{1}{2}}\quad \overline{1}\quad \overline{2}\quad \infty$$
$$z = 2\quad \tfrac{8}{3}\quad \tfrac{3}{2}\quad \tfrac{4}{3}\quad \tfrac{8}{5}\quad 1$$
$$a\quad f\quad e\quad d\quad c\quad a\ = \text{A-moll}$$

wie sie sich durch Inversion der steigenden Harmonie $p = o\ \tfrac{1}{3}\ \tfrac{1}{2}\ 1\ 2\ \infty$ ergeben hat (vgl. S. 19).

Die gleiche Harmonie bilden wir dann auf den steigenden Dominanten a c h fis cis gis   durch Multiplication von z des Grundtones mit $1\ \tfrac{8}{3}\ \tfrac{3}{2}\ \tfrac{4}{3}\ \tfrac{8}{5}$. So erhalten wir bei Reduction auf das Intervall $z = 1$ 2:

No.	Harmon. Zahl: Multiplicator:	$p = o$ $z = 1$	$\overline{\tfrac{1}{3}}$ $\tfrac{8}{3}$	$\overline{\tfrac{1}{2}}$ $\tfrac{3}{2}$	$\overline{1}$ $\tfrac{4}{3}$	$\overline{2}$ $\tfrac{8}{5}$	Vorzeichnung
o	A-Moll	a $\tfrac{5}{3}$	f $\tfrac{4}{3}$	e $\tfrac{3}{2}$	d $\tfrac{10}{9}$	c 1	
1	E-Moll	e $\tfrac{5}{4}$	c 1	h $\tfrac{15}{8}$	a $\tfrac{5}{3}$	g $\tfrac{3}{2}$	♯
2	H-Moll	{ h $\tfrac{15}{8}$ (b) $\tfrac{30}{17}$	g $\tfrac{3}{2}$ (g) $\tfrac{40}{27}$	(fis) $\tfrac{45}{32}$ fis $\tfrac{27}{16}$	e $\tfrac{5}{4}$ (e) $\tfrac{100}{81}$	d $\tfrac{9}{8}$ d $\tfrac{10}{9}$ }	♯♯
3	Fis-Moll	fis $\tfrac{27}{16}$	d $\tfrac{10}{9}$	cis $\tfrac{45}{32}$	h ($\tfrac{30}{17}$) $\tfrac{15}{8}$	a $\tfrac{5}{3}$	♯♯♯
4	Cis-Moll	cis $\tfrac{25}{24}$	a $\tfrac{5}{3}$	gis $\tfrac{25}{16}$	fis $\tfrac{45}{32}$	e $\tfrac{3}{2}$	♯♯♯♯
5	Gis-Moll	gis $\tfrac{25}{16}$	e $\tfrac{3}{2}$	dis ($\tfrac{75}{64}$) $\tfrac{7}{6}$	cis $\tfrac{25}{24}$	h $\tfrac{15}{8}$	♯♯♯♯♯

Auch hier, wie oben, der nöthige Ausgleich, besonders bei d und h, innerhalb des gestatteten Spielraums 81 : 80.

Ableitung der ♭ Dur-Tonarten: Auf fallender Dominante steigende Harmonie. Wir gehen von c aus, dem Anfang der Dur-Tonarten. Wir bilden auf c der Definition gemäss die (Dur-)Harmonie mit:

$$p = o\ \tfrac{1}{3}\ \tfrac{1}{2}\ 1\ 2\ \infty;\qquad z = 1\qquad \tfrac{1}{2}\qquad 2$$

Dann ebenso auf den fallenden Dominanten c f b es as des   der Dominantenreihe (S. 28) die Dur-Harmonien durch Multiplication des Grundtons mit $1\ \tfrac{3}{4}\ \tfrac{2}{3}\ \tfrac{3}{4}\ \tfrac{5}{8}$. So erhalten wir, bei Reduction auf das Intervall $z = 1$ 2:

No.	Harmon. Zahl: Multiplicator:	p = 0 z = 1	$\frac{1}{3}$ $\frac{5}{4}$	$\frac{1}{2}$ $\frac{4}{3}$	1 $\frac{3}{2}$	2 $\frac{5}{3}$	Vorzeichnung
0	C-Dur	c 1	e $\frac{5}{4}$	f $\frac{4}{3}$	g $\frac{3}{2}$	a $\frac{5}{3}$	
$\overline{1}$	F-Dur	f $\frac{4}{3}$	a $\frac{5}{3}$	b $\frac{16}{9}$	c 1	d $\frac{10}{9}$	♭
$\overline{2}$	B-Dur	b $\frac{9}{5}$ b $\frac{16}{9}$	d $\frac{9}{8}$ d $\frac{10}{9}$	es $\frac{6}{5}$ (es) $\frac{32}{27}$	(f) $\frac{27}{20}$ f $\frac{4}{3}$	g $\frac{3}{2}$ (g) $\frac{40}{27}$	♭♭
$\overline{3}$	Es-Dur	es $\frac{6}{5}$	g $\frac{3}{2}$	as $\frac{8}{5}$	b $\frac{9}{5}$	c 1	♭♭♭
$\overline{4}$	As-Dur	as $\frac{8}{5}$	c 1	des $\frac{16}{15}$	es $\frac{6}{5}$	f $\frac{4}{3}$	♭♭♭♭
$\overline{5}$	Des-Dur	des $\frac{16}{15}$	f $\frac{4}{3}$	ges $\frac{64}{45}$	as $\frac{8}{5}$	b $\frac{16}{9}$	♭♭♭♭♭

Auch hier, wie oben, der nöthige Ausgleich innerhalb des Spielraums 81 : 80.

Ableitung der ♭ Moll-Tonarten: Auf fallender Dominante fallende Harmonie. Wir gehen von a aus, dem Anfang der Moll-Tonarten. Wir bilden auf a ($z = \frac{5}{3}$), der Definition gemäss, die fallende (Moll-)Harmonie mit:

$$p = 0 \quad \overline{\tfrac{1}{3}} \quad \overline{\tfrac{1}{2}} \quad \overline{1} \quad \overline{2} \quad \overline{\infty}; \qquad z = 2 \quad \tfrac{8}{5} \quad \tfrac{3}{2} \quad \tfrac{4}{3} \quad \tfrac{6}{5} \quad 1$$

Dann ebenso auf den fallenden Dominanten a d g c f b der Dominanten-Reihe (S. 28) die Moll-Harmonien durch Multiplication des Grundtons mit 1 $\frac{8}{5}$ $\frac{3}{2}$ $\frac{4}{3}$ $\frac{6}{5}$ (vgl. S. 19). So erhalten wir bei Reduction auf das Intervall $z = 1 \quad 2$:

No.	Harmon. Zahl: Multiplicator:	p = 0 z = 1	$\overline{\frac{1}{3}}$ $\frac{8}{5}$	$\overline{\frac{1}{2}}$ $\frac{3}{2}$	$\overline{1}$ $\frac{4}{3}$	$\overline{2}$ $\frac{6}{5}$	Vorzeichnung
0	A-Moll	a $\frac{5}{3}$	f $\frac{4}{3}$	e $\frac{5}{4}$	d $\frac{10}{9}$	c 1	
$\overline{1}$	D-Moll	d $\frac{10}{9}$ d $\frac{9}{8}$	b $\frac{16}{9}$ b $\frac{9}{5}$	a $\frac{5}{3}$ (a) $\frac{27}{16}$	(g) $\frac{40}{27}$ g $\frac{3}{2}$	f $\frac{4}{3}$ (f) $\frac{27}{20}$	♭
$\overline{2}$	G-Moll	g $\frac{3}{2}$	es $\frac{6}{5}$	d $\frac{9}{8}$	c 1	b $\frac{9}{5}$	♭♭
$\overline{3}$	C-Moll	c 1	as $\frac{8}{5}$	g $\frac{3}{2}$	f $\frac{4}{3}$	es $\frac{6}{5}$	♭♭♭
$\overline{4}$	F-Moll	f $\frac{4}{3}$	des $\frac{16}{15}$	c 1	b $\frac{16}{9}$	as $\frac{8}{5}$	♭♭♭♭
$\overline{5}$	B-Moll	b $\frac{16}{9}$ b $\frac{9}{5}$	(ges) $\frac{64}{45}$ ges $\frac{36}{25}$	f $\frac{4}{3}$ (f) $\frac{27}{20}$	(es) $\frac{32}{27}$ es $\frac{6}{5}$	des $\frac{16}{15}$ des $\frac{27}{25}$	♭♭♭♭♭

Auch hier, wie oben, der nöthige Ausgleich, besonders bei b und d, innerhalb des gestatteten Spielraums.

Warum beginnt die Moll-Zählung bei a, wenn die Dur-Zählung bei c beginnt? Mit anderen Worten: **Worin besteht die Verwandtschaft von C-Dur**

und A-Moll? Wir finden die Erklärung hierfür darin, dass die Töne der Dur-Harmonie p = o ⅓ ½ 1 2 ∞ für C und seine beiden nächsten Verwandten, steigend G-Dur und fallend F-Dur, dieselben sind, wie die Töne der Moll-Harmonie p = o $\bar{\tfrac{1}{3}}$ $\bar{\tfrac{1}{2}}$ $\bar{1}$ $\bar{2}$ $\bar{\infty}$ für A und seine nächsten Verwandten, E-Moll steigend und D-Moll fallend; nämlich: c d e f g a (b) h, wie aus den Tabellen S. 35—37 ersichtlich. Es setzen sich aber (wie wir unten sehen werden), die einfachen Stücke in C-Dur aus Harmonien (Accorden) auf c f g zusammen, die einfachen Stücke in A-Moll aus Harmonien (Accorden) auf a d e. Beide arbeiten somit wesentlich mit den gleichen Tönen c d e f g a (b) h.

Drei Arten der Verwandtschaft der Tonarten unterscheiden wir:

1. durch gemeinsamen Grundton, z. B. C-Dur mit C-Moll;
2. durch Fortbildung auf der Dominante, steigend und fallend, z. B. C-Dur mit G- und F-Dur, ebenso C-Moll mit G- und E-Moll;
3. durch Gemeinsamkeit der harmonischen Töne, z. B.: C-Dur mit A-Moll.

Töne an Wichtigkeit verstärkt durch mehrfache Entstehung. Der gleiche Ton entsteht in verschiedenen Tonarten auf verschiedene Weise, die sich in den harmonischen Zahlen (p) ausdrückt. So ist c Grundton in C-Dur und C-Moll (p = o), Dominante in F-Dur (p = 1), es hat p = ⅓ in G-Dur u. s. w. Hat nun ein Ton kleinzahliges p für C-Dur und zugleich für die verwandten Tonarten, so ist er für die Musikstücke in C-Dur besonders wichtig, denn er erscheint in Accorden nicht nur von C-Dur, sondern auch der verwandten Tonarten. Aus solchen aber setzt sich ein Musikstück in C-Dur zusammen.

Ein Bild der Wichtigkeit der Töne für C-Dur gibt folgende Tabelle. Sie zeigt die harmonischen Zahlen für c d es e f g a b h in den C-Dur nächstverwandten Tonarten (vgl. den Accord-Schlüssel S. 39):

	C-Dur	G-Dur	F-Dur	A-Dur	C-Moll
c	o	½	1	$\bar{2}$	o
d		1	2	$\bar{1}$	
es	¼				$\bar{2}$
e	⅓	2		$\bar{\tfrac{1}{2}}$	
f	½		o	$\bar{\tfrac{1}{3}}$	$\bar{1}$
g	1	o			$\bar{\tfrac{1}{2}}$
a	2		⅓	o	
b	3		½		
h		⅓			

Hervorzuheben ist folgendes: c hat in den verwandten Tonarten C-, G-, F-Dur, A- und C-Moll, die Zahlen $p = 0\ \tfrac12\ 1\ \bar2$; umgekehrt haben c f g a in C-Dur die Zahlen: $0\ \tfrac12\ 1\ 2$, das sind die Zahlen der Normalreihe $N_a = 0\ \tfrac12\ 1\ 2\ \infty$.

Analogie mit der Krystallographie. Eine Fläche wird verstärkt durch Einschneiden einer Zone,[1] d. h. durch Zugehörigkeit zu 2 Zonen, in deren jeder sie durch Complication nach dem Gesetz der harmonischen Zahlen entsteht. Eine Fläche ist besonders wichtig, wenn sie in mehreren in ihr sich schneidenden Zonen einfaches p hat.

Tonsystem. Die Töne der verschiedenen Tonarten zusammengefasst, bilden unser Tonsystem. Eine zweite Art der Bildung unseres Tonsystems, nämlich durch Fortbildung auf der Quint allein, haben wir oben kennen gelernt. Beide Arten der Bildung bestehen neben einander.

Für die Bildung resp. Aufschliessung der einfacheren, vielleicht auch der complicirteren Musikstücke genügen die aufgestellten Harmonien:

$$\text{Dur-Harmonie:}\quad \mathrm{p} = 0\quad \tfrac{1}{3}\quad \tfrac{1}{2}\quad 1\quad 2\quad 3\quad \infty$$
$$\text{Moll-Harmonie:}\quad \overline{\mathrm{p}} = 0\quad \overline{\tfrac{1}{3}}\quad \overline{\tfrac{1}{2}}\quad \overline{1}\quad \overline{2}\quad \overline{3}\quad \overline{\infty}$$

Ihre Zusammenstellung für wechselnden Grundton (chromatische Tonleiter) liefert folgenden Schlüssel:

Accord-Schlüssel.

→ Dur-Accorde →

Harmon. Zahlen steigend →									
$p = 0$	$(\tfrac18)$	$(\tfrac14)$	$\tfrac13$	$\tfrac12$	1	$(\tfrac32)$	2	3	∞
c	d	es	e	f	g	as	a	b	c
cis	dis	e	eis	fis	gis	a	ais	h	cis
des	e	fes	f	ges	as	a	b	ces	des
d	eis	f	fis	g	a	b	h	c	d
dis	f	fis	g	gis	ais	h	c	cis	dis
es	f	ges	g	as	b	h	c	des	es
e	fis	g	gis	a	h	c	cis	d	e
f	g	as	a	b	c	des	d	dis	f
fis	gis	a	ais	h	cis	d	dis	e	fis
ges	as	a	b	h	des	d	es	e	ges
g	a	b	h	c	d	es	e	f	g
gis	ais	h	c	cis	dis	e	eis	fis	gis
as	b	ces	c	des	es	e	f	ges	as
a	h	c	cis	d	e	f	fis	g	a
ais	c	cis	d	dis	eis	fis	g	gis	ais
b	c	des	d	es	f	ges	g	as	b
h	cis	d	dis	e	fis	g	gis	a	h
c	d	es	e	f	g	as	a	b	c
$\overline{p} = \infty$	$\overline{3}$	$\overline{2}$	$(\overline{\tfrac32})$	$\overline{1}$	$\overline{\tfrac12}$	$\overline{\tfrac13}$	$(\overline{\tfrac14})$	$(\overline{\tfrac18})$	0

Harmon. Zahlen fallend ←

← Moll-Accorde ←

[1] Vgl. Zeitschr. f. Kryst. 1897. **28**. 419.

Bestimmung eines Accords mit dem Schlüssel. Bezeichnung eines Accords durch Grundton und harmonische Zahlen (p in Dur, $\bar{p}$ in Moll). Der Schlüssel gibt nach rechts die steigenden (Dur)-Harmonien, charakterisirt durch die harmonischen Zahlen:

$$p = o \ (\tfrac{1}{4}) \quad \tfrac{1}{3} \quad \tfrac{1}{2} \quad 1 \quad 2 \quad 3 \quad \infty$$

nach links die fallenden (Moll)-Harmonien, charakterisirt durch die harmonischen Zahlen:

$$\bar{p} = o \ (\overline{\tfrac{1}{4}}) \quad \overline{\tfrac{1}{3}} \quad \overline{\tfrac{1}{2}} \quad \bar{1} \quad \bar{2} \quad \bar{3} \quad \overline{\infty}.$$

Wir können damit für jeden Accord nach Wahl des Grundtons die harmonischen Zahlen ablesen und zwar für steigende und fallende Deutung. Durch den Grundton und die zugehörigen harmonischen Zahlen können wir einen Accord bezeichnen. Wir wollen zunächst den Dreiklang betrachten. Derselbe lässt, wie wir oben (S. 17) sahen, 4 Deutungen zu.

Beispiel 1. **Dur-Accord.**

Deutung 1: c e g; $p = o\ \tfrac{1}{3}\ 1$, Grundton c. Wir schreiben: $o\ \tfrac{1}{3}\ 1$ oder $o\ \tfrac{1}{3}\ 1\ (c)$, unter c — steigend (Dur)

„ 2: g c e; $p = o\ \tfrac{1}{2}\ 2$ „ g „ $o\ \tfrac{1}{2}\ 2$ „ $o\ \tfrac{1}{2}\ 2\ (g)$, unter g — steigend (Dur)

„ 3: e c g; $\bar{p} = o\ \overline{\tfrac{1}{3}}\ \bar{2}$ „ e „ $o\ \overline{\tfrac{1}{3}}\ \bar{2}$ „ $o\ \overline{\tfrac{1}{3}}\ \bar{2}\ (e)$, unter e — fallend (Moll)

„ 4: g e c; $\bar{p} = o\ \overline{\tfrac{1}{4}}\ \bar{1}$ „ g „ $o\ \overline{\tfrac{1}{4}}\ \bar{1}$ „ $o\ \overline{\tfrac{1}{4}}\ \bar{1}\ (g)$, unter g — fallend (Moll)

Beispiel 2. **Moll-Accord.**

Deutung 1: a f d; $\bar{p} = o\ \overline{\tfrac{1}{3}}\ \bar{1}$, Grundton a. Wir schreiben: $o\ \overline{\tfrac{1}{3}}\ \bar{1}$ oder $o\ \overline{\tfrac{1}{3}}\ \bar{1}\ (a)$, unter a — fallend (Moll)

„ 2: d a f; $\bar{p} = o\ \overline{\tfrac{1}{2}}\ \bar{2}$ „ d „ $o\ \overline{\tfrac{1}{2}}\ \bar{2}$ „ $o\ \overline{\tfrac{1}{2}}\ \bar{2}\ (d)$, unter d — fallend (Moll)

„ 3: f a d; $p = o\ \tfrac{1}{3}\ 2$ „ f „ $o\ \tfrac{1}{3}\ 2$ „ $o\ \tfrac{1}{3}\ 2\ (f)$, unter f — steigend (Dur)

„ 4: d f a; $p = o\ \tfrac{1}{4}\ 1$ „ d „ $o\ \tfrac{1}{4}\ 1$ „ $o\ \tfrac{1}{4}\ 1\ (d)$, unter d — steigend (Dur)

Willkür in der Deutung. Wir haben für jeden Dreiklang die **Wahl zwischen 4 Deutungen,** 2 steigenden und 2 fallenden. Es ist in jedem speciellen Fall die Frage, welche zu wählen sei.

Folgende Regeln für Wahl der Deutung glaube ich aus meinen bisherigen Untersuchungen entnehmen zu können.

1. Zunächst ist die einfachste Deutung die wahrscheinlichste. In der Regel ist c e g als $o\ \tfrac{1}{3}\ 1$ (c) aufzufassen, a f d als $o\ \overline{\tfrac{1}{3}}\ \overline{1}$.

2. Ein zusammenhängendes Tonstück lässt sich entweder steigend oder fallend deuten. Herrschen die Dur-Accorde, so ist die steigende Deutung vorzuziehen. (Beisp. Gaudeamus S. 46, Gott erhalte S. 50); herrschen die Moll-Accorde, so ist die fallende Deutung vorzuziehen. Sind Dur- und Moll-Accorde im Gleichgewicht, dann sind beide Deutungen gleichberechtigt. (Beisp. Mendelssohn, Es ist bestimmt . S. 52.)

3. Durch das betreffende Stück resp. einen geschlossenen Theil desselben (freier Abschnitt, Satz) ist die steigende oder fallende Deutung festzuhalten, nicht innerhalb desselben damit zu wechseln.

4. Finden sich bei steigender Deutung zwischen den Dur-Accorden $(o\ \tfrac{1}{3}\ 1)$ Moll-Accorde, so sind diese in der Regel als $o\ \tfrac{1}{3}\ 2$ aufzufassen, ausnahmsweise als $(o\ \tfrac{1}{4}\ 1)$. (Beisp. Palästrina, Stabat mater dolorosa S. 54a.)

Finden sich bei fallender Deutung zwischen den Moll-Accorden $(o\ \overline{\tfrac{1}{3}}\ \overline{1})$ Dur-Accorde, so sind diese in der Regel als $(o\ \overline{\tfrac{1}{3}}\ \overline{2})$ aufzufassen, ausnahmsweise als $(o\ \overline{\tfrac{1}{4}}\ \overline{1})$.

Die Begründung dieser Regeln liegt in Folgendem: Je nach der Deutung ergeben sich für die Accorde andere Grundtöne. Die Grundtöne aber stehen unter sich in einem Verband. Sie bilden in ihrer Folge die fortschreitende Harmonie des Tonstücks. Halten wir obige Regeln fest, so ergibt sich für die fortschreitende Harmonie eine einfache Gesetzmässigkeit, die sich wieder in den harmonischen Zahlen ausspricht. Dies gilt wenigstens für die einfacher gebauten Stücke, die ich bis jetzt allein zur Untersuchung nahm. Die fortschreitende Harmonie (Folge der Grundtöne) bewegt sich da jedesmal in den harmonischen Zahlen $p = o\ \tfrac{1}{3}\ 1\ 2$ resp. $o\ \overline{\tfrac{1}{3}}\ \overline{1}\ \overline{2}$, selten $o\ \tfrac{1}{3}\ \tfrac{1}{3}\ 12$ (vgl. die folgenden Beispiele).

Analyse einiger Musikstücke.

Wir wollen nun versuchen, mit Hilfe unserer harmonischen Zahlen und des obigen Schlüssels (S. 39) einige Musikstücke zu analysiren; zunächst einfache 4 stimmig gesetzte. An dieselben wollen wir einige allgemeine Betrachtungen knüpfen. Wie weit diese Betrachtungen auch für complicirte Stücke gelten, welche neue Gesetze da hinzutreten, soll Gegenstand späterer Untersuchung sein. Auf die Melodie kommt es uns zunächst nicht an, sondern nur auf die Harmonie; die Melodie folgt besonderen Gesetzen.

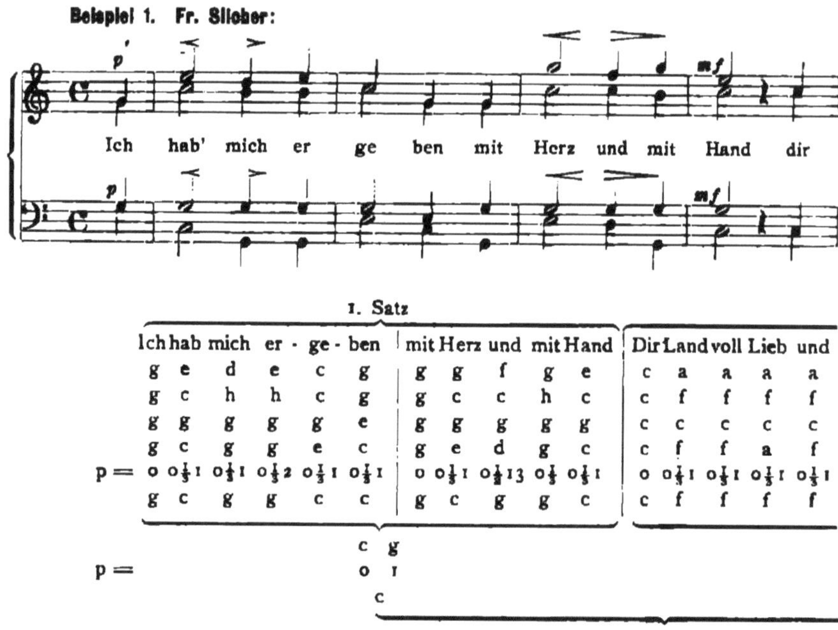

1. Satz

Ich hab mich er - ge - ben						mit Herz und mit Hand					Dir Land voll Lieb und				
g	e	d	e	c	g	g	g	f	g	e	c	a	a	a	a
g	c	h	h	c	g	g	c	c	h	c	c	f	f	f	f
g	g	g	g	g	e	g	g	g	g	g	c	c	c	c	c
g	c	g	g	e	c	g	e	d	g	c	c	f	f	a	f
p = 0	$0\frac{1}{3}$1	$0\frac{1}{3}$1	$0\frac{1}{3}$2	$0\frac{1}{3}$1	$0\frac{1}{3}$1	0	$0\frac{1}{3}$1	$0\frac{1}{2}$13	$0\frac{1}{3}$1	$0\frac{1}{3}$1	0	$0\frac{1}{3}$1	$0\frac{1}{3}$1	$0\frac{1}{3}$1	$0\frac{1}{3}$1
g	c	g	g	c	c	g	c	g	g	c	c	f	f	f	f

p = c g
     o 1
     c

c

Spaltung in freie Stücke. Jedes Musikstück besteht aus Sätzen. Jeder
Satz lässt sich in freie Stücke (Abschnitte) spalten, (im Beispiel durch
Verticalstriche angezeigt) deren jeder harmonisch ein Ganzes ist. In jedem
solchen freien Stück finden wir Aufbau und Folge der Accorde nach dem
Gesetz der harmonischen Zahlen (Complication). Es ist nun Aufgabe der
Analyse eines Musikstücks, dieses in freie (harmonisch einheitliche) Stücke
zu spalten, deren Bau in sich und ihren Zusammenhang unter sich nach-
zuweisen. Den Schlüssel zu dieser Analyse liefern die harmonischen Zahlen
(Normalreihen).

Analogie mit der Krystallographie. Jedes Krystallformensystem besteht aus
Zonen. Jede Zone lässt sich in freie Stücke spalten, deren jedes ein harmonisches Ganzes ist. In jedem solchen freien Stück finden wir die Anordnung
der Flächen nach dem Gesetz der harmonischen Zahlen (Complication).[1)]
Es ist nun Aufgabe der Analyse eines Formensystems, die Zonen aufzusuchen, sie in freie Stücke zu spalten, deren Bau in sich und ihren Zusammenhang unter sich nachzuweisen. Den Schlüssel zu dieser Analyse
liefern die harmonischen Zahlen (Normalreihen).

Anschreiben der Buchstaben statt der Töne. Da es ohne Aenderung
der Harmonie erlaubt ist, die Töne um Octaven zu verlegen, so genügt es

---

[1)] Vgl. Zeitschr. Kryst. 1897. **28.** 25.

2. Satz

Le -	ben	mein	deut		sches	Va -	ter -	land	
g	e	g	g	f	e	f	g	e	} Accorde.
e	c	e	e	d	c	d	h	c	
c	c	c	h		g	g	g	g	
c	c	c	g		g	g	g	c	
$o\frac{1}{3}1$	$o\frac{1}{3}$	$o\frac{1}{3}1$	$o\frac{1}{3}2$	$o\frac{1}{3}13$	$o\frac{1}{3}1$	$o13$	$o\frac{1}{3}$	$o\frac{1}{3}1$	= Harmonische Zahlen der Accorde.
c	c	c	g	g	c	g	g	c	= Grundtöne der Accorde.

c f g   = Fortschreitende Harmonie. (Folge der Grundtöne.)

o ½ 1   = Harmon. Zahlen d. fortschr. Harmonie.

c   = Grundton d. fortschr. Harm. (hier d. ganzen Stücks).

für unsere Analyse, die Buchstaben statt der Noten anzuschreiben. Aus demselben Grund dürfen wir die harmonischen Zahlen des Accords umstellen. Wir schreiben sie der Gleichmässigkeit wegen der Grösse nach, und lassen die Wiederholungen weg z. B. o ½ 1 (c) für c g e g = o 1 ½ 1 (c).

Stehende Harmonie (Accord). Fortschreitende Harmonie (Folge). Wir wollen die zugleich erklingenden harmonischen Töne eine stehende Harmonie oder einen Accord nennen. Für jeden Accord fixiren wir seinen Grundton und seine harmonischen Zahlen. Eine Anzahl sich folgender Accorde bilden einen Abschnitt (Satz). Die Accorde eines Abschnittes (in Beispiel 1 und den anderen) reihen sich harmonisch aneinander d. h. ihre Grundtöne zeigen einen harmonischen Zusammenhang. Sie bilden eine fortschreitende Harmonie (Folge). Wir sprechen von harmonischer Folge der Accorde, wie ihrer Grundtöne. Der Zusammenhang der Grundtöne äussert sich in deren harmonischen Zahlen.

Wir finden als **Grundtöne der Accorde** in **Beispiel 1** im ersten Satz c g entsprechend den harmonischen Zahlen p = o 1 mit Grundton c. Satz 2, der etwas complicirter gebaut ist, zeigt als Grundtöne der Accorde c f g, entsprechend p = o ½ 1, ebenfalls mit Grundton c. Auf c ist somit das ganze Stück aufgebaut. Wir nennen c den **Grundton des ganzen Stücks.**

Steigende Harmonie. Dur-Charakter des Stücks. C-Dur. Wir finden in Beispiel 1 fast ausschliesslich Dur-Accorde o ½ 1. Nur 2 Moll-Accorde o ⅓ 2 sind eingestreut. Wegen dieses Vorwiegens deuten wir das ganze Stück nach steigender Harmonie und sprechen ihm Dur-Charakter zu. Die Folge der Grundtöne c f g $= 0 \tfrac{1}{3} 1$ (c) können wir auch fallend deuten als c g f $= 0 \tfrac{1}{3} \overline{1}$ (c). Gegen diese Deutung spricht das Fehlen von f im ersten Satz und sein Zurücktreten im zweiten Satz. Wir haben somit auch in der Folge der Accorde steigende (Dur)-Harmonie. Wir sagen: das Stück ist aufgebaut auf c mit Dur-Charakter in Folge und Accorden. Es geht in C-Dur.

Vorherrschen von p $= 0 \tfrac{1}{3} 1$ in den Accorden, von $0 \tfrac{1}{2} 1$ in den Folgen. Diese auffallende Erscheinung finden wir in Beispiel 1 und in den folgenden Beispielen. Dur- und Moll-Stücke, steigende und fallende Auslegung, machen hierin keinen Unterschied. Bei fallender Harmonie finden wir in den Accorden $\overline{p} = 0 \tfrac{1}{3} \overline{1}$, in den Folgen $0 \tfrac{1}{2} \overline{1}$. Was mag die Ursache sein?

Wir können die Erscheinung folgendermassen motiviren. Die beste und daher beliebteste, d. h. wahrscheinlichste Harmonie in Accord und Folge ist die einfachste. Ein Mass der Einfachheit (der Ableitung) bieten die Zahlen. Danach ist p $= 0 \tfrac{1}{3} 1$ die einfachste Harmonie, die nächste $0 \tfrac{1}{3} 1$. Sie würde auch im Accord den Vorzug haben; nämlich c f g $= 0 \tfrac{1}{3} 1$ (voll-

Beispiel 1. 2. Deutung.

<table>
<tr><td rowspan="2">p =</td><td colspan="6">Ich hab mich er - ge - ben</td><td colspan="5">mit Herz und mit Hand</td><td colspan="5">Dir Land voll Lieb und</td></tr>
<tr><td>g e d e c g</td><td></td><td></td><td></td><td></td><td></td><td>g g f g e</td><td></td><td></td><td></td><td></td><td>c a a a a</td><td></td><td></td><td></td><td></td></tr>
</table>

(Stimmen, von oben nach unten)

	Ich hab mich er - ge - ben	mit Herz und mit Hand	Dir Land voll Lieb und
	g e d e c g	g g f g e	c a a a a
	g c h h c g	g c c h c	c f f f f
	g g g g g e	g g g g g	c c c c c
	g c g g e c	g e d g c	c f f a f
p =	o $0\tfrac{1}{2}2$ $0\tfrac{1}{2}2$ $0\tfrac{1}{3}2$ $0\tfrac{1}{2}2$ $0\tfrac{1}{2}2$	o $0\tfrac{1}{2}2$ $0\tfrac{1}{2}13$ $0\tfrac{1}{3}$ $0\tfrac{1}{2}2$	o $0\tfrac{1}{2}2$ $0\tfrac{1}{2}2$ $0\tfrac{1}{2}2$ $0\tfrac{1}{2}2$
	g g d g g g	g g g g g	c c c c c

$$\underbrace{\begin{matrix} g & c & d \\ o & \tfrac{1}{3} & 1 \end{matrix}}_{g}$$

Gegen diese Deutung spricht die untergeordnete Rolle von d $= 1$ gegenüber c $= \tfrac{1}{3}$ in den Grundtönen. Das verstösst gegen die Rangordnung (vgl. S. 24 und 34).

Eine Begründung der Verwandtschaft der Tonarten durch Fortbildung auf der Quint (Dominante) ergibt sich aus Obigem. c e g $= 0 \tfrac{1}{3} 1$ (c) ist zugleich g c e $= 0 \tfrac{1}{3} 2$ (g); ebenso ist c as f $= 0 \tfrac{1}{3} \overline{1}$ (c) zugleich f c as $= 0 \tfrac{1}{3} \overline{2}$ (f). Haben wir also C-Dur mit dem Hauptaccord c e g $= 0 \tfrac{1}{3} 1$ (c), so besitzen wir zugleich für G-Dur den Hauptaccord g c e $= 0 \tfrac{1}{3} 2$ (g). Damit ist der neue Grundton g gewonnen, mit ihm seine Harmonien. Hierin liegt wohl der Grund für die Weiterbildung auf steigender Dominante (vgl. S. 22, 26 u. 35).

ständiger o ½ 1 2 ∞ = c f g a c) vor c e g = o ⅓ 1 (vollständiger o ⅓ 1 3 ∞ = c e g b c), wenn nicht beim Zusammenklingen die Nähe von ½ 1 2 durch störende Interferenz rauh klänge. Fällt dagegen 1 heraus, (c f a c = o ½ 2 ∞) so ist die Störung beseitigt und der Accord klingt angenehm (vgl. S. 17).

Beim Fortschreiten (Folge) stört die beim gleichzeitigen Erklingen (Accord) störende Nähe nicht. Daher tritt hier die einfachere Harmonie o ½ 1 2 ∞ in ihre Rechte und wird o ⅓ 1 vorgezogen.

Anmerkung. Zu Gunsten des Fortschreitens o ⅓ 1 mag mitwirken, dass o ⅓ 1 z. B. c f g auch als f c g = 1 0 1 gedeutet werden kann d. h. als Grundton mit Unter- und Ober-Dominante. Allerdings finden wir auch o ⅓ 12 in den Folgen (vgl. Beisp. 6: Stabat mater) ebenso wie o ⅓ 13 in den Accorden (vgl. Beisp. 4: Gott erhalte) und zwar an bevorzugter Stelle.

Umdeutung von 0 ⅓ 1 in 0 ½ 2, ebenso von 0 $\overline{\tfrac{1}{3}}$ $\overline{1}$ in 0 $\overline{\tfrac{1}{2}}$ $\overline{2}$. Der Accord p = o ⅓ 1 z. B. c e g lässt sich auch als o ½ 2 = g c e deuten (vgl. S. 17). Dabei verlegt sich der Grundton um eine Quint. Bei dieser Deutung hätten wir in den Accorden von Beispiel 1 vorwiegend p = o ½ 2 (das Fehlen von 1 motivirt durch störende Interferenz), in den Folgen der Grundtöne o ⅓ 1. Beide Deutungen geben eine befriedigende Analyse.

Le - ben mein deut sches Va - ter · land

g	e	g	g	f͡e	f	g	e
e	c	e	e	d͡c	d	h	c
c	c	c	h	g	g	g	g
c	c	c	g	g	g	g	c

} Accorde.

o ½ 2   ½ 2 | o ½ 2   o ⅓ 2   o ½ 2   o 1 3   o ⅓   o ½ 2   = Harmonische Zahlen der Accorde.

g   g | g   g   g   g   g   g   = Grundtöne der Accorde.

= Fortschreitende Harmonie (Folge d. Grundtöne).

= Harmonische Zahlen der fortschr. Harmonie.

= Grundton des Ganzen.

Dasselbe gilt für den Moll-Accord. Es ist c as f = o $\overline{\tfrac{1}{3}}$ $\overline{1}$ (c) = f c as = = o $\overline{\tfrac{1}{2}}$ $\overline{2}$ (f). Haben wir C-Moll mit seinem Hauptaccord o ⅓ 1 (c), so besitzen wir zugleich für F-Moll den Hauptaccord o $\overline{\tfrac{1}{2}}$ $\overline{2}$ (f). Damit ist der neue Grundton f gewonnen, mit ihm seine Harmonien. Hierin liegt wohl der Grund für die Weiterbildung auf fallender Dominante (S. 35).

Die **Verwandtschaft von C-Dur und G-Dur** ist in den zwei Deutungen von Beispiel 1 ersichtlich, denn dessen Harmonie lässt sich ebenso auf g wie auf c aufbauen. Die analogen Umdeutungen und Betrachtungen gelten auch für die anderen Beispiele. Wir wollen sie da nicht wiederholen.

Die Möglichkeit verschiedener Deutung beweist nicht, dass eine der Deutungen falsch sei. Sie zeigt vielmehr, dass der gleiche Zusammenklang auf verschiedene Arten dem Ohr zusagen kann.

Die **mehrfache Deutung** des gleichen Accords entspricht einer **mehrfachen harmonischen Wirkung auf unsere Empfindung.** c e g in einem C-Dur-

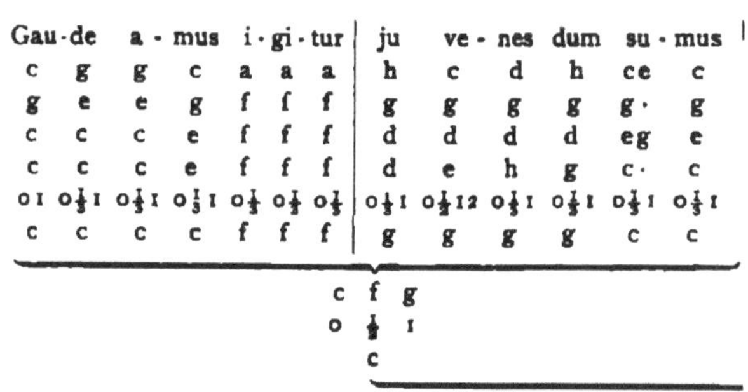

Bemerkungen. Wir finden wieder die Accorde mit p = o ⅓ 1, die Folgen mit p = o ½ 1. Der gemeinsame Grundton ist c. Der Aufbau der 3 Sätze ist etwas künstlicher als bei Beispiel 1. Dort o 1, o ⅓ 1, hier o ⅓ 1; o 1; o ⅓ 1.

Bemerkenswerth ist o ⅓ 1 3 im vorletzten Accord statt o ⅓ 1, was dem Abschluss eine grössere Fülle gibt; ferner der Moll-Accord o ½ 2 kurz vor Schluss an gleicher Stelle wie in Beispiel 1. Die unregelmässigen Accorde

— 47 —

Stück wirkt anders als in einem G-Dur-Stück. Wir können den gleichen
Accord in verschiedener Auffassung, d. h. in verwandtschaftlicher Verknüpfung nach verschiedenen Richtungen als harmonisch geniessen. In
dieser verknüpfenden Vielseitigkeit liegt ein Grund der Wichtigkeit der Hauptaccorde.

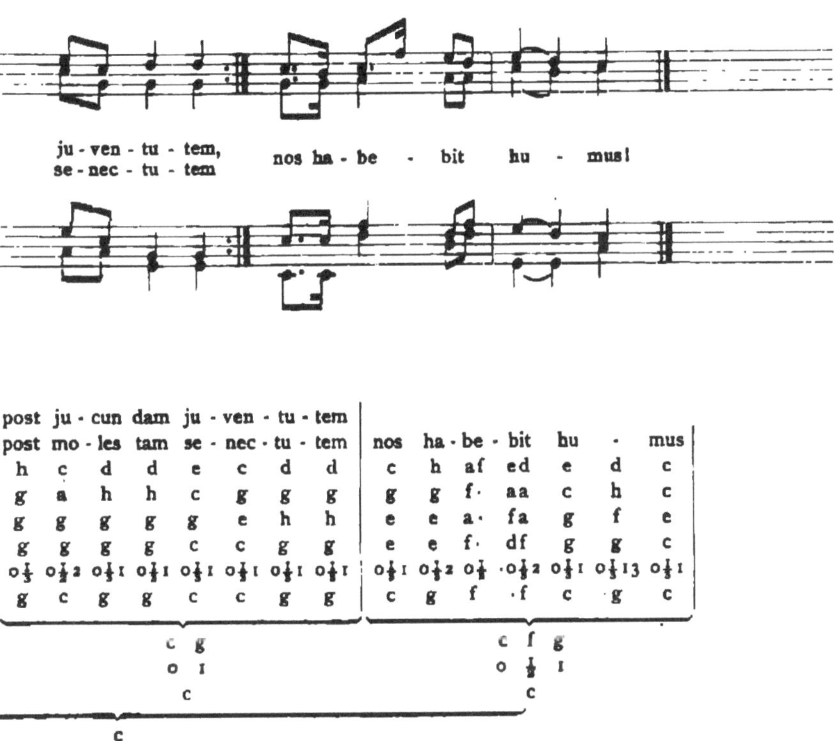

juvenes, jucundam, molestam, habebit sind wohl als **Durchgänge**[1]) anzusehen
zur bequemen Führung der Stimme in benachbarten Tönen h c d, d c h, g a h,
f e d über unbetonte Silben, die dadurch eine unvollkommene Harmonie trifft.
Habebit ist zwar betont, doch ist in d f a e das e wohl nur als Vorschlag
im Uebergang f e d der obersten Stimme anzusehen, der zur Moll-Harmonie f a d
hinüberführt.

---

¹) Vgl. Lobe, Katechismus d. Musik. Leipzig 1881. S. 84.

Beispiel 3. Fr. Silcher.

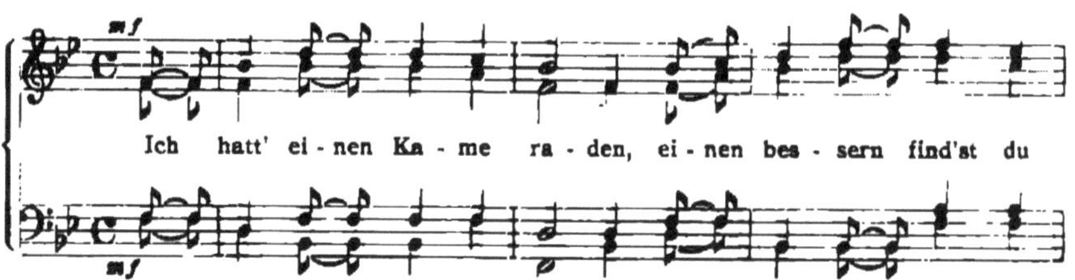

Ich	hatt	ein'	Ka	me ·	ra ·	den
f	b	d	d	c	b	f
f	f	b	b	a	f	f
f	d	f	f	f	d	d
f	d	b	b	f	f	b
o	$o\tfrac13 1$	$o\tfrac13 1$	$o\tfrac13 1$	$o\tfrac13 1$	$o\tfrac13 1$	$o\tfrac13 1$
f	b	b	b	f	b	b

einen		bessern	findst	du		nit
b	c	d	f	f	es	d
f	a	b	d	d	c	b
f		b	b	a	a	f
d	f	b	b	f	f	b
$o\tfrac13 1$	$o\tfrac13 1$	$o\tfrac13$	$o\tfrac13 1$	$o\tfrac13 2$	$o\tfrac13 13$	$o\tfrac13 1$
b	f	b	b	f	f	b

Die	Trommel	schlug	zum		
b	c	d	d	d	c
b	c	b	b	b	a
d	es	f	f	f	f
b		b	b	b	b
$o\tfrac13$	✕	$o\tfrac13 1$	$o\tfrac13 1$	$o\tfrac13 1$	$o\tfrac13 1$
b		b	b	b	f

Zwischen den ersten beiden Gruppen:

    b   f
    o   1
    b

Wieder finden wir in den Accorden o ⅓ 1. Gegen Schluss der Sätze den
Moll-Klang o ⅓ 2 oder den vollen Dur-Klang o ⅓ 1 3. An den Stellen ✕ Uebergänge. Das auffallende o ⅓ ⅓ 1 in zum ist wohl so zu verstehen, dass b nicht

Strei - te			er	ging	an	mei - ner		Sei		te	in gleichem Schritt und Tritt						
d	es	f	es	d	c	c	c	c	b	c	d	es	f	d	d	c	c	d	b
b	c	d	c	b	a	a	a	a	g	a	b	c	c	b	b	a	a		b
b		b	b		f	f	f	f		f		f	f	f	f	f	f		f
b		b	f		f	f	f	f		f		f	a	b	d	f	es		d
o⅓ ✕ o⅓1			✕ o⅓1	o⅓1	o⅓1	o⅓1	o⅓1	✕ o⅓1	o⅓1	o13			o⅓1	o⅓1	o⅓1	o⅓1	o⅓13	o⅓1
b		b		b	f	f	f	f ·		f	b	f	f	b	b	f	f		b

b   f
o   1
b

b

zum Accord gehört, sondern als Orgelpunkt[1]) im Bass festgehalten ist. —
In den Folgen finden wir nur b f; p = o 1 (b). Also noch einfacher als
in Beispiel 1 u. 2. Vielleicht zu einförmig durch Fehlen von ½.

---

[1]) Vgl. Lobe, Katechism. d. Musik. Leipzig 1881. S. 86.

Beispiel 4. J. Haydn. 1797. *Cantabile.*

Gott er-hal-te

Gott	er	hal	te
g	a	ha	a
h	d	g	fis
g			
g			
$o\tfrac13$	$o1$	$o\tfrac13$	$\tfrac13 1$
g	d	g	d

Franz den Kai ser,

Franz	den	Kai		ser
c	h	a	fis	g
a	g	c	c	h
d	d	fis	a	g
fis	g	d	d	g
$o\tfrac13 13$	$o\tfrac13 1$	$o\tfrac13 13$	$o\tfrac13 13$	$o\tfrac13$
d	g	d	d	g

(darunter: g d / o 1; darunter: g)

unsern guten

unsern		guten	
e	d	c	h
c	h	fis	g
		a	h
		d	g
$o\tfrac13$	$\tfrac13 1$	$o\tfrac13 13$	$o\tfrac13$
c	g	d	g

Kai ser Franz.

Kai		ser	Franz
a	h	g	d
e	e	e	d
	g	g	fis
c	cis	cis	d
$o\tfrac13 2$	$o\tfrac13\tfrac23 2$		$o\tfrac13$
c	g		d

(darunter: g c d / o ½ 1)

Der harmonische Aufbau ist wieder der gleiche. $o\tfrac13 1$ in den Accorden, $o\tfrac13 1$ in den Folgen. Bemerkenswerth ist die Rolle des Accords $o\tfrac13 13$. Er erscheint 3 mal und zwar an den stärkst betonten Stellen: Fránz, Kaíser, gúten. Man darf wohl $o\tfrac13 13\,\infty$ gegenüber $o\tfrac13 1\,\infty$ den vollen, gesättigten, auch den symmetrischen Dur-Accord nennen. Die Wichtigkeit des Accords $o\tfrac13 13\,\infty$ kann als Beleg dafür dienen, dass die Complication in der Octav bis 3 gehe, dass die Bildung von $o\tfrac13 13\,\infty$ als Produkt einer einheitlichen Complication anzusehen sei. $o\tfrac13 1$ liesse sich ja sonst auch, wie wir sahen, als $o\tfrac13 2$ deuten, so dass für $o\tfrac13 1$ eine Complication bis 3 nicht nothwendig angenommen werden müsste.

Auf dem 2. Wort Kaiser finden wir die Moll-Accorde $o\tfrac13 2$, $o\tfrac13\tfrac23 2$ $o\tfrac13 2$ (e) ist fallend gedeutet $= o\tfrac13 \bar1$ (e), $o\tfrac13\tfrac23 2$ (g) ist $= o\tfrac13 \bar1\,\bar3$ (h). Die beiden sind das Moll-Aequivalent der Dur-Accorde $o\tfrac13 1$; $o\tfrac13 13$. Wir können $o\tfrac13 \bar1\,\bar3\,\infty$ als den vollen, gesättigten, symmetrischen Moll-Accord ansehen.

Trotzdem haben wir hier im Dur-Satz c e a als o ⅓ 2 (c) aufzufassen,
nicht als o ⅓ 1 (e), cis e g h als o ⅓ ⅓ 2 (g) nicht als o ⅓ 1 3 (h). Sonst wäre
die einfache Folge der Grundtöne gestört, auf denen augenscheinlich das Stück
gebaut ist. Das ist ein Beleg aus vielen für die oben ausgesprochene Regel
für die Deutung der Accorde (S. 41), dass innerhalb desselben Satzes die
steigende oder fallende Deutung der Accorde festzuhalten sei.

Beachtenswerth ist ferner der **Aufbau** dieser classischen Composition,
wie er sich im Einzelnen in den harmonischen Zahlen der Grundtöne ausspricht:

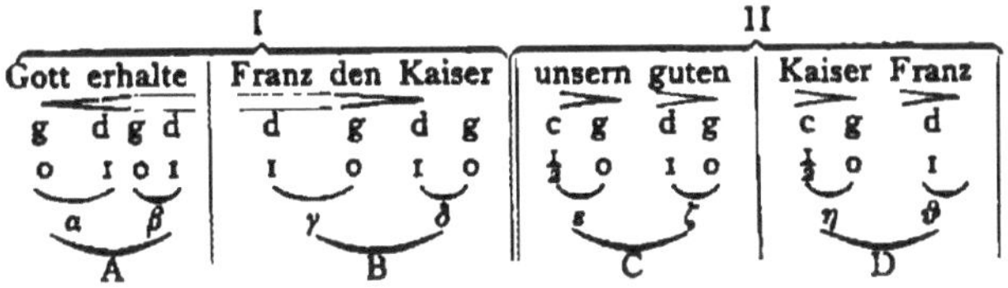

Der schöne Wechsel von gleichen (parallelen) und symmetrischen Theilen.
Die Sätze I und II sind verschieden gebaut. $a = \beta$, $\gamma = \delta$, $\varepsilon = \eta$ und $\zeta = \vartheta$,
wenn wir uns den am Schlusse fehlenden Accord o ⅓ 1 (g) zudenken. A sym-
metrisch B, C parallel D. In II bemerken wir 2 ineinander geschobene symmetrische Stücke ⅓ o 1 o ⅓ und 1 o ⅓ o 1. Der Symmetrie der harmonischen
Zahlen entspricht die Betonung, wie oben angedeutet.

Parallelismus und **Symmetrie** spielen eine wichtige Rolle im harmonischen, wie im rhythmischen Bau der Musikstücke, ebenso wie beim Bau der
Krystalle.

Analogen. Aehnliche Verhältnisse von Symmetrie und Parallelismus finden wir in
der Rhythmik unserer Verse. So z. B. aufs schönste in den 2 Arten von Hexametern, wie
sie Homer in harmonischem Wechsel aneinander reiht, und im Pentameter:

Μῆνιν ἄειδε θεὰ Πηληιάδεω Ἀχιλῆος,

Οὐλομένην, ἣ μυρί' Ἀχαιοῖς ἄλγε' ἔθηκε

Tempora si fuerint nubila solus eris:

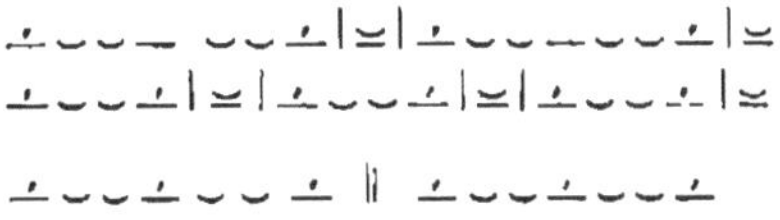

Ebenso finden wir den Wechsel von Parallelismus und Symmetrie manich-
fach und wundervoll in den Chören der griechischen Dramatiker und den
Figuren der Tänze. Ich will mich hier nicht in diese verlockenden Gebiete
abziehen lassen. Sie erfordern eine selbstständige Behandlung. Nur die gemeinsame Ursache will ich hervorheben.

Ursache des Rhythmus in Musik, Sprache und Tanz sind die von uns beständig ausgeführten und beobachteten periodischen Bewegungen: **Herzschlag** (Puls), **Athem** und **Schritt.** Alle drei enthalten das Princip des Parallelismus, d. h. das periodische Wiederholen des Gleichen, und der Symmetrie, d. h. das spiegelbildliche Wiederholen des Gleichen.

Symmetrie bringt der Athem als Ein- und Ausathmen. Ja, der einzelne Athemzug zeigt Symmetrie durch schwaches Anfangen, Verstärken nach der Mitte und Abnehmen gegen das Ende; ‹ › eine musikalisch wichtige Form. Ein Einathmen und ein Ausathmen bilden ein symmetrisches Paar, das als Ganzes parallel (periodisch) sich wiederholt. Der Schritt bringt Symmetrie im Gegensatz von links und rechts, vorwärts und rückwärts. Eine Bewegung rechts und eine links bilden eine in sich symmetrische Einheit, deren mehrere sich parallel anreihen (Marsch, Tanz).

Aus der Eigenart und Combination dieser Naturmasse bilden sich unsere musikalischen und metrischen Rhythmen, Verse, Sätze. Ich will hierauf nicht näher eingehen und behalte mir vor, eine ausführlichere Darstellung an anderem Ort zu geben.

Beispiel 5. F. Mendelssohn.

Deutung in steigender Harmonie:

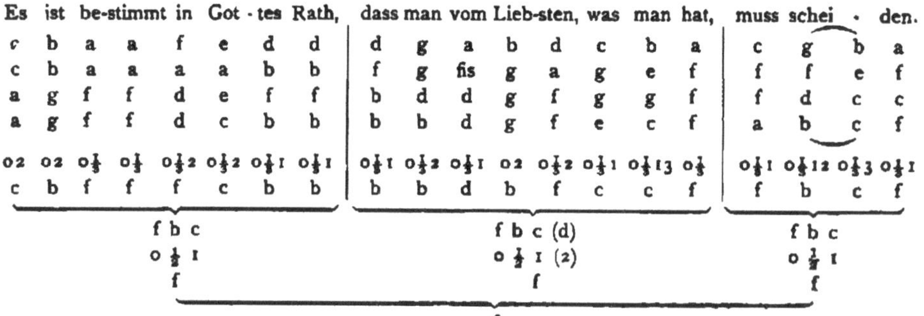

	Es	ist	be-stimmt	in	Got - tes	Rath,	dass	man	vom	Lieb-sten,	was	man	hat,	muss	schei ·	den.
	c	b	a a	f	e d	d	d	g	a	b d	c	b	a	c	g	b a
	c	b	a a	a	a b	b	f	g	fis	g a	g	e	f	f	f	e f
	a	g	f f	d	e f	f	b	d	d	g f	g	g	f	f	d	c c
	a	g	f f	d	c b	b	b	b	d	g f	e	c	f	a	b	c f
	$o2$ $o2$	$o\frac{1}{3}$	$o\frac{1}{3}$ $o\frac{1}{3}2$	$o\frac{1}{3}2$	$o\frac{1}{3}1$	$o\frac{1}{3}1$	$o\frac{1}{3}1$	$o\frac{1}{3}2$	$o\frac{1}{3}1$	$o2$ $o\frac{1}{3}2$	$o\frac{1}{3}1$	$o\frac{1}{3}13$	$o\frac{1}{3}$	$o\frac{1}{3}1$	$o\frac{1}{3}12$ $o\frac{1}{3}3$	$o\frac{1}{3}1$
	c	b	f f	f	c b	b	b	b	d	b f	c	c	f	f	b	c f

f b c	f b c (d)	f b c
$o\frac{1}{2}1$	$o\frac{1}{2}1$ (2)	$o\frac{1}{2}1$
f	f	f

f

Deutung in fallender Harmonie:

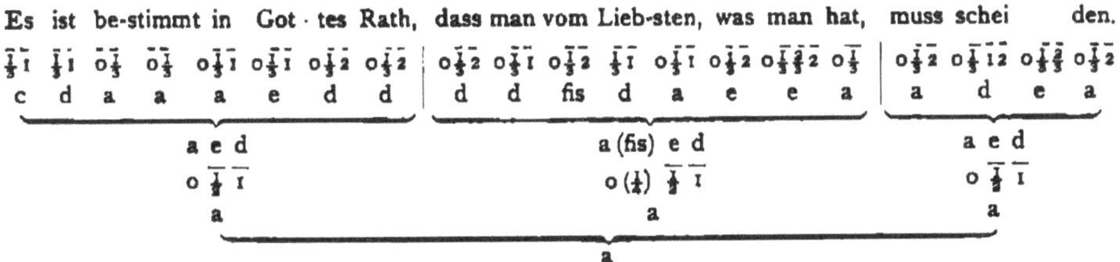

Dies Beispiel zeigt, wie man die Deutung auf steigender und fallender Harmonie ableitet und nebeneinander stellt und wie man in den Zahlen ein Mittel hat, zu entscheiden, welche Deutung vorzuziehen sei.

Wir finden hier die Deutung in fallender Harmonie fast gleichberechtigt mit der steigenden, wenn auch die steigende den Vorzug verdient. Für diesen Vorzug spricht die grössere Zahl der Dur-Accorde, die grössere Einfachheit der Zahlen, das Auftreten von 3 statt $\overline{1}$ in den Accorden und von 2 statt $\overline{1}$ in der mittleren Folge.

Bei steigender wie fallender Deutung haben wir in den Accorden die Zahlen o ⅓ 1 und o ⅓ 2, in den Folgen der Grundtöne die Zahlen o ⅓ 1. Die Annahme von 2 resp. $\overline{1}$ in der mittleren Folge gründet sich allein auf den Accord d fis a in der nicht betonten Silbe „vom". Das zeigt die untergeordnete Bedeutung dieses Accordes beim Aufbau des Stückes.

b d f g = o ⅓ 1 2 (b) auf Scheiden enthält zugleich den Dur-Accord o ⅓ 1 und den Moll-Accord o ⅓ 2. Es ist aber wohl als der Moll-Accord o ⅓ 2 (b d g) anzusehen, in den hinein das fremde f verhalten ist, statt des folgenden e, das ihn zum vollen Moll-Accord b d e g = o ⅓ ⅓ 2 ergänzen würde.

ein Ausklingen nach dem Schluss hin. Das entspricht dem Sinn und der Betonung. Genau symmetrisch ist der Bau, wenn wir die 2 gleichen Accorde auf „mater" und „crucem" als einen ansehen. Kurz vor Schluss steht der einzige Moll-Accord o ½ I (b), aus dem dazu symmetrischen o ½ I (b) durch Verminderung von d in des entstanden.

```
Dum pen-dé-bat | fi - li-us
 c   as es  b  |  b · as c
 2   ½  0  I   |  I · ½  2
          es
```

Der Aufbau wäre wieder symmetrisch (mit Steigerung nach der Mitte), wenn nicht in der gekürzten zweiten Hälfte es = o fehlte. Die 3 ersten Sätze bilden 2 Stollen und einen Abgesang.

Die anderen Sätze stellen sich folgendermassen dar:

```
Cu-jus | a - ni-mam ge-men-tem        con-tris- | ta-tam et do-len-tem
 c  c  | as as as  es des  as         as   es   | as as as es des  as
 ½  ½  | 0  0  0   I  ½    0          0    I    | 0  0  0  I  ½    0
              as                                        as
```

Wir sehen einen Auftakt „Cujus" resp. „contris", dann für beide Sätze das gleichgebaute Hauptstück in as. Nach diesen beiden Parallelstücken (Stollen) folgt wieder ein Abgesang, bestehend aus 2 harmonisch symmetrisch gebauten Stücken:

```
per tran - si - vit | gla - di - us  -
as   des as  des    |  c  f  c  f
 0    I   0   I      |  I  0  I  0
        as                   f
```

Der harmonische Bau der ganzen Composition stellt sich folgendermassen dar:

```
Stabat   mater   · dó  · lorosa   } dum pendébat · filius  }
Juxta    crucem  · lá  · crymosa  }                        }
Cujus    ani     · mám · gementem } per-transívit · gladius }
Contris-tatam    · ét  · dolentem }
```

mit den Grundtönen der Accorde:

```
c  b  as as · és · as b  c  } c as és b · b · as c |
c  b  as as · és · as b  c  }                      |
c  c  as as · ás · es des as } as des ás des · c f c f |
as es as as · ás · es des as }
```

und deren Zahlen:

```
2  1  ½  ½  · 6 · ½ 1 2 } 2 ½ 6 1 · 1 · ½ 2 |
2  1  ½  ½  · 6 · ½ 1 2 }                    |
½  ½  0  0  · 6 · 1 ½ 0 } 0 1 6 1 · 1 0 1 0 |
0  1  0  0  · 6 · 1 ½ 0 }
```

mit den Grundtönen der Sätze:

$$\left.\begin{matrix} \left.\begin{matrix} es \\ es \end{matrix}\right\} es & es \\[1em] \left.\begin{matrix} as \\ as \end{matrix}\right\} as & f \end{matrix}\right\} \quad\text{und deren Zahlen:}\quad \left.\begin{matrix} \left.\begin{matrix} 1 \\ 1 \end{matrix}\right\} 1 & 1 \\[1em] \left.\begin{matrix} 0 \\ 0 \end{matrix}\right\} 0 & 2 \end{matrix}\right\} \text{zum Grundton as.}$$

Abgesehen von $\frac{1}{2}$ bei „cujus" stellt sich der ganze so reich gegliederte Bau des Stückes, mit dem manichfachen Wechsel paralleler und symmetrischer Theile, in den Zahlen der Normalreihe $N_2 = 0 \frac{1}{2} 1 2$ dar. Auch die Anforderungen der Rangordnung sind erfüllt. Der Accent sitzt jedesmal auf der Zahl 0.

Das auffallende $\frac{1}{2}$ hat aber seinen besonderen Grund. Es gehört zu dem schwachen Auftakt „Cujus", der das zweite Hauptstück mit dem ersten verknüpft. Es besteht nur aus einem Accord (c e g), demselben, mit dem das erste Hauptstück abschliesst. c entspricht $p = 2$ in Bezug auf den Grundton es des ersten Hauptstücks und $p = \frac{1}{2}$ in Bezug auf den Grundton as des zweiten. Das Bedürfniss des Uebergangs, die Aufgabe, beiden Theilen zugleich zu dienen, hat seine Zahl complicirter gemacht. Der zweite Theil setzt voll harmonisch erst mit „animam" ein.

Eine Bestätigung dieser Deutung sehen wir darin, dass die Parallelstelle „Contris-", die eine solche Verknüpfung verschiedenartiger Theile nicht zu vollziehen hat, nicht mehr auf c mit $p = \frac{1}{2}$ aufgebaut ist, sondern auf as mit $p = 0$, dem Grundton der beiden benachbarten, durch „contris-" verknüpften Theile.

Folgendes möge noch hervorgehoben werden:

Die Steigerung der Harmonie zum Grundaccord nach der Mitte und das Abnehmen gegen das Ende im ersten Satz finden wir in grossen Zügen im Aufbau der ganzen Composition wieder. Sie ist auf as aufgebaut. Aber der erste Theil sitzt nicht auf dem Grundton, sondern auf der Dominante es ($p = 1$). Er ist nur ein Vorspiel. Ein vierstimmiger Chor beginnt piano und steigt zum Mezzoforte an, im Wechselgesang mit einem zweiten Chor. Dann erst folgt das Hauptstück, aufgebaut auf dem Grundton des Ganzen as ($p = 0$). Jetzt vereinigen sich beide Chöre im Forte zum „et dolentem pertransivit". Sie singen laut klagend den Schmerz der Mutter, deren Herz durchbohrt wird. Dann klingt es leise aus in f mit $p = 2$.

Es ist wunderbar, wie der complicirte Bau dieses classischen Stückes sich in den harmonischen Zahlen ausspricht, und es ist kein Zweifel, dass diese Zahlen der Schlüssel sind zum Verständniss der Harmonie.

Es entstand nun die Frage, ob etwa individuelle Eigenthümlichkeiten des Componisten aus den harmonischen Zahlen abgelesen und mit ihrer Hilfe zu Begriffen gefasst werden könnten, ob es etwa zur Eigenart Palästrina's gehöre, die Sätze symmetrisch zu bauen mit dem Schwerpunkt, dem Grund-Accord in der Mitte? Um dies zu beurtheilen, müssten Palästrina's Werke darauf geprüft und mit denen Anderer verglichen werden. Das nächste Beispiel, das ich untersuchte, zeigte die genannte Eigenthümlichkeit wieder. Es möge im Folgenden abgedruckt werden.

Beispiel 7. Palästrina.[1])

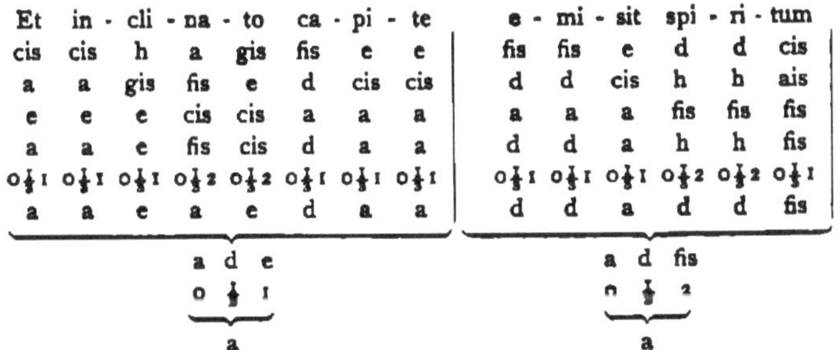

Et	in -	cli -	na -	to	ca -	pi -	te		e -	mi -	sit	spi -	ri -	tum
cis	cis	h	a	gis	fis	e	e		fis	fis	e	d	d	cis
a	a	gis	fis	e	d	cis	cis		d	d	cis	h	h	ais
e	e	e	cis	cis	a	a	a		a	a	a	fis	fis	fis
a	a	e	fis	cis	d	a	a		d	d	a	h	h	fis
o⅓1	o⅓1	o⅓1	o⅓2	o⅓2	o⅓1	o⅓1	o⅓1		o⅓1	o⅓1	o⅓1	o⅓2	o⅓2	o⅓1
a	a	e	a	e	d	a	a		d	d	a	d	d	fis

Wir finden folgende Reihenfolge der Grundtöne:

Et	in ·	cli -	na -	to	ca -	pi -	te		e -	mi -	sit	spi -	ri -	tum
a	a	e	a	e	d	a	a		d	d	a	d	d	fis
o	o	1	o	1	⅓	o	o		⅓	⅓	o	⅓	⅓	2

Die Symmetrie der Anlage, deutlich sichtbar, wäre vollständig, wenn wir nach „in" einen Accord auf dem Grundton d = ⅓ einfügten und einen Accord auf fis = 2 im zweiten Theil statt der Pause vor „emisit".

---

[1]) Naumann, Gesch. der Musik. 1885, 461.

Bestätigt sich für Palästrina die Vorliebe für symmetrischen Bau mit dem Grundaccord in der Mitte, so sehen wir in diesem Beispiel, wie Eigenschaften der Compositionen eines Meisters sich in der Folge der harmonischen Zahlen aussprechen, so dass deren Eigenart zur Charakterisirung des Componisten dienen kann.

Zusammenfassung. Fassen wir die Resultate zusammen, so finden wir, dass das Gesetz der Complication uns einen Einblick in das Wesen der musikalischen Harmonie gestattet. Wir sind im Stand, aus ihm die Accorde und Folgen abzuleiten, die Begriffe Moll und Dur zu begründen, die verschiedenen Arten von Tonleitern aufzubauen (diatonische, chromatische, enharmonisch-chromatische), die Verwandtschaft der Accorde und Tonarten durch einfache Zahlen auszudrücken, die 4 nicht übersteigen. Wir fanden die Ausbildung unseres Tonsystems durch harmonische Entwicklung der Töne innerhalb der Octav nach dem Gesetz der Complication, dann durch Fortbildung auf der Octav $p = 0, \infty$, weiter auf der Dominante $p = 1$, endlich auf den nächst wichtigen abgeleiteten harmonischen Zahlen $p = \frac{1}{3}, 2, \frac{1}{2}$ gemäss der Rangordnung, die das Gesetz der Complication vorzeichnet.

Wir konnten einen Schlüssel aufstellen (Seite 39), der uns befähigte, Musikstücke zu analysiren, d. h. ihren Aufbau in den harmonischen Zahlen (p) der Accorde und der Folgen der Grundtöne zu erkennen. Der ganze harmonische Bau der untersuchten Stücke drückte sich in den Zahlen 0 1 2 3 und deren Reciproken $\frac{1}{3}$ $\frac{1}{2}$ 1 ∞ aus.

Es ergab sich Allgemeines, so das Beherrschtsein der Accorde durch die Zahlen $p = 0 \frac{1}{2} 1$, $0 \frac{1}{3} 2$, das der Folgen der Grundtöne durch $p = 0 \frac{1}{2} 1 2$; der Aufbau aus parallelen und symmetrischen Stücken u. A. Andrerseits Individuelles, der speciellen Composition oder dem Componisten Eigenthümliches; so z. B. bei mehreren Stücken von Palästrina die Verlegung des Schwerpunktes (Grund-Accord und Betonung) in die Mitte eines symmetrisch gebauten Satzes.

Alles dieses und vieles Andere liess sich aus der harmonischen Zahlenreihe ablesen, die wir bei den Krystallformen, als deren Entwicklung beherrschend, kennen lernten. Als beiden heterogenen Gebieten gemeinsam erkannten wir das Entwicklung-Gesetz der Complication.

Es erübrigt noch eine physiologisch-psychologische Begründung der Harmonie, d. h. der Nachweis, warum solches, was sich in der Aussenwelt nach dem Gesetz der Complication entwickelt hat, bei der Aufnahme durch unsere Sinne und bei Verarbeitung durch unseren Geist als harmonisch (congenial, sympathisch, wohlthuend) empfunden wird. Dies möge in den folgenden Seiten für die Töne versucht werden.

Physiologischer und psychologischer Grund der Harmonie der Töne.

Die Natur, wie die musikalischen Instrumente, bringt Töne aller Schwingungen hervor. Aus diesen wählt unser Ohr Gruppen aus, die ihm im gleichzeitigen Erklingen (Accord) oder in der Folge wohlthuend, angepasst sind. Die so als zusammengehörig ausgewählten Töne nennen wir harmonische In der Art der Wahl bildet sich die Einrichtung des Ohres ab und wir können aus der Natur des Gewählten zurückschliessen auf die Einrichtung des Ohres.

Wir fanden für die harmonischen Töne zwei Grund-Eigenschaften:

1. **Irrationales Verhältniss der Grundtöne,** das ist Gleichgiltigkeit des Grundtons in Bezug auf Schwingungszahl (Wellenlänge).

2. **Rationales Verhältniss der harmonischen Töne** zum Grundton und unter sich. Entwicklung der harmonischen Töne zwischen Grundton und Octav nach dem Gesetz der Complication (Normalreihe, harmonische Zahlen).

Analogie mit der Entwicklung der Krystallformen. Wir haben bei den Krystallen ebenfalls **Irrationalität** der Grundwerthe (Elemente), **Rationalität** zwischen den zu einer Krystallart gehörigen, aus den gleichen Primärknoten entwickelten Formen (Symbole, Indices). Entwicklung der Formen zwischen den Knoten nach dem Gesetz der Complication (Normalreihe, harmonische Zahlen).

Wir schliessen in Betreff der Einrichtung des Ohres folgendes:

1. Das Ohr ist im Stand, beliebige (unter sich irrationale) Töne aufzunehmen. Das kann auf zwei Arten gedacht werden:

    a. Es hat für jeden Ton ein besonderes Aufnahms-Organ, oder:

    b. Es hat eine Vorrichtung zum Accommodiren auf den Ton.

2. Die Aufnahme des Grundtones befähigt das Ohr zur vorzugsweisen Aufnahme der zu diesem Grundton gehörigen harmonischen Töne.

ad I. Es fragt sich: Ist Annahme a oder b zu machen, oder können beide Annahmen zugleich bestehen?

Für a spricht die von Helmholtz beschriebene Einrichtung des Cortischen Organs.[1]) Dies erscheint danach als ein Instrument mit vielen Stäbchen, deren jedes auf einen Ton abgestimmt ist, den es aufnehmen und den zum Gehirn führenden Nerven übergeben kann. Diese Auffassung ist wohl derzeit von den Meisten angenommen.

Mach[2]) erweitert Helmholtz' Auffassung. Er vermuthet, es könne jedes Stäbchen als Ganzes und in Theilen schwingen und so die Obertöne aufnehmen.

---

[1]) Lehre v. d. Tonempfindungen. 1877. 227.
[2]) Beiträge zur Analyse der Empfindungen. Jena 1886. S. 113.

Gegen a spricht, dass nach dieser Annahme die Zahl der aufnehmbaren Töne, wenn auch gross, doch begrenzt ist und dass hierbei die Zusammengehörigkeit harmonischer Töne nicht erklärt wird. Die Einrichtung zur Harmonie wird bei dieser Annahme im Ohr nicht gefunden, vielmehr ins Gehirn verlegt, während das Ohr für alle Töne gleichmässig empfänglich ist und sich nur gegen Störungen durch Interferenz ablehnend verhält.

Dies erscheint unbefriedigend. Ich vermuthe vielmehr, es sei die Einrichtung für Harmonie der Töne bereits im Ohr zu suchen. (Harmonie thut dem Ohr wohl, Farbenschönheit dem Auge.)

Auch folgendes Argument kann angeführt werden: Bei Annahme von a wäre zu erwarten, dass bei gewissen Defekten des Ohrs bestimmte Töne aus der Reihe nicht gehört würden, dass, wie bei einem defekten Clavier, in einer Melodie jedesmal z. B. der Ton D ausfiele. Davon ist meines Wissens nichts bekannt.

Entwicklung des Ohrs nach dem Gesetz der Complication. Harmonisches Organ. Wir schliessen folgendermassen: Aus der unendlichen Menge der Töne wählt unser Ohr Gruppen aus zum harmonischen (musikalischen) Genuss. Jede solche Gruppe baut sich auf (wie ich zu zeigen suchte) nach dem Gesetz der Complication. In der Wahl der Töne bildet sich die Einrichtung des Ohres ab. Daher ist auch unser Ohr resp. ein zur Aufnahme der Töne bestimmter Theil desselben beherrscht durch das Gesetz der Complication. Wir wollen diesen Theil das harmonische Organ des Ohres nennen.

Welcher dieser Theil sei, ist Gegenstand physiologischer Untersuchung. Für die vorliegende erkenntniss- und entwicklungs-theoretische Betrachtung ist es gleichgiltig, welcher Theil es sei. In Frage kommen das Trommelfell und das Corti'sche Organ, vielleicht beide zugleich.[1])

Fähigkeiten des harmonischen Organs. Aus der Natur der Harmonie sind dem harmonischen Organ zwei Fähigkeiten zuzuschreiben:

1. Accommodirung auf einen Grundton,
2. Harmonische Theilung.

---

[1]) Im Begriff, das fertige Manuscript zu vorliegender Publication dem Druck zu übergeben, erhielt ich durch gütige Mittheilung von Prof. L. Edinger Einblick in J. Rich. Ewald's interessante und wichtige Schrift: „Eine neue Hörtheorie. Bonn 1899." Sein Grundprincip lautet (S. 40):

„Im Ohr erzeugen die durch den Schall hervorgebrachten Impulse auf der Grundmembran ein Wellenbild (Schallbild), dessen specielle Form die Grundmembran befähigt, ein Glied zu bilden in der Kette von Uebertragungsapparaten, welche zwischen Schall und Schallempfindung vermitteln. Das ist das Grundprincip der Schallbilder-Theorie. Nicht mehr und nicht weniger."

Ich sehe in Ewald's Publication eine schöne Concordanz mit den hier veröffentlichten Betrachtungen, an denen ich, trotz der erhaltenen Anregungen, nichts geändert habe. Als harmonisches Organ in unserem Sinne ist nach Ewald's Untersuchungen die Grundmembran des Corti'schen Organs wahrscheinlich gemacht.

Wir stellen uns den Process folgendermassen vor: Ein herankommender Ton bestimmt das harmonische Organ sich ihm anzupassen, d. h. in Längen zu schwingen, die den Wellenlängen des Tons entsprechen. Damit fixiren sich im Organ die Primärknoten. Ist die Fixirung geschehen, so bedingt die Vertheilung der Primärknoten eine Fähigkeit zur Bildung abgeleiteter Knoten nach dem Gesetz der Complication. Diese abgeleiteten Knoten theilen die Gebiete zwischen den Primärknoten, entsprechend den zum Grundton gehörigen harmonischen Tönen. Nach Festlegung der Primärknoten genügt eine leichte Anregung (Auslösung), um die abgeleiteten Knoten zu erzeugen. Das heisst: nach Accommodirung auf den Grundton spricht das Ohr leicht an auf die zugehörigen harmonischen Töne; nicht so auf andere.

Analogon 1. Ein Bild des Vorgangs giebt die gespannte Saite. Nach Spannung auf den Grundton (die Primärknoten bilden die Enden der Saite) ist sie geneigt, abgeleitete Knoten zu bilden, deren Abstände die Saite einfach rational theilen. Eine leichte Beeinflussung an Stelle eines prädestinirten Knotens bestimmt dessen Bildung (Flageolet-Töne).

Eine gespannte Membran theilt sich beim Erklingen eines Tons und zeigt aufgestreuten Sand nach Knotenlinien geordnet. Mit Aenderung des Tones ändern sich die Knotenlinien (Savart's Klangfiguren).

Analogon 2. Beim Krystall fixirt der Bau der Partikel die Lage der krystallbauenden und flächenbildenden Primärknoten. Sie liefern die Primärform. Die Fixirung der Primärknoten bedingt eine Fähigkeit zur Bildung abgeleiteter Knoten nach dem Gesetz der Complication (abgeleitete Flächen). Eine leichte Anregung (Aenderung in der Mutterlauge) genügt, abgeleitete Knoten (Flächen) zu erzeugen.[1])

Zur **Accommodirung des harmonischen Organs** sind Vorrichtungen nöthig, die dies ermöglichen. In der That besitzen sowohl das Trommelfell, als das Corti'sche Organ Spannmuskeln, deren physiologische Bedeutung, soweit ich erfahren konnte, noch nicht gesichert ist.

Das **Functioniren des harmonischen Organs** kann folgendermassen gedacht werden: Schwingt das harmonische Organ im Ohr bei schwächster Spannung als Ganzes, so nimmt es den tiefsten Ton auf, zu dessen Aufnahme es fähig ist. Kommt ein diesem naheliegender Ton heran, so accommodirt sich das Organ durch Anspannen oder Lockerlassen auf diesen. So ist der Grundton des Ohres veränderlich in gewissen Grenzen.

Eine bestimmte Spannung des harmonischen Organs, ein bestimmter Grundton des Ohres, prädestinirt die Bildung bestimmter abgeleiteter Knoten und zwar durch Halbirung (Octave) und weitergehende Theilung innerhalb der Octav nach dem Gesetz der harmonischen Zahlen (Complication). Die Stücke, zwischen zwei abgeleiteten Knoten schwingend, nehmen die zum Grundton gehörigen harmonischen Töne auf.

Kommt nun ein Ton heran, der einem oder mehreren der vorbezeichneten Knotenabstände entspricht, so wird er leicht aufgenommen. Liegt er

---

[1]) Vgl. Zeitschr. f. Kryst. 1897. **28.** 7.

einem solchen nahe, so bestimmt er das Organ, sich durch geänderte Spannung zu accommodiren, so dass ein Knotenabstand genau dem Ton entspricht.

Musikalisch fein hören[1]) heisst danach, die Spannung genau einem Ton accommodiren resp. eine kleine Differenz zwischen Ton und Spannung bemerken. Die Feinheit im musikalischen Hören, durch Natur-Anlage verschieden, kann ausgebildet werden durch Uebung in diesem Vergleichen und Accommodiren.

Falsche Töne. Das Organ sei auf einen erklingenden Ton oder Accord accommodirt, den es eben aufnimmt. Es ertöne dazu ein benachbarter Ton, so entsteht ein Widerstreit der Accommodirung, der unangenehm empfunden wird. Wir sagen der neue Ton klingt falsch.

Das Organ kann auch vom Gehirn her (durch Innervation) gespannt, auf einen gedachten, erinnerten Ton accommodirt werden. Dann klingt ein gehörter benachbarter Ton falsch.

Aufnahme eines Accordes. Durch die Spannung sind die harmonisch zusammengehörigen Knoten, Töne vorgezeichnet (prädestinirt). Sie bilden beim Zusammenklingen Accorde. Die Töne eines Accords können daher bei derselben Spannung und Knotenbildung, d. h. zugleich aufgenommen werden.

Ein Ton kann verschiedenen Harmonien angehören, d. h. verschiedener Spannung und verschiedener Knotenbildung.

Spannen (Accommodiren) des harmonischen Organs erfolgt auf Anregung des herankommenden Tons. Wir können die Spannung aber auch vollziehen, ohne dass ein Ton herankommt. Nachdem die Spannung des harmonischen Organs auf einen Ton vollzogen ist, bedarf es einer schwachen Anregung, um den Eindruck dieses Tones vom Gehörorgan dem Gehirn zuzuführen. Spannung und Anregung kann durch Innervation vom Gehirn her, vielleicht unter Mitwirkung der Nachbarorgane geschehen; so dass ohne Anregung von aussen das harmonische Organ des Ohrs erklingt. Man kann Töne denken, Töne träumen.

Ohr und Mund. Unser Hauptorgan zum Hervorbringen der Töne ist der Mund. Seine Töne übertragen sich auf das Ohr auf äusseren und inneren Wegen. Innen durch die Eustachische Röhre und durch die festen Theile des Kopfes. Bringe ich einen Ton im Mund hervor, so stellt sich das Gehörorgan auf ihn ein. Durch Wiederholung und Vererbung bildet sich ein fester Zusammenhang zwischen Tönen des Mundes und Einstellen des Gehörorgans, eine Gemeinsamkeit der Action und dadurch Gegenseitigkeit, so dass auch umgekehrt eine bestimmte Einstellung des Gehörorgans die entsprechende Tönung im Munde bedingt (einstellt, anregt, erwartet, wünscht). Denke ich einen Ton, so will ich ihn zugleich singen, summen, pfeifen, und wird das Denken lebhaft, so kommt der Ton unbewusst im Mund zur Lautbildung. Die Einstellung des Mundes zur Erzeugung eines Tones bewirkt die Einstellung des Ohrs zu dessen Aufnahme und umgekehrt. Es kann sein, dass die Einstellung des Mundes, vielleicht verbunden mit der Athmung, die

---

[1]) Anm. Fein Hören und musikalisch fein Hören ist nicht dasselbe. Das heisst: Empfindlichkeit für Tonschwingung ist etwas Anderes als die Fähigkeit des Ohrs zu weitgehender harmonischer Differenzirung und genauer Anpassung.

obengenannte Anregung ist, die die gedachten Töne hörbar macht, ohne dass von aussen etwas klingt.

Wahrnehmung der Spannung des Gehörorgans. Denke ich einen Ton, so bemerke ich zwischen Ohr und Kehlkopf einen Druck. Denke ich einen höheren Ton, so empfinde ich einen stärkeren Druck, so weiter, bis ich einen höheren Ton nicht mehr denken kann. Dabei entsteht das Gefühl, als könnte ich nicht stärker drücken. Das Denken eines tieferen Tones bringt das Gefühl eines Lockerlassens oder Ausweitens und zwar umso mehr, je tiefer der Ton ist, bis zu einer Grenze, wo weiteres Nachgeben als unmöglich empfunden wird. Dies Denken bringt sogar eine Ermüdung der betreffenden Theile hervor.

Die so gedachten Töne sind im Allgemeinen die, die der Mund hervorbringen kann, doch sind die Grenzen weiter. Ich kann Töne noch denken, die der Mund nicht mehr hervorbringt. Die genannte Pressung dürfte zusammenhängen mit der Spannung des Stimmorgans oder des Gehörorgans oder beider zugleich. Ich halte letztere Annahme für die wahrscheinliche. Vielleicht lässt sich ein experimentaler Beweis erbringen, dass der Wechsel der Spannung des Gehörorgans resp. die Arbeit der sie bewirkenden Muskeln (ev. neben der des Stimmorgans) beim Denken der Töne empfunden wird. Das würde direkt die Accommodirung des harmonischen Organs für verschiedene Töne durch wechselnde Spannung zeigen.

Entwicklung des Tonsystems.

Die ersten **abgeleiteten Knoten** können wie primäre wirken, indem sich zwischen ihnen aufs Neue Knotenbildung vollzieht. Das sich harmonisch complicirende Stück ist dann $\frac{1}{2}$, $\frac{1}{3}$ mal so gross als das ursprüngliche. Musikalisch sagt man: Der Grundton ist um eine Octav, eine Quint · verlegt. Das kann sich wiederholen. Wir erhalten harmonische Ton-Entwicklung durch Fortbildung auf der Octav, der Quint u. s. w. wie wir sie kennen lernten. Alles nach dem Gesetz der Complication. So entwickelt sich das Tonsystems.

Analogie. Entwicklung des Formen-Systems bei Krystallen. Der analoge Process bei den Krystallen ist die Bildung der abgeleiteten Knoten (Flächen) zwischen den primären (Primärzonen) mit einer ersten Dominante, entsprechend der Quint. Dann Bildung von Secundärzonen zwischen den Primärknoten und ersten Dominanten, von Tertiärzonen zwischen den ersten Dominanten u. s. w. Alles nach dem Gesetz der Complication. So entwickelt sich das Formensystem.

Die Verwandtschaft der Töne und der Accorde beruht danach in der Gemeinsamkeit der Knoten. Zwei Töne (Accorde) betrachten wir als um so näher verwandt, je mehr und je wichtigere Knoten des harmonischen Organs (bei gleicher Spannung) ihnen gemein sind.

Untere und obere Grenze der Tonempfindung. Die untere Grenze ist gegeben durch die Fähigkeit des Lockerlassens des harmonischen Organs. Die obere Grenze ist die, wobei bei fortgesetzter Theilung die Kleinheit der Abstände ein freies Schwingen des Zwischenstücks nicht mehr zulässt. Die Grenze ist nicht scharf und individuell verschieden.

Analogie bei den Krystallen. Je weiter die Differenzirung geht, desto schwächer werden die Flächen und desto kleiner ihr Winkel-Abstand. Bei einer gewissen nicht scharfen Grenze tritt Unsicherheit in Position und Erkennung ein (gewisse vicinale Formen).[1]

---

[1] Vgl. Goldschmidt, Index d. Krystallformen. 1886. L 147. Zeitschr. f. Kryst. 1897. **28.** 7.

Zwei Arten von Dissonanz unterscheiden wir:

1. **Disharmonie.** Die Töne gehören nicht zum gleichen Accord, nicht zur gleichen Entwicklung in der Octav.

2. **Rauhigkeit.** Die Töne bewirken durch gegenseitige Nähe eine störende Interferenz.

ad 1. **Disharmonie.** Wir schlagen zugleich die Accorde an: c e g = o $\frac{1}{2}$ 1 (c) und g h d = o $\frac{1}{2}$ 1 (g). Jeder der beiden ist für sich harmonisch. Er entspricht einer bestimmten Einstellung des Ohrs und einer bestimmten Auffassung des Geistes. Beide zugleich aufzunehmen ist nicht möglich. Die Zumuthung des Unmöglichen und die Anstrengung, es doch leisten zu wollen, ist das Quälende solcher Disharmonie.

Beispiel. Es spielen zugleich zwei Musiker jeder ein anderes Stück. Jedes für sich harmonisch, im Zusammenklingen quälend wegen der Zumuthung und doch Unfähigkeit beide aufzunehmen.

Die Aufnahme von Disharmonien kann geschehen durch raschen Wechsel in Aufnahme der Theile. Dazu hilft Uebung und Erziehung. Die Ausbildung der Fähigkeit, Disharmonien zu zerlegen und in so rascher Folge aufzunehmen, dass die Aufnahme gleichzeitig erscheint, kann bis zur Virtuosität gebracht werden. Einem, der das gelernt hat, der wohl auch das Talent des raschen Wechsels besitzt, können Disharmonien Freude machen, mehr als Harmonie, die ihm nicht das anregende Spiel gewährt.

Analogon. Es gibt unruhige Geister, die eine einfache Beschäftigung unbefriedigt lässt und die erst in ihrem Element sind, wenn sie Mehreres zugleich thun und aufnehmen. Auch hier ist es, streng genommen, kein Zugleich, sondern rascher Wechsel. Es ist eine Disharmonie der Thätigkeit, die anregt, aufregt und die Nerven anstrengt.

Aus dem Gesagten erklärt sich, warum Musikalisch-Unerzogene Disharmonien nicht mögen. Mit Verfeinerung der musikalischen Ausbildung wächst die Freude an Disharmonien, d. h. an complicirten Aufgaben und rasch wechselnden Reizen bei Künstlern und Publikum.

Wiederholt sich die Arbeit der Aufnahme von Disharmonien, so wirkt das aufregend und nervös machend für solche, die die Aufnahme vollziehen können, quälend und ermüdend für solche, die es nicht können. Das ist der Zustand eines Theiles der modernen Musik.

Nach der Anstrengung der Disharmonie wird die Rückkehr zur mühelosen Aufnahme der Harmonien als Ausruhung und Wohlthat empfunden. Daher werden in guten Musikstücken Disharmonien aufgelöst, d. h. von Wohlklängen gefolgt, und sie schliessen in einfach harmonischen Accorden.

ad 2. **Rauhigkeit** durch Interferenz benachbarter Töne wurde von Helmholtz eingehend studirt.[1] Ihm verdanken wir die Kenntniss der hier geltenden Gesetze. Er betrachtet ihr Fehlen geradezu als Kennzeichen der Harmonie.

---

[1] Lehre von den Tonempfindungen.

Solche Rauhigkeit wird stets als unangenehm empfunden, doch ist ihr Fehlen zur Erklärung des positiven Genusses der Harmonie nicht ausreichend, wie Mach[1]) hervorhebt. Die Beseitigung der störenden Rauhigkeit klärt die harmonischen Klänge, aber es vermag nicht ihren Wohlklang zu bewirken. Es ist eine kritische Arbeit am Fertigen, aber selbst unfruchtbar. Eine Erklärung der Harmonie finden wir in der Entwicklung der musikalischen Töne und dem Functioniren des Gehörorgans nach dem gleichen Gesetz der Complication.

Harmonische Entwicklung schliesst Rauhigkeit im Zusammenklingen nicht aus. Wir fanden Rauhigkeit im Accord $p = 0\frac{1}{2}12\,\infty = c\,f\,g\,a\,c$. Diese entfiel durch Weglassen der 1 (g). Das verschaffte dem Accord $p = 0\frac{1}{2}1 = c\,e\,g$ den Vorzug vor $0\frac{1}{2}1 = c\,f\,g$. In der Folge, bei der durch Nicht-Zusammenklingen die Rauhigkeit entfällt, tritt die einfachere Harmonie $0\frac{1}{2}1$ in ihr. Recht vor $0\frac{1}{2}1$.

Analogon. Disharmonie und Rauhigkeit in der Formen-Entwicklung der Krystalle. Der **Disharmonie** in der Musik nach obiger Auffassung entspricht bei den Krystallformen folgende häufige Erscheinung: Zwei oder mehr heterogene Ursachen suchen Flächen-Normalen ähnlicher Richtung hervorzubringen. Die Flächen-Normale kann nicht diesen zugleich gerecht werden, sie erhält schwankende Position. Die Fläche wird krumm oder uneben, der Reflex ausgedehnt, das Symbol schlecht, in die Reihen nicht passend. Es verschwindet die, der Harmonie entsprechende, ebene Ausbildung und die Einordnung an einen durch die Gesetze der Complication und der freien Entwicklung vorgezeichneten Ort.

Beispiele sind manichfaltig, je nach der Natur der heterogenen Ursachen. Häufig finden wir: Nahes Zusammenrücken heterogener Knoten durch Zwillingsbildung, durch heteroaxiale und schiefe Verwachsung, durch isomorphe Verwachsung und fremde Einlagerung.[2]) Jede Störung eines Krystalls in Bau und Zusammensetzung liefert solche Disharmonien.

Der **Rauhigkeit** in der Musik nach obiger Auffassung entspricht bei den Krystallformen folgende häufige Erscheinung: Zwei oder mehr Flächen-Normalen entstehen an einfachen, ungestörten Krystallen dicht bei einander, so dass sie einander ablenken. Die Flächen werden krumm und erhalten einen schwankenden Ort. Es bilden sich Uebergangsflächen,[3]) Vicinalflächen und manche Arten von Conflictflächen.[4])

Beispiele sind manichfaltig nach Art der Ablenkung und des Conflictes. Häufige Ursachen solcher Unebenheit (Rauhigkeit) sind: Benachbartes Einschneiden mehrerer Zonen, Ablenkung durch dichtes Vorbeistreichen oder schiefes Einschneiden starker Zonen, ein starker Knoten in der Nähe eines schwachen Zonenstückes u. A.

Frage. Ist Wohlklang, d. h. Harmonie in Accorden und Folgen, ein nothwendiges Erforderniss der Musik? Die neueste Musik erkennt dies Erforderniss theilweise nicht an. Es fragt sich: Soll man definiren:

Musik ist die Kunst, durch Wohlklang der Töne auf Ohr und Gemüth zu wirken, oder genügt die Definition:

Musik ist die Kunst, durch Töne auf Ohr und Gemüth zu wirken.

---

[1]) Beitr. z. Analyse d. Empfindungen. Jena 1886. 114 u. 119.
[2]) Vgl. Zeitschr. f. Kryst. 1898. **29**. 381.
[3]) Vgl. Zeitschr. f. Kryst. 1896. **26**. 1.
[4]) Vgl. Hessenberg. Senckenb. Abh. 1869. **7**. 36. Goldschmidt, Index d. Krystallf. 1886. 1. 536.

Ich glaube, das Wort Wohlklang kann nicht entbehrt werden, wenn die Musik eine schöne Kunst sein soll. Gewiss können auch Missklänge das Gemüth, und zwar aufs Heftigste, bewegen. Schreien, Stöhnen, Jauchzen kann Furcht, Sinnlichkeit oder Freude lebhafter ausdrücken und erregen als die schönsten Wohlklänge. Mit solchen Wirkungen arbeitet bewusst die neueste Musik (Kakophonien). Doch dürfte in dieser Einführung eine Entartung der Musik zu sehen sein. Sie führt in ihrer Weiterbildung vom Harmonischen zum Naturalistischen zurück, zu den Anfängen der Musik, zu dem Furcht-, Wuth- und Liebesgeheul der Wilden.

Die Kunst, durch Töne auf Ohr und Gemüth zu wirken, besitzt auch die Sprache. Erst durch den Wohlklang wird sie zur Musik. Die Grenze ist nicht scharf. Durch Vermehrung des Wohlklangs wird Deklamation zum Gesang.

Ueber die **physiologische Zulässigkeit** der Hypothese suchte ich mir Klarheit zu verschaffen und bin besonders Herrn Prof. J. Rosenthal in Erlangen und Herrn Prof. L. Edinger in Frankfurt dankbar für deren Mittheilungen. Soviel ich erkennen konnte, ist die Hypothese der Accommodirung des harmonischen Organs (wahrscheinlich des Corti'schen Organs, vielleicht auch des Trommelfells oder eines anderen Ohrtheils)[1] durch Druck und Spannung und die Differenzirung durch Knotenbildung nach dem Gesetz der Complication nicht im Widerspruch mit den physiologischen Thatsachen, wenn sich auch die Rolle der einzelnen Theile des Organs dabei noch nicht sicher deuten lässt.

Die Helmholtz'sche Erklärung lässt das Corti'sche Organ als eine Claviatur erscheinen, die bereit ist, eine grosse, aber begrenzte Zahl von Tönen aufzunehmen. Sie gibt aber keine Erklärung für die Zusammengehörigkeit und die wohlthuende Wirkung der harmonischen Tongruppen. Sie erklärt, wodurch die Harmonie gestört wird, aber nicht, durch was sie bewirkt wird.[2]

Gegen unsere Hypothese kann eingewendet werden, dass sie physiologisch nicht genügend begründet ist. Es fragt sich anderseits ob Helmholtz' physiologische Deutung genügend gesichert ist. Ob nicht vielmehr statt des Ansprechens auf fest vorgezeichnete Töne ein Accommodiren anzunehmen ist, dessen die Organe fähig und zu deren Ausführung die nöthigen Apparate vorhanden sind.

Für die Accommodirung spricht auch folgendes: Wir können beim Hören eines mehrstimmigen Satzes einer beliebigen Stimme folgen z. B. dem Tenor oder der Flöte, so dass wir diese fast ausschliesslich hören, die anderen abgeschwächt. Wir accommodiren das Ohr auf die eine Stimme resp. deren Töne oder Accorde der Reihe nach. Analog accommodiren wir das Auge

---

[1] Vgl. E. Mach. Wien. Ak. Sitzber. 1863. 48 (2) 296.

[2] E. Mach sagt hierüber (Beitr. z. Analyse d. Empfindungen. Jena 1886. S. 119): „Bei aller Anerkennung, die der Helmholtz'schen Theorie entgegengebracht wurde, hat es doch nicht an Stimmen gefehlt, welche die Unvollständigkeit derselben hervorgehoben haben. Ziemlich allgemein hat man das positive Moment bei Erklärung der Harmonie vermisst, indem man sich mit dem blossen Mangel an Schwebungen als zureichendem Merkmal der Harmonie nicht zufrieden geben wollte."

abwechselnd auf verschiedene Gegenstände unserer Umgebung, wobei die anderen undeutlich erscheinen. Geschähe keine Accommodirung, so hätte ein Musikstück eine bestimmte Wirkung auf das Ohr. Eine Auswahl in der Aufnahme ist nur durch wechselnde Accommodirung denkbar.[1])

Je nach Talent und Uebung im auswählenden Accommodiren kann ein Zuhörer aus einem Chor- oder Orchesterstück mehrere Stimmen zugleich d. h. in unmerklich raschem Alterniren verfolgen. Ihm löst sich ein mehrstimmiges Stück in Einzelstimmen auf. Ein ungeübtes oder minder talentirtes Ohr folgt nur einer Stimme, oder alle verwirren sich zu einem dem Geräusch ähnlichen Getön.

Einwand. Man könnte die Auswahl im Gehirn allein (nicht im Ohr) suchen und sich den Vorgang so vorstellen, dass mehrere Systeme von Knotenbildung zugleich das harmonische Organ theilen, wie mehrere Wellensysteme zugleich über einen Wasserspiegel hingehen. Accommodirung der Aufmerksamkeit, die nun eine That des Gehirns wäre, wählte eines dieser Knotensysteme aus und folgte ihm. Es ist zu prüfen, ob diese Auffassung die richtige ist, und wenn dies der Fall ist, ob nicht die Auswahl seitens des Geistes eine Bevorzugung im Gehörorgan zur Folge hat, das heisst, eine Accommodirung des Ohrs auf das Ausgewählte, so dass beide Erklärungen zusammenfallen.[1])

Für Accommodirung sprechen ferner gewisse pathologische Erscheinungen, die von ausgezeichneten Musikern an sich selbst beobachtet wurden (**krankhaftes Falschhören**).

So schreibt der Componist Robert Franz an seinen Sohn[2]): „Was nun deine Fragen betrifft, so versagten mir vor einigen 10 Jahren die Ohren nicht den Dienst in Bezug auf verwandtschaftliche Verhältnisse der Tonarten unter einander, sondern in Bezug auf ihre locale Nähe. Hatte ich z. B. ein Stück in C-Dur gehört, so vernehme ich das D-Dur noch eine Zeitlang in C-Dur. Die naheliegende Tonart musste sich förmlich erst Terrain erkämpfen.... War die Tonart festgestellt, dann gingen die Ohren in die entlegensten Uebergänge mit."

Dies Verhalten scheint zu beweisen, dass eine krankhafte Schwächung in der Fähigkeit des Accommodirens auf den Grundton vorlag, während die Fähigkeit des Organs zur harmonischen Differenzirung nicht gelitten hatte.

Einen ähnlichen Fall berichtet Stumpf[2]) von einem gehörleidenden Musiker (Beckh). Dieser schreibt: „(Ich hörte) beim Schliessen des gesunden Ohres mit dem kranken jede Musik einen halben Ton tiefer, aber dennoch in richtiger Harmonie. Ich machte den Versuch tausendmal, jedesmal mit dem alten Erfolg."

---

[1]) Vgl. E. Mach. Wien. Ak. Sitzber. 1863. 48 (2) 297. Er sagt u. A.: „Wollen wir nun, der Richtung unserer Physiologie entsprechend, unter Aufmerksamkeit nicht irgend ein mystisches Ding, sondern eine körperliche Disposition verstehen, so liegt es sehr nahe, sie wenigstens zum grössten Theil in der veränderlichen Spannung der Ohrmuskel zu suchen. So reducirt sich ja auch das, was der gewöhnliche Mensch aufmerksames Sehen nennt, grossentheils auf Accommodation und Augenaxenstellung. Wem die Accommodation fehlt, der kann noch so aufmerksam sehen wollen, er wird doch nicht sehen."

[2]) Vgl. C. Stumpf. Tonpsychologie 1883. 1. 417.

[3]) Ebenda S. 424.

Die Erscheinungen könnten entweder so erklärt werden, dass das erkrankte harmonische Organ auf gegebene Anregung nicht mehr die richtige Accommodirung vollzieht, oder dass das harmonische Organ richtig funktionirt, aber eine Nervenerkrankung die Ueberleitung oder die Verarbeitung im Gehirn falsch macht. Vielleicht .liefert dieser pathologische Zustand eine Handhabe zur experimentellen Prüfung der Accommodirung.

Harmonie in psychologischem Sinn.

Wir gebrauchen das Wort Harmonie in dreifacher Bedeutung: im Sinn der Physik als Verhältniss der Schwingungen harmonisch zusammengehöriger Töne; im Sinn der Physiologie als Wirkung harmonischer Töne auf unser Ohr und Gehirn; im Sinn der Psychologie als Genuss, Freude unseres Gemüths an den harmonischen Tönen. Erkenntnisstheoretisch ist es wichtig, festzustellen, dass unser Verstand für die 3 heterogenen, aber organisch verknüpften Begriffe ein gemeinsames Wort (Harmonie) gewählt hat.

Für jede Sinnes-Empfindung besteht aber die Aufgabe, den Zusammenhang zwischen dem entsprechenden physikalischen Vorgang (in der äusseren Natur), der (physiologischen) Verarbeitung durch das Aufnahmsorgan, dann durch das Gehirn nachzuweisen, ferner (psychologisch) deren Wirkung auf das Gemüth zu zeigen, endlich (erkenntnisstheoretisch) zu erkennen, wie der Verstand die Vorgänge verarbeitet und die zugehörigen Begriffe bildet.

Wir können definiren: **Harmonie ist eine den Sinnen und dem Gemüth wohlthuende Gruppirung.** Harmonie der Töne ist danach eine dem Ohr und Gemüth wohlthuende Gruppirung von Tönen; Harmonie der Farben ist eine dem Auge und Gemüth wohlthuende Gruppirung von Farben.

Indem wir annehmen, dass das den Sinnen und dem Gemüth wohlthut, was der Eigenart der Sinne angepasst ist, können wir auch definiren: **Harmonie ist eine den Sinnen angepasste, deshalb dem Gemüth wohlthuende Gruppirung.** Harmonie der Töne ist danach eine der Eigenart des Ohrs angepasste, deshalb dem Gemüth wohlthuende Gruppirung von Tönen. Harmonie der Farben ist eine der Eigenart des Auges angepasste, deshalb dem Gemüth wohlthuende Gruppirung von Farben.

Es entsteht nun die Frage:

Wieso wird Harmonie als Genuss empfunden? Um dies zu beantworten, fragt es sich: Was ist Genuss. Ich glaube, man kann sagen: **Genuss ist eine gefühlte Förderung unserer Lebensfunctionen.**

Unsere Lebensfunctionen bestehen in Thätigkeit und Erholung. Das Leben setzt sich zusammen aus den Functionen vieler Organe. Jedes Organ hat bestimmte Functionen, deren Bethätigung ein Theil unserer Lebensfunctionen ist. Jedes Organ hat demnach die ihm eigenthümlichen Genüsse durch

Thätigkeit und Erholung in der seiner Einrichtung entsprechenden Weise. Wir haben Genüsse des Ohrs, des Auges, der Nase, des Magens, des Geistes u. s. w.

Die Genüsse von Auge und Ohr nennen wir das Schöne. Die Erzeugung der Genüsse für Auge und Ohr nennen wir Kunst. Der Begriff Kunst gilt erweitert auch für die Genüsse der anderen Organe. Wir sprechen von Kochkunst (für Zunge und Magen), Parfümeriekunst (für die Nase), Gymnastische Kunst (für Bethätigung der Muskeln) u. s. w. Im Gegensatz zum weiteren Begriff bezeichnen wir die Künste für Auge und Ohr als die Kunst des Schönen oder die schöne Kunst. Schön ist, was Auge oder Ohr erfreut. Die schöne Kunst für das Ohr nennen wir Musik. Ein Theil der Musik ist die Harmonie der Töne.

Durch Functioniren eines Organs tritt Ermüdung ein. Die wohlthätig empfundene Abnahme der Ermüdung nennen wir Erholung. Eine Gesammt-Erholung aller ermüdeten Organe gewährt der Schlaf. Er ist deshalb ein Genuss.[1]) Die Einleitung der Thätigkeit durch Einwirkung von aussen nennen wir Anregung, die Einleitung der Erholung Beruhigung. Die Kunst wirkt auf die Sinne anregend oder beruhigend.

Anmerkung. Die Bethätigung jedes Organs ist begleitet von gewissen chemischen Vorgängen (z. B. Oxydationen). Durch sie wird das Organ verändert, seine Aufnahmsfähigkeit vermindert; es ermüdet. Im folgenden Zustand der Erholung spielen sich die rückläufigen Processe ab (z. B. Reductionen), durch die der ursprüngliche chemische Bestand und damit die Aufnahmefähigkeit des Organs wiederhergestellt wird. Die chemischen Vorgänge der Erholung können wir Regenerirung oder Ernährung der Einzelorgane nennen. Ohne diese Selbstregulirung gäbe es kein dauerndes Functioniren der Organe.

Die Spiele der Menschen und Thiere erklären sich durch den Genuss, den sie gewähren durch Förderung (Anregung und Ausübung) gewisser Lebensfunctionen: Functionen des Körpers oder des Geistes. Wir haben körperliche und geistige Spiele. Auch die Musik gehört zu den Spielen, wie es der Sprachgebrauch ausdrückt. Wir spielen Clavier und Geige, der Musiker ist uns ein Spielmann. Wir können sagen: Musik ist ein Spiel, das dem Ohr Genuss gewährt.

Anregung und Erholung beim Genuss der Harmonie der Töne. Töne wirken anregend auf das Ohr. Als Genuss wirken die Anregungen, wenn sie dem Ohr congenial, d. h. der Einrichtung und dem Functioniren des Ohrs angepasst sind. Dem entsprechend wählt das Ohr die Töne aus in den Grenzen (Höhe), in der Stärke und in der Gruppirung und macht daraus die Musik. Solche Gruppirung der Töne nennen wir Harmonie.

Die Erholung bei der Musik besteht in Ruhe und Abwechselung.

---

[1]) Sleep that knits up the ravell'd sleave of care,
    The death of each day's life, sore labours bath,
    Balm of hurt minds, great natures second course,
    Chief nourisher in life's feast, —. (Shakespeare, Macbeth. Act II. Sc. 1.)

Euch fehlt das Labsal aller Wesen, Schlaf. (Macbeth. Act III. Sc. 5.)

Abwechselung ist eine Combination von Thätigkeit und Erholung. Während ein Theil thätig ist, ruht der andere. Durch einen Ton oder Accord werden gewisse Theile des harmonischen Organs in Thätigkeit versetzt und ermüden, andere ruhen. Es bilden sich Knoten (Ruhepunkte) und Schwingungs-Maxima. Die Abwechselung bringt einen anderen Ton zum Erklingen, andere Organtheile in Thätigkeit. So umschliesst ein Musikstück im Wechsel der Accorde zugleich Anregung und Erholung. Da die Erholung im Wechsel nicht vollständig ist, tritt allmählich Ermüdung des gesammten harmonischen Organs ein. Der dann gewünschte Genuss der Erholung ist eine Pause nach einem Satz und nach mehreren Sätzen eine längere Pause oder der Schluss.

Die Ablösung eines Tons (Accords) durch einen anderen ist also eine Erholung. Zugleich ist diese Neu-Einstellung selbst ein Genuss, als eine der Einrichtung des harmonischen Organs angepasste Arbeit, wenn der Wechsel so erfolgt, dass ihn das Organ leicht ausführt. Daher löst die Musik einen Accord durch einen verwandten Accord ab, d. h. einen solchen, zu dessen Aufnahme das Organ sich möglichst mühelos einstellt, indem es einen Theil der Knoten festhält, einen Theil harmonisch verlegt.[1]) Das erklärt die Folge der Grundtöne der Accorde beim Aufbau der Musikstücke nach den harmonischen Zahlen $p = 0 \frac{1}{2} 1 2 \infty$, wie wir sie oben in den Beispielen kennen lernten.

Rascher und schwieriger Wechsel der Harmonie wirkt ermüdend und aufregend, wie andere anstrengende und hastige Arbeit. Aber die Uebung (Trainirung), auch das Talent dazu, macht solche Arbeit erträglich, selbst erwünscht, ja reizvoller als die leichte Arbeit. Manchem durch vielen Genuss verwöhnten Ohr erscheinen die einfachen Harmonien und Folgen als zu leicht und zu reizlos, es verlangt stärkere Reize. Das kann sich krankhaft steigern, bis nur noch Dissonanzen und Kakophonien packen oder das Fortissimo schmetternder Trompeterchöre.

Der Ort der mechanischen und dadurch chemischen Arbeitsleistung und somit der Ermüdung dürfte in den Ruhepunkten (Knoten) zu suchen sein, nicht an den Stellen der Schwingungs-Maxima (Bäuche). So erklingen die Saiten, wie Helmholtz[2]) gezeigt hat, nicht in der Mitte, sondern da, wo sie aufgelagert sind, bei der Geige am Steg.

Geräusche nennen wir unregelmässige Erschütterungen des Gehörorgans. Sie werden meist nicht als Genuss empfunden. Doch wirken manchmal Geräusche durch sanfte Anregung in der Ruhe, durch Beruhigung in der Aufregung wohlthuend auf Ohr und Gemüth, so das Rauschen der Bäume, das Plätschern der Wellen, das Brausen des Meeres, das Ticken der Uhr, das Schnurren des Spinnrads. Ein solches Rauschen versetzt das harmonische Organ in sanfte Schwingungen mit unbestimmten Knoten. Alle Töne, alle

---

[1]) Vgl. Seite 13. 17. 35.
[2]) Helmholtz, Lehre v. d. Tonempfindungen. 1877. S. 93.

Accorde, alle Folgen sind darin. Aus ihm kann ein musikalischer Sinn alle Melodien heraushören, indem er die harmonische Complication des Organs hineinträgt in die Natur. Die Geräusche werden ihm besonders leicht zu Musik, wenn sie zugleich rhythmisch sind. So hörte Mendelssohn im Rauschen von Meer und Wind in den Höhlen einer der schottischen Inseln das Thema zu seiner Hebriden-Ouverture.

Entwicklung, Verfeinerung von Ohr und Geist durch weitergehende Complication. Wir wissen, dass die musikalische Ausbildung des Ohrs durch Anlage und Erziehung verschieden ist. Wir fanden, dass das Ohr in seiner Wahl bis zur harmonischen Reihe N_3 geht, vielleicht, bei besonders fein entwickelten oder ausgebildeten Ohren, bis N_4. Es ist anzunehmen, dass sich hier, wie überall in der Natur, eine Entwicklung vom Einfachen zum Complicirten vollzogen hat, dass der Verfeinerung in Ausbildung des Ohrs beim Individuum eine Verfeinerung im Verlauf der Generation entspricht. Auch dem die Töne verarbeitenden Geist, der mit dem Functioniren der Organe Schritt hält, dürfen wir eine Verfeinerung nach dem Gesetz der Complication bis zur harmonischen Reihe N_3 oder N_4 zuschreiben.

Rhythmus in der Musik. Ῥυθμός von ῥέω fliessen, das Fliessende, zunächst in der Rede, dann in Gesang und Tanz, bezeichnet die Eigenart des periodischen Wechsels innerhalb der Bewegung.[1] Rhythmisch sind unsere körperlichen Bewegungen: Athem, Herzschlag und Schritt. Von ihnen haben Rede und Marsch, Gesang und Tanz ihre periodische Eigenart, ihren Rhythmus.

Andere periodische Bewegungen nennt man rhythmisch, wenn ihre Periodicität in den ungefähren Zeitgrenzen obiger Naturmaasse liegt und unsere Sinne deren einzelne Perioden-Maxima (Stösse) wahrnehmen, z. B. das Kolbenspiel der Dampfmaschine, den Pendelschlag der Uhr. Rhythmisch nennen wir eine Wellen- oder Pendelbewegung. Werden aber deren Schwingungen so rasch und kurz, dass man die einzelnen Stösse nicht mehr unterscheidet, so hört man auf, von Rhythmus zu reden. So bei Ton- und Licht-Schwingungen. Ebenso spricht man nicht mehr von Rhythmus, wenn die Perioden viel grösser werden, als die obengenannten Naturmaasse; z. B. der periodische Wechsel von Tag und Nacht, von Sommer und Winter, von Ebbe und Fluth. Die Poesie, wie die Wissenschaft erweitern die Grenzen, die der Sprachgebrauch dem Wort gezogen hat. Für die Erkennung der Entstehung des Begriffes Rhythmus und seines Wesens ist die Grösse seines Naturmaasses wichtig.

Ausser der Harmonie und deren Wechsel (Melodie) befriedigt und erfreut das Ohr der Rhythmus. Wir schlossen, dass in der Harmonie die Eigenart des Ohrs sich abbilde, weil das Ohr aus der Gesammtheit der Töne das ihm Gefällige danach auswählt. Es fragt sich, **ob auch im Rhythmus die**

---

[1] Wollte man Rhythmus übersetzen, so könnte man sagen: „Wellenschlag der Bewegung" im Anschluss an die ursprüngliche Bedeutung.

— 72 —

Eigenart des Ohrs sich abbilde. Ich glaube, nur theilweise, indem das Ohr einer rhythmischen Aufnahme von Tönen fähig ist, ein Wechsel von solchem Anregen und Nachlassen ihm entspricht. Im Wesentlichen aber ist das Ohr für den Rhythmus nur der Vermittler. Wir nehmen an, Genuss sei eine gefühlte Förderung der Lebens-Functionen, jeder in ihrer Weise. Das rhythmische Functioniren aber ist dem Athem (Sprache und Gesang), dem Herzschlag (Puls) und Gang (Marsch und Tanz) eigenthümlich.[1]) Auf diese Organe wirkt fördernd, anregend, und dadurch im Gefühl als Genuss, der Rhythmus der Töne. Das Herz schlägt lebhafter beim Takt[2]) (Rhythmus) der Musik, der Athem belebt sich im Rhythmus von Gesang und Tanz; der Takt der Trommel regt den Marsch an und der Rhythmus eines Walzers lässt die Füsse des jungen Volkes nicht in Ruhe.[3])

Bei der **Harmonie der Töne** liegen die Verhältnisse am günstigsten, um die Verknüpfung der Physik, Physiologie und Psychologie einer Sinnes-Empfindung zu studiren aus folgenden Gründen:

1. Hier hat das Gemüth durch eine reiche Auswahl, durch Schaffen der ganzen Musik, gezeigt, welche Gruppirungen ihm wohlthun. Diese Auswahl ist in präciser Schreibweise (Noten), niedergelegt und lässt sich objectiv discutiren. Eine musikalische Nomenclatur und Harmonielehre hat manchen Zusammenhang der Harmonien festgelegt. Musikalische Instrumente, Aufführungen, gebildete Musiker bieten sich reichlich zum Experimente. Kein anderer Sinn hat zur strengen Untersuchung des ihm durch Harmonie Wohlthuenden ein so reiches, wohlgeordnetes, zum Studium geeignetes Material geliefert.

In der Auswahl des Harmonischen aber zeigt das auswählende Gemüth, was dem Ohr angepasst ist und gibt in der Eigenart des Ausgewählten Kennzeichen für die Einrichtung des Ohrs. Nur die Harmonie liefert diesen Schlüssel.

2. Physikalisch liegen die Verhältnisse einfach. Die Akustik ist eine gut ausgebaute Wissenschaft (auch die Optik, während uns eine Physik des Geruchs, des Geschmacks, des Tastgefühls fehlt). Die Töne sind definirt

---

[1]) Auch das Taktschlagen der Hand, das Trommeln mit den Fingern sind diesen Organen eigenthümliche rhythmische Bewegungen.

[2]) Die Begriffe Takt und Rhythmus sind nicht streng geschieden.

[3]) Wir lesen bei Gibbon bei Schilderung der Eroberung Constantinopels durch die Türken: „Das Geschrei der Furcht und des Schmerzes wurde von der kriegerischen Musik der Trommeln, Trompeten und Becken übertönt, und die Erfahrung hat bewiesen, dass die mechanische Wirkung der Töne, indem sie den Umlauf des Blutes und der Lebensgeister beschleunigt, auf die menschliche Maschine kräftiger wirkt, als die Beredsamkeit der Vernunft und Ehre." (Gesch. d. allg. Sinkens u. endl. Unterg. d. röm. Weltreichs. Deutsch v. Sporschil. 1863. Bd. 12, S. 152.)

durch ihre Schwingungszahlen, die unter sich harmonischen Töne durch das Verhältniss ihrer Schwingungszahlen. Dies Verhältniss aber drückt sich aus durch einfache rationale Zahlen.

3. Physiologisch ist die Untersuchung nicht leicht, aber auch nicht schwerer (vielleicht leichter) als bei einem der anderen Sinne.

Wenn irgendwo, so ist daher bei den Tönen Aussicht, zunächst für einen der Sinne (das Gehör) Klarheit zu gewinnen über den Zusammenhang zwischen dessen Physik, Physiologie, Psychologie und Erkenntnisstheorie, zu finden, welches der Causalnexus ist, welche Gesetze diesen gemeinsam sind. Das Verknüpfende ist die Harmonie. Die Harmonie der Töne aber ist, wie ich zu zeigen suchte, beherrscht durch das Entwicklungs-Gesetz der Complication und der harmonischen Zahlen, das uns die Krystallographie geliefert hat und das die Entwicklung den Krystallformen vorzeichnet.

Ist die Aufgabe für das Ohr gelöst, so ist zunächst die Lösung für das Auge anzugehen. Ich will im Folgenden versuchen zu zeigen, dass auch da (bei den Farben) die Harmonie beherrscht ist durch das Entwicklungs-Gesetz der Complication.

Harmonie der Farben.

Spectrum. Wir definiren die verschiedenen Lichtarten objectiv (physikalisch) nach Wellenlängen resp. deren Reciproken, der Zahl der Schwingungen pro Secunde; subjectiv (physiologisch) nach der Farbe. Lösen wir das Sonnenlicht spectral auf, so zerlegt es sich in eine Reihe von Farben. Ein normales Auge unterscheidet im Spectrum:

Roth, Gelb, Grün, Blau, Violett.

Die Sprache hat für diese Farben Worte geschaffen, die jeder versteht und verstand, bevor das Spectrum bekannt war. Ein natürliches Spectrum liefert der Regenbogen; aber nicht nach dessen Theilen sind die Farben benannt.

Zu den Spectral-Farben kommen: Schwarz für Fehlen alles Lichts, weiss für Licht aller Schwingungen zugleich. Ausserdem hat die Sprache für Grau und Braun Worte gebildet. Wir wollen weiter unten deren Erklärung versuchen.

Es ist wichtig, zu constatiren, dass gerade für diejenigen Farben im Spectrum, die wir in Begriffe zu fassen und zu benennen das Bedürfniss fühlen, Namen und Begriffe (Worte) in der Sprache vorhanden sind. Diese Namen und Begriffe sind zur Bezeichnung der Farben aller Dinge gebildet, unabhängig vom Spectrum. Wir schliessen hieraus:

Diese benannten Spectralfarben sind für uns etwas qualitativ Verschiedenes.

Wir schliessen weiter: Die Farbengebiete des Spectrums sind objectiv (physikalisch) nicht definirt. Die Lichtarten der verschiedenen Wellenlängen reihen sich stetig aneinander. Die Farben sind vielmehr ein Abbild der Einrichtung unseres Auges. In diesem Abbild können wir das Wesen des Auges studiren.

Das Auge greift aus der continuirlichen Reihe der Strahlen verschiedener Wellenlänge ein Gebiet heraus, das seiner Wahrnehmung zugänglich ist (Licht) und scheidet dies Gebiet in Untergebiete, die ihm qualitativ verschieden sind, d. h. für deren Aufnahme es besondere Theilorgane des Gesammt-Auges hat (Farben).

Analogon. Das Ohr greift aus der continuirlichen Reihe der Schwingungen ein Gebiet heraus, das seiner Wahrnehmung zugänglich ist (Töne). Unter den Tönen fasst es Gruppen als harmonisch zusammengehörig auf. Im Bild dieser Wahl studiren wir das Wesen des Ohres.

In der Spanne Licht, die unser Auge aufnimmt, beobachten wir folgende merkwürdige Thatsachen:

1. Das **Aufnahmsgebiet des Auges** (Licht) umfasst ziemlich genau eine **Octav,** d. h. die Wellenlänge des tiefsten Roth ist doppelt so gross als die des höchsten Violett. Scharf lässt sich die Grenze nicht ziehen. Der Grund dafür ist, dass die Aufnahms-Organe des Auges nichts Starres sind, sondern organische (plastische, quellbare) Gebilde, deren Aufnahmsfähigkeit individuell und zeitlich innerhalb gewisser Grenzen schwankt.[1]

2. Das Sonnenspectrum zeigt eine grosse Zahl schwarzer Linien (**Frauenhofer** Linien) von ungleicher Stärke. Die stärksten bilden, wie es scheint, eine eigenartige Gruppe. Sie wurden zuerst bemerkt und mit A B C D E F G H bezeichnet. Diesen entsprechen die folgenden Wellenlängen[2]) und harmonischen Zahlen:

Farben:							Töne:		
Frauenhofer Linie	Farben	Wellenlänge λ in Zehnmilliontel mm	$l=$ Verhältniss der Wellenlängen $\lambda : 3930$	nahe stehend:	$z=$ Verhältniss der Schwing. pro Secunde $z=2:1$	$p=$ harmonische Zahlen $p=\dfrac{2(z-1)}{2-z}$	$z=$ Verhältniss der Schwing. pro Secunde für $A=1$	$p=$ harmonische Zahlen $p=\dfrac{z(z-1)}{2-z}$	Buchstaben in A-Moll
A	⎫	7608	1·935	2·000 = 2	1	0	1	0	A
B	⎬ Roth	6870	1·748	1·750 = $\frac{7}{4}$	$\frac{8}{7}$	$\frac{1}{6}$	$\frac{8}{7}$	$\frac{1}{6}$	(H)
C	⎭	6563	1·670	1·667 = $\frac{5}{3}$	$\frac{6}{5}$	$\frac{1}{2}$	$\frac{6}{5}$	$\frac{1}{2}$	C
D	Gelb	5893	1·500	1·500 = $\frac{3}{2}$	$\frac{4}{3}$	1	$\frac{4}{3}$	1	D
E	Grün	5270	1·341	1·333 = $\frac{4}{3}$	$\frac{3}{2}$	2	$\frac{3}{2}$	2	E
F	Blau	4861	1·237	1·250 = $\frac{5}{4}$	$\frac{8}{5}$	3	$\frac{8}{5}$	3	F
G	(Indigo)	4308	1·096	1·111 = $\frac{10}{9}$	$\frac{9}{5}$	8	$\frac{9}{5}$	8	(G)
H	Violett	3969	1·010	1·000 = 1	2	∞	2	∞	A
I	II	III	IV	V	VI	VII	VIII	IX	X

---

[1]) Ueber einen weiteren Grund vgl. S. 91.
[2]) Nach **Rowland** vgl. **Landauer** Spectralanalyse 1896 S. 52.

Dividiren wir die Wellenlänge λ (Col. III) durch die Constante 3930, so erhalten wir l (Col. IV), die **Verhältnisszahlen der Wellenlängen.** Diese stehen sehr nahe den Zahlen:

$$l = 2\quad \tfrac{7}{4}\quad \tfrac{5}{3}\quad \tfrac{3}{2}\quad \tfrac{4}{3}\quad \tfrac{5}{4}\quad \tfrac{10}{9}\quad 1. \quad\text{(Col. V.)}$$

Das ist eine Zahlenreihe von der Octavenform: $1 \cdot \tfrac{3}{2} \cdot 2$. (Vgl. S. 11.) Nehmen wir die Reciproken:

$$\tfrac{1}{l} = \tfrac{1}{2}\quad \tfrac{4}{7}\quad \tfrac{3}{5}\quad \tfrac{2}{3}\quad \tfrac{3}{4}\quad \tfrac{4}{5}\quad \tfrac{9}{10}\quad 1,$$

so haben wir die **Verhältnisszahlen der Schwingungen** pro Secunde. Durch Multiplication der Reihe mit 2, wodurch sich das Verhältniss nicht ändert, erhalten wir die Schwingungszahlen $z = 2 : 1$ wieder in Octavenform:

$$z = \tfrac{2}{l} = 1\quad \tfrac{8}{7}\quad \tfrac{6}{5}\quad \tfrac{4}{3}\quad \tfrac{3}{2}\quad \tfrac{8}{5}\quad \tfrac{9}{5}\quad 2. \quad\text{(Col. VI.)}$$

Wir bilden hieraus, wie bei den Krystallformen und den Tönen, die **harmonischen Zahlen** p nach der Formel:

$$p = \frac{2\,(z - 1)}{2 - z} \quad {}^{1})$$

und erhalten

$$\text{aus: } z = 1\quad \tfrac{8}{7}\quad \tfrac{6}{5}\quad \tfrac{4}{3}\quad \tfrac{3}{2}\quad \tfrac{8}{5}\quad \tfrac{9}{5}\quad 2$$

$$p = \frac{2\,(z-1)}{2-z} = 0\quad \tfrac{1}{3}\quad \tfrac{1}{2}\quad 1\quad 2\quad 3\quad 8\quad \infty \quad\text{(Col. VII.)}$$

$$\text{für die Linien: } A\quad B\quad C\quad D\quad E\quad F\quad G\quad H$$

Das ist wieder wesentlich unsere Normalreihe:

$$N_2 = 0\quad \tfrac{1}{3}\quad \tfrac{1}{2}\quad \tfrac{2}{3}\quad 1\quad \tfrac{3}{2}\quad 2\quad 3\quad \infty,$$

wie wir sie bei den Krystallen [2]) und den Tönen kennen lernten. Es fehlen $\tfrac{2}{3}$ und $\tfrac{3}{2}$. Dagegen erscheint die auffallende Zahl 8, von der zu untersuchen ist, ob sie zur Reihe gehört.

Anmerkung I. Vielleicht ist, wie für die Töne hervorgehoben wurde (S. 15), das Gesetz der Reihe dargestellt durch die ganzen Zahlen $p = 0 \cdot 1 \cdot 2 \cdot 3 \cdots$ und ihre Reciproken, so dass:

$$N_2 = 0\ \cdot\ \cdot\ \tfrac{1}{2}\ \cdot\ 1\ \cdot\ 2\ \cdot\ \cdot\ \infty \quad\text{sich weiterbildete}$$

$$\text{nicht zu: } N_3 = 0\ \cdot\ \tfrac{1}{3}\ \tfrac{1}{2}\ \tfrac{2}{3}\ 1\ \tfrac{3}{2}\ 2\ 3\ \cdot\ \infty$$

$$\text{sondern zu: } [N_3] = 0\ \cdot\ \tfrac{1}{3}\ \tfrac{1}{2}\ \cdot\ 1\ \cdot\ 2\ 3\ \cdot\ \infty$$

$$\text{und weiter zu: } [N_4] = 0\ \tfrac{1}{4}\ \tfrac{1}{3}\ \tfrac{1}{2}\ \cdot\ 1\ \cdot\ 2\ 3\ 4\ \infty$$

Diese Frage wird sich klären, wenn die physikalische Bedeutung der Transformation $p = (z - z_1) : (z_2 - z)$ klargelegt ist, die bei Tönen, Farben und Krystallformen zu den harmonischen Zahlen führt, der gemeinsame Schlüssel ist. Eine solche Klarlegung soll an anderer Stelle versucht werden.

---

^{1}) Vgl. Seite 20. Der Coefficient 2 wurde zugefügt, um $p = 1$ bei D zu erhalten.

^{2}) Vgl. Seite 6, sowie Zeitschr. f. Kryst. 1897. **28.** 11.

Anmerkung 2. Unsere Umrechnung: $p = (z - z_1) : (z_2 - z)$ entspricht einer projectivischen Transformation. Sie bedeutet geometrisch eine andere Wahl der Coordinaten und ihres Anfangs, sowie der Masseinheiten. Solche Transformation ist oft tief eingreifend, indem nur bei gewisser Wahl scheinbar complicirte Verhältnisse einfach und verständlich werden.

Beispiel 1. Wir definiren einen **Kreis** als den Ort aller Punkte mit gleichem Abstand von einem Punkt, dem Mittelpunkt. Seine Formel lautet in Polar-Coordination aus dem Mittelpunkt, der Definition entsprechend: $r = $ const., unter Umständen $r = 1$. Lege ich den Coordinaten-Anfang nicht in den Kreis-Mittelpunkt und nehme nicht Polar-Coordinaten, so wird die Formel complicirter und nicht unmittelbar deckend mit der Definition, der Construction und der Anschauung des Kreises.

Beispiel 2. Die **Astronomie** der Alexandriner legte den festen Punkt, den Anfang der Coordinaten auf die Erde. In Folge dessen beschrieben Sonne und Planeten complicirte, schwer verständliche Bahnen (Epicyclen). Die Verlegung des Coordinaten-Anfangs in die Sonne durch Copernicus brachte Klarheit und Uebersicht und erscheint als eine fundamentale Reform in der Astronomie. Sie befähigte Kepler die Planetenbahnen als Ellipsen zu erkennen, und Newton, der Erscheinung eine mechanische Erklärung zu geben. Der entscheidende Schritt aber war die Transformation des Copernicus.[1]

Die Zahlen der Columnen IV und V stimmen nicht absolut, aber doch so nahe, dass die Uebereinstimmung nicht als zufällig angesehen werden kann, besonders nicht bei Berücksichtigung der Einfachheit der Zahlenreihe p und der grossen Zahl der Glieder. Stärker abweichend ist nur A. Vielleicht lässt sich für die Differenzen ein Grund finden.

Fig. 3 gibt eine vergleichende graphische Darstellung von $1 - 1$ aus Col. IV und V.

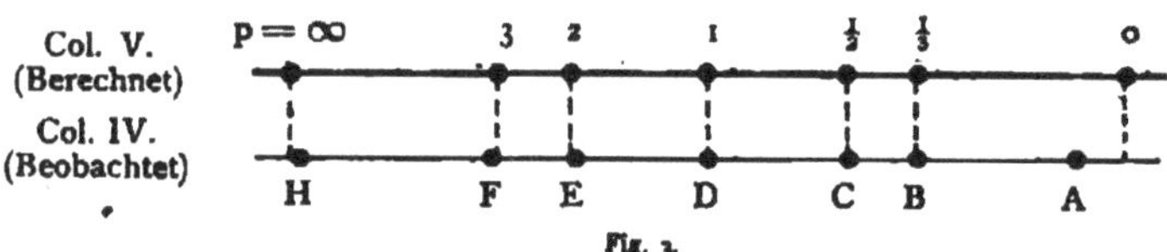

Die Abweichungen sind grösser als die Beobachtungsfehler. Bestätigt sich daher das vorliegende Zahlengesetz als den Ort der Spectrallinien im Wesentlichen bestimmend, so ist die thatsächliche Abweichung von dem Ort durch secundäre Einflüsse zu erklären. Analog bewegen sich die Planeten nicht streng in Ellipsen, trotz der Richtigkeit der Kepler'schen Gesetze, und

---

[1] Das Gefühl von der Grösse seiner That und der Freude an derselben spricht sich in Copernicus' Worten aus (J. Müller, Lehrb. d. kosmischen Physik. 1856. S. 118): „Durch keine andere Anordnung habe ich eine so bewunderungswürdige Symmetrie des Universums, eine so harmonische Verbindung der Bahnen finden können, als da ich die Weltleuchte, die Sonne, die ganze Familie der kreisenden Gestirne lenkend, in die Mitte des schönen Naturtempels, wie auf einen königlichen Thron gesetzt."

die Krystallflächen sitzen nicht streng so, wie es das Gesetz der Zonen und der Complication (Rationalität der Indices) vorschreibt.

Analogie mit den Tönen. Wir fanden für die **Moll-Harmonie:**

$$
\begin{array}{llcccccc}
\text{die Schwingungs-Zahlen:} & z = & 1 & \tfrac{6}{5} & \tfrac{4}{3} & \tfrac{3}{2} & \tfrac{8}{5} & 2, \\
\text{hierzu die harmonischen Zahlen:[1]} & p = & 0 & \tfrac{1}{2} & 1 & 2 & 3 & \infty, \\
\text{dazu die Töne z. B. in A-Moll:} & & A & C & D & E & F & A
\end{array}
$$

Das sind merkwürdiger Weise gerade die Buchstaben der zu denselben harmonischen Zahlen gehörigen Frauenhofer Linien.

Bei den Farben tritt hinzu die Linie:

B mit $z = \tfrac{9}{7}$; $p = \tfrac{1}{3}$. Entsprechend H in A-Moll.[2]
G mit $z = \tfrac{8}{5}$; $p = 8$. Entsprechend G in A-Moll.

$p = \tfrac{1}{3}$ passt in die Reihe; $p = 8$ fällt heraus. Das führt zur Frage, ob die Linie G überhaupt zu diesem Accord gehört. Wir fanden das Analoge bei den Tönen $D = \tfrac{1}{7}$; $H = 7$ der C-Dur-Tonleiter (S. 13). Sie gehören nicht zur C-Dur-Harmonie, sondern zu der nächst verwandten: G-Dur.

Die in den Sonnen-Accord der Frauenhofer'schen Linien nicht passende Linie G gehört als H_γ dem Spectral-Accord des Wasserstoffs an, bei dem es die harmonische Zahl $p = 2$ hat (siehe unten). Auffallender Weise gerade des Wasserstoffs, unseres einfachsten Elementes mit dem Atomgewicht 1, dessen Accord mit dem Sonnen-Accord so nahe verwandt ist, dass noch 2 weitere von seinen 4 Spectrallinien sich mit solchen des ersteren decken. Nämlich:

$$
\begin{array}{lcc}
\text{die Wasserstoff-Linien:} & H_\alpha & H_\beta \\
\text{mit den Frauenhofer Linien:} & C & F
\end{array}
$$

Sollte der Sonnen-Accord der Frauenhofer-Linien einem Ur-Element angehören, das in der Sonne vorwiegend vertreten ist, und dessen nächster Verwandter der Wasserstoff ist?

Einwand. Es könnte eingewendet werden, das Hervortreten der Zahlen $p = 0\,\tfrac{1}{2}\,1\,2\,3\,\infty$ sei nur ein zufälliges, in die Reihe hineingetragen durch Ausnützung des durch die Abweichungen der Beobachtungen vom berechneten Ort gegebenen Spielraums. Um diesen Einwand zu prüfen, ist zu untersuchen: Wie gross ist die **Wahrscheinlichkeit (W)**, dass bei

---

[1] Siehe oben S. 14. Dort wurde statt p $\bar{p}$ geschrieben und die Reciproken eingestellt. Also:

$$
\begin{array}{lcccccc}
\bar{p} = & \infty & 2 & 1 & \tfrac{1}{2} & \tfrac{1}{3} & 0 \\
\text{statt: } p = & 0 & \tfrac{1}{2} & 1 & 2 & 3 & \infty
\end{array}
$$

Das geschah zur Unterscheidung von den Zahlen der Dur-Harmonie. Hier wollen wir die p für steigende z ansteigend nehmen. Für den Charakter der Reihe ist das ohne Bedeutung; die z bleiben dieselben.

[2] Es ist das H in A-Moll, das sich mit dem H in G-Dur nicht genau deckt.

willkürlicher Wahl einer Linie (D) als Dominante (p $=$ 1) die übrigen 6 mit den obigen Zahlen in den beobachteten Spielraum fallen?

Um **W** zu berechnen, sehen wir noch einmal zu, wie verfahren wurde, um die harmonischen Zahlen **p** zu gewinnen:

Frauen·hofer Linie	Wellen·länge λ	Verh. d. Wellenlängen		Harm. Zahlen p	Abwei·chung $1-l'$	Spiel·raum $2(1-l')$
		beob. $l'=\dfrac{\lambda}{3930}$	berechnet l			
A	7608	1.935	2.000 $=$ 2	0	0.065	0.130 $= a$
B	6870	1.748	1.750 $= \frac{7}{4}$	$\frac{1}{3}$	0.002	0.004 $= \beta$
C	6563	1.670	1.667 $= \frac{5}{3}$	$\frac{1}{2}$	0.003	0.006 $= \gamma$
D	5893	1.500	1.500 $= \frac{3}{2}$	1	0	0 $= \delta$
E	5270	1.341	1.333 $= \frac{4}{3}$	2	0.008	0.016 $= \varepsilon$
F	4861	1.237	1.250 $= \frac{5}{4}$	3	0.013	0.026 $= \zeta$
G	(4308)	(1.096)	(1.111 $= \frac{10}{9}$)	(8)	—	—
H	3969	1.010	1.000 $=$ 1	∞	0.010	0.020 $= \eta$

Wir dividirten die Wellenlängen λ für die Frauenhofer-Linien durch 3930 und machten dadurch D zur Dominante, d. h. seine Zahl $= \frac{3}{2}$, analog der Quint (Dominante) bei den harmonischen Tönen. So erhielten wir das beobachtete Verhältniss der Wellenlängen in den Zahlen $l' = \lambda : 3930$. Daneben wurden die Zahlen 1 gestellt, die Verhältnisse der Wellenlängen, die den erwarteten harmonischen Zahlen $p = 0 \; \frac{1}{3} \; \frac{1}{2} \; 1 \; 2 \; 3 \; \infty$ entsprechen, und zwar vermöge derselben projectivischen Transformation, die bei den harmonischen Tönen und den Krystallformen zu eben diesen Zahlen p geführt hatte, und die auf die Zahlen l' angewendet wurde, in der Erwartung, g e r a d e diese Za h l e n wiederzufinden.

Durch die Umrechnung, die Anwendung der Transformation, wurde eine Willkürlichkeit nicht hineingebracht. Es wurde vielmehr die durch die Discussion der Töne und der Krystallformen fest gegebene Umrechnungsformel angewendet.

Die berechneten Werthe 1 differiren von dem beobachteten l' um die Abweichung $1 - l'$, die theils $+$ theils $-$ ausgefallen ist. Die Abweichung nach beiden Seiten $(\pm)$ vom berechneten Punkt zusammengenommen $2 (1 - l')$ wollen wir den Spielraum nennen. Er möge für die Linien A B C D E F H mit $a \, \beta \, \gamma \, \delta \, \varepsilon \, \zeta \, \eta$ bezeichnet werden.

Die **Frage** ist nun: Wie gross ist die **Wahrscheinlichkeit (W)**, dass bei fester Wahl von D als Dominante ($\delta = 0$) die 6 Linien A B C E F H zugleich durch Zufall in den beobachteten Spielraum fallen, d. h. ohne dass ein G e s e t z ihnen diesen Ort vorzeichnet? Wir können folgendermassen rechnen:

Wir denken uns die zu untersuchende Strecke (L), das ist der Abstand zwischen A und H, (die Farben-Octav unseres Auges) in den Verhältnissen 1 gemessen: $L = 2 - 1 = 1$, eingetheilt in eine sehr grosse Zahl (N) Einheiten und theilen diese N-Einheiten in 2 Gruppen. 6 unserer Einheiten seien schwarz, d. h. mit einer Linie besetzt $(+)$, die anderen $N - 6$ farbig, d. h. mit keiner Linie besetzt $(-)$.

Die Zahl der möglichen Anordnungen von N-Einheiten ist die Zahl ihrer Vertauschungen (Permutationen) $= N! = N (N - 1) (N - 2) \cdots 3 \cdot 2 \cdot 1$. Die Wahrscheinlichkeit für e i n e b e s t i m m t e dieser Anordnungen ist also $= 1 : N!$ Theile ich nun die N in eine Gruppe zu 6 Einheiten m i t Linie $(+)$ und eine von $N - 6$ Einheiten o h n e Linie $(-)$, so sind unter den 6 Einheiten 6! Vertauschungen möglich, unter den $N - 6$ $(N - 6)!$ Beide zusammen geben 6! $(N - 6)!$ Anordnungen, d. h. Möglichkeiten der Anordnung. Soll nun, wie in unserem Fall, die Vertauschung der $+$ Einheiten unter sich, die der — Einheiten unter sich nicht als eine Aenderung gelten, so ist die Zahl der möglichen Vertauschungen, die eine Aenderung der Anordnung bringt:

$$= \frac{N!}{6!\,(N-6)!} = \frac{N\,(N-1)\cdots(N-5)}{6!} = \binom{N}{6},$$

wofür wir bei sehr grossem N setzen können: $\frac{N^6}{6!}$. Die Wahrscheinlichkeit einer bestimmten dieser Anordnungen (z. B. $1 = 2 \cdots \frac{3}{2} \cdot\ 1$) ist

$$= 1 : \frac{N^6}{6!} = \frac{6!}{N^6} = \frac{6\cdot5\cdot4\cdot3\cdot2\cdot1}{N^6} = \frac{720}{N^6}$$

Nun geben wir dem Ort der Linien einen Spielraum $2\,(1-1')$ und zwar $2\,(1-1') = a$ für die Linie A, $= \beta$ für B u. s. w. (Nach unserer Tabelle S. 78.) In den Spielraum a mögen a-Einheiten fallen, in β b-Einheiten u. s. w., so kann die Linie A a verschiedene Stellen einnehmen, B b verschiedene Stellen u. s. w. Diese combinirt geben a b c e f h Möglichkeiten. Die Wahrscheinlichkeit, dass eine dieser Möglichkeiten erfüllt ist, das ist unsere gesuchte Wahrscheinlichkeit (W), dass jede Linie in ihren Spielraum fällt, ist also:

$$W = \frac{720}{N^6} \cdot abcefh = 6!\,\frac{a}{N} \cdot \frac{b}{N} \cdot \frac{c}{N} \cdot \frac{e}{N} \cdot \frac{f}{N} \cdot \frac{h}{N}$$

Nun ist aber $\frac{a}{N} = a, \frac{b}{N} = \beta \cdot\ \cdot$ unserer obigen Tabelle, daher ·

$$W = 720\, a\beta\gamma\varepsilon\zeta\eta$$

Von den Werthen $a\,\beta\ \cdot$ ist $a = 0.130$ sehr gross gegen die anderen. (Vgl. Fig. 3 S. 76.) Da wir nun das Maximum der Wahrscheinlichkeit suchen, um zu zeigen, dass auch dieses sehr klein ist, so dürften wir sicher gehen, indem wir a festhalten, an Stelle der übrigen deren Maximum $\zeta = 0.026$ setzen. So erhalten wir als obere Grenze der Wahrscheinlichkeit:

$$W = 720 \times 0.130 \times 0.026^5 = 0.000001$$

Also eine Wahrscheinlichkeit im Maximum von 1 zu einer Million. Das ist so gut wie keine Wahrscheinlichkeit. Mit anderen Worten: Es liegt hier kein Zufall vor, nicht das Produkt einer Interpretation mit willkürlichem Ausgleich, sondern ein empirisch gewonnener Erfahrungssatz, mit dem als Thatsache, als Gesetzmässigkeit zu rechnen ist, selbst wenn eine befriedigende physikalisch-mechanische Deutung noch nicht gefunden ist.

Analogea. In der Krystallographie gilt der Erfahrungssatz von der Rationalität der Indices (Axen-Abschnitte) als ein Gesetz und zwar als ein Grundgesetz dieser Wissenschaft, trotzdem die gefundenen Flächenorte bei der Messung stets um den berechneten Ort schwanken und zwar über die Grenze der Beobachtungsfehler hinaus, und es gilt das Gesetz unabhängig davon, ob eine physikalisch-mechanische Deutung desselben bekannt ist.

In der Astronomie gelten die Kepler'schen Gesetze unabhängig davon, ob ihnen eine mechanische Begründung gegeben wurde, wie dies nachträglich durch Newton geschah.

Spectrum des Wasserstoffs. Wir finden hier Aehnliches:

Spectral-Linien	Wellenlänge λ in Zehnmil-liontel mm[1])	$l=$ Verhältniss d. Wellenlängen		$z=$ Verhältm. d. Schwing. pro Sec. $z=2:1$	$p=$ harmon. Zahlen $p=\dfrac{2\,(z-1)}{2-z}$
		$\lambda : 3266$	nahe stehend		
H_α	6563	2·009	2·000 $= 2$	1	0
H_β	4861	1·488	1·500 $= \frac{3}{2}$	$\frac{4}{3}$	1
H_γ	4341	1·329	1·333 $= \frac{4}{3}$	$\frac{3}{2}$	2
H_δ	4101	1·255	1·250 $= \frac{5}{4}$	$\frac{5}{3}$	3
I	II.	III.	IV.	V.	VI.

Fig. 4 gibt eine vergleichende graphische Darstellung von l—l aus Col. III u. IV.

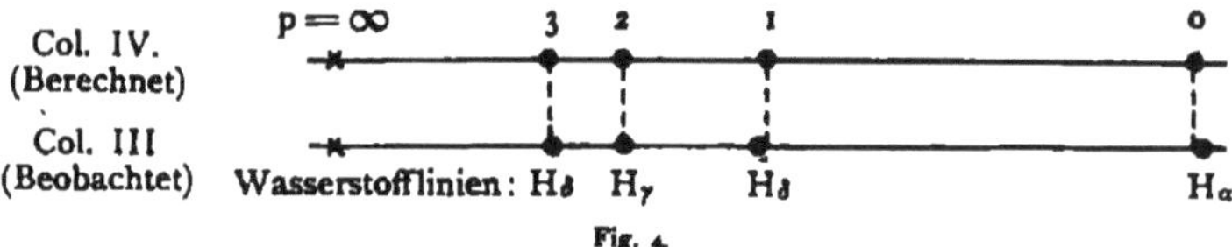

Auch hier kann die Gesetzmässigkeit keine zufällige sein. Bei den Linienspectren anderer Elemente, die ich nachgerechnet habe, ist es nicht so einfach. Vielleicht hat die Einfachheit etwas damit zu thun, dass Wasserstoff das Element vom kleinsten Atomgewicht ist, wohl das einfachst gebaute.

Licht-Accorde. Linien-Accorde des Sonnen-Spectrums. Nach Obigem bilden die Frauenhofer Linien A B C D E F H eine harmonische Zahlenreihe, einen Licht-Accord. Wir können sagen: den Haupt-Sonnen-Accord. Die Endknoten dieser Reihe (A H) fallen zusammen mit den Grenzen der Lichtwahrnehmung unseres Auges. Zwischen diesen Endknoten hat sich die Entwicklung des Auges zur Farben-Wahrnehmung vollzogen.[2])

Dies und die Auffassung des Wasserstoff-Spectrums, ebenfalls als Licht-Accord, wirft ein eigenartiges Licht auf das Wesen der Frauenhofer'schen Linien und der Spectrallinien überhaupt. Die schwarzen Linien des Sonnen-Spectrums erscheinen danach als ein Aggregat von Accorden zwischen verschiedenen Endknoten und in verschiedenen Stadien der Differenzirung. Aber

---

[1]) Landauer, Spectralanalyse 1896. S. 124.

[2]) Dass gerade der Haupt-Sonnen-Accord der Accord unseres Auges ist, darf uns nicht wundern, denn die Sonne hat mit ihrem Licht unser Auge gemacht.

alle wahrscheinlich nach dem gleichen Gesetz der Complication entwickelt, das uns die Krystallographie lieferte, das wir bei den harmonischen Tönen wiederfanden und dem wir hier beim Licht wieder begegnen.

Hierbei erscheinen die Hauptlinien des Sonnenspectrums als harmonische Gliederung (Knotenbildung) eines Ganzen. Sie decken sich aber zugleich mit scheinbar unabhängigen Linien der einzelnen Elemente. Wie das zu erklären sei, soll Gegenstand einer besonderen Untersuchung sein.

Bestätigt sich die Auffassung der Spectral-Linien als Licht-Accorde, so werden deren Endknoten und Dominanten für die verschiedenen Elemente und Verbindungen aufzusuchen sein. Dabei dürfte das periodische System der Elemente eine Handhabe und ein Objekt der Erkenntniss bilden.

Diese Hypothese bedarf genauerer Prüfung, um gesichert zu sein. Hier interessirt sie uns vom Standpunkt der Erkenntniss der Einheit der Natur.

Analogon. Das Aggregat der Linien-Accorde des Sonnenspectrums entspricht nach Art des Zustandekommens unserer chromatischen Tonleiter, die, wie wir zeigten (S. 13), entsteht durch Aufeinanderlegen verschiedener harmonischer Reihen (Accorde). Die Tonleiter wird vereinfacht durch temperirenden Ausgleich, durch Zusammenfliessen naher Töne in einen. Bei den schwarzen Linien des Sonnenspectrums finden wir ein solches Zusammen-fliessen objectiv nicht, subjectiv besteht es durch die mangelhafte Fähigkeit der Instrumente und des Auges, Gruppen benachbarter Linien aufzulösen.

Möglicherweise ist unsere Licht-Octave ein Glied einer Reihe von Octaven, die sich periodisch aneinander reihen, wie die Octaven der Musik. Dafür spricht der Umstand, dass der Eindruck des letzten violetten Lichts dem des letzten rothen ähnlich ist. (Violett zwischen Blau und Roth). Beide laufen in den Begriff Purpur zusammen.[1]) Die Extreme berühren sich. Das ist eine für Perioden charakteristische Erscheinung.

Farben und Spectrallinien. Von den Frauenhofer'schen Hauptlinien liegen **ABC** im Roth, **D** im Gelb, **E** im Grün, **F** im Blau, (**G** im Indigo), **H** im Violett. Wir haben:

$p =$	o	$\tfrac{1}{3}$	$\tfrac{1}{2}$	1	2	3	8	∞
Linien:	A	B	C	D	E	F	G	H
		Roth		Gelb	Grün	Blau	(Indigo)	Violett.
	(Purpur)	(Scharlach)	(Roth)					

Von den Zahlen treten, wie wir sahen, $\tfrac{1}{2}$, 8, entsprechend den Linien **B** **G**, in der einfachen Moll-Harmonie nicht auf (vgl. S. 77). 8 passt nicht in die Reihe, $\tfrac{1}{2}$ passt zwar, ist aber nur selten im musikalischen Accord enthalten. In der musikalischen Untersuchung wurde $\overline{3}$ für obiges $\tfrac{1}{2}$ geschrieben. Wir haben da die Moll-Accorde: $o\,\tfrac{1}{3}\,\overline{1}$, $o\,\tfrac{1}{2}\,\overline{2}$ und $o\,\tfrac{1}{3}\,\overline{2}$, selten $o\,\tfrac{1}{2}\,\overline{1}\,\overline{3}$ (vgl. S. 21).

Bei den Spectrallinien sehen wir, dass **G** einer Farbe (Indigo) angehört, deren Begriff nicht allgemein verbreitet ist. **B** ist von **C** in manchen Sprachen

---

[1]) Vgl. Helmholtz Handb. d. physiol. Opt. 1896. S. 325 u. 326. Fig. 133 u. 134.

begrifflich geschieden, in anderen nicht. Wir haben im Lateinischen r uber und rufus, im Englischen pink und red, im Deutschen Rosa und Roth. Im Deutschen ist roth zugleich der allgemeinere Begriff, zu dem auch Rosa gehört. Im Englischen sind pink und red ausschliessend, wenn auch nicht scharf begrenzt.

Die Farbe mit $p = \frac{1}{4}$ (**B**) steht also an der Grenze der Begriffs-Entwicklung, ebenso wie der entsprechende Ton ($p = \bar{3}$) an der Grenze der harmonischen Entwicklung steht. Für Auge und Ohr geht also die Complication gleich weit.

Scheiden wir nun **B** $= \frac{1}{4}$ und **G** $= 8$ aus, **G** als wahrscheinlich nicht zum Accord gehörig, **B** als für Auge und Begriff noch nicht sicher von **A** und **C** geschieden, so erhalten wir folgendes Bild:

Frauenhofer Linien:	A	C	D	E	F	H
Harmonische Zahlen: p =	o	$\frac{1}{4}$	1	2	3	∞
Farben:	Purpur	Roth	Gelb	Grün	Blau	Violett
Töne in A-Moll:	A	C	D	E	F	A

Wie wir sehen, sind die harmonischen Zahlen unserer begrifflich wohl definirten Farben zugleich genau die der Töne der Moll-Harmonie. Durch ein merkwürdiges Zusammentreffen stimmen die Buchstaben der Frauenhofer-Linien mit denen der Töne in A-Moll überein.

Rangordnung der Farben. Auffallend unscharf sind die Begriffe bei den Endknoten Purpur und Violett. Das mag daher kommen, dass hier zugleich die unscharfe Grenze der Wahrnehmung liegt. Darüber hinaus ist Dunkel. Man möchte sagen: Purpur ist ein Verlaufen von Roth, Violett ein Verlaufen von Blau ins Dunkle.

Die stärkst leuchtende Farbe ist Gelb, die Dominante des Farben-Accords, mit der harmonischen Zahl $p = 1$. Goldgelb, die goldene Sonne, die kaiserliche Farbe Chinas. Sie hat unter den Farben den höchsten Rang. Dann folgen Roth mit $p = \frac{1}{4}$ und Grün mit $p = 2$. Hinter beiden zurückstehend Blau mit $p = 3$ und Scharlach mit $p = \frac{1}{4}$. Letzteres nicht sicher von Roth ($p = \frac{1}{4}$) geschieden.

Diese Rangordnung entspricht, den Zahlen nach, derjenigen, die wir bei der Entwicklung der Krystallformen und der harmonischen Töne kennen gelernt haben. Nur die schwache Rolle der Endknoten ist den Farben eigenthümlich. Wir wollen für sie unten eine Erklärung versuchen (vgl. S. 100).

Harmonische Farben. Farben-Accorde.

Als **harmonische Töne** erkannten wir solche, die sich zwischen den beiden Endknoten (Grundton und Octav) nach dem Gesetz der harmonischen Zahlen (Complication) ableiten. Wir fanden die Complication der Töne bis zur Reihe:

$$\text{steigend:} \quad p = o \quad \tfrac{1}{3} \quad \tfrac{1}{2} \quad 1 \quad 2 \quad (3) \quad \infty$$

z. B.: C E F G A (B) C (C-Dur)

$$\text{oder fallend:} \quad \overline{p} = \overline{\infty} \cdot \overline{(3)} \quad \overline{2} \quad \overline{1} \quad \overline{\tfrac{1}{2}} \quad \overline{\tfrac{1}{3}} \quad o$$

z. B.: A (H) C D E F A (A-Moll).

Danach hatten wir innerhalb der Octav (zwischen Grundton und Octavton) 4 bis 5 harmonische Töne. Durch Verlegung des Grundtons erhielten wir andere Töne, harmonisch in Bezug auf den neuen Grundton und dessen Octav. So bildete sich unser Tonsystem.

Uebertragen wir das Princip, so sind **harmonische Farben** solche, die sich zwischen den beiden Endknoten (Grundfarbe und Octav) nach dem Gesetz der harmonischen Zahlen (Complication) ableiten. Wir fanden die Complication hier fortgeschritten bis zur Reihe:

$$p = o \quad \tfrac{1}{3} \quad \tfrac{1}{2} \quad 1 \quad 2 \quad 3 \quad \infty$$
$$\text{oder} \quad \overline{p} = \infty \quad \overline{(3)} \quad \overline{2} \quad \overline{1} \quad \overline{\tfrac{1}{2}} \quad \overline{\tfrac{1}{3}} \quad o$$

Spectralfarben: Purpur (Scharlach) Roth Gelb Grün Blau Violett

Charakt. durch die
Frauenhofer Linien: A B C D E F H

Es ist die gleiche Zahlenreihe wie bei den Tönen; aber Anfangs- und Endknoten wechseln nicht. Es giebt daher nur **einen Satz harmonischer Farben.** Das sind die **reinen Spectralfarben** mit den Wellenlängen der Frauenhofer Linien A B C D E F H.

Farben-Accorde. Farben-Dreiklänge (Tricoloren). Gewisse Zusammenstellungen der reinen Farben werden mit Vorliebe gewählt. So besonders: Blau-Weiss-Goldgelb; Grün-Weiss-Roth; Blau-Weiss-Roth. Es zeigt sich nun, dass gerade diese Combinationen den einfachsten und wichtigsten Accorden der Musik entsprechen.

Wir sahen (S. 77 u. 82), dass die Frauenhofer-Linien und die zugehörigen Farben genau einer Moll-Harmonie entsprachen. Wir fanden:

Frauenhofer Linien:	A	B	C	D	E	F	H
Entsprechende A-Moll-Töne:	A		C	D	E	F	A
Harmonische Zahlen:	$p = o$	$\tfrac{1}{3}$	$\tfrac{1}{2}$	1	2	3	∞
In der fallenden Moll-Schreibweise:	$\overline{p} = \infty$	$\overline{3}$	$\overline{2}$	$\overline{1}$	$\overline{\tfrac{1}{2}}$	$\overline{\tfrac{1}{3}}$	o
Entsprechende Farben:		(Scharlach)	Roth	Goldgelb	Grün	Blau	

Wir haben also für obige bevorzugte Combinationen folgende Zahlen:

$$\text{Blau — Goldgelb:} \quad \overline{p} = \quad \overline{\tfrac{1}{3}} \cdot \overline{1} \quad = \mathrm{F\,D}$$
$$\text{Grün — Roth:} \quad \overline{p} = \quad \overline{\tfrac{1}{3}} \quad \overline{2} \quad = \mathrm{E\,C}$$

Nehmen wir dazu die Endknoten o ∞ als gemeinsame Vertreter der weissen Farbe oder eines dunklen Hintergrundes, so haben wir:

$$\text{Blau — Weiss — Goldgelb:} \quad \overline{p} = \mathrm{o}\ \overline{\tfrac{1}{3}} \cdot \overline{1} \cdot \overline{\infty} = \mathrm{A\,F\,D\,A}\ \text{in A-Moll}$$
$$\text{Grün — Weiss — Roth:} \quad \overline{p} = \mathrm{o}\quad \overline{\tfrac{1}{3}}\quad \overline{2}\ \overline{\infty} = \mathrm{A\,E\,C\,A}\ \text{„}\qquad\text{„}$$

Der nächst wichtige Accord in der Musik ist $\mathrm{o}\,\overline{\tfrac{1}{3}}\,\overline{2}\,\overline{\infty}$, der Dur-Accord innerhalb eines Moll-Stückes. Er entspricht den Farben:

$$\text{Blau — Weiss — Roth:} \quad \overline{p} = \mathrm{o}\ \overline{\tfrac{1}{3}} \qquad \overline{2}\ \overline{\infty} = \mathrm{AFCA}\ \text{in A-Moll.}$$

Letztere Zusammenstellung von Farben ist vielleicht die beliebteste von allen. Wir bemerken das an den Nationalfarben (Frankreich, England, Amerika, Russland und die Niederlande haben die Flagge blau-weiss-roth) und an den National-Costümen.

$\mathrm{o}\,\overline{\tfrac{1}{3}}\,\overline{1}\,\overline{\infty}$; $\mathrm{o}\,\overline{\tfrac{1}{3}}\,\overline{2}\,\overline{\infty}$; $\mathrm{o}\,\overline{\tfrac{1}{3}}\,\overline{2}\,\infty$ sind die wichtigsten und in einfachen Musikstücken fast ausschliesslich verwendeten Accorde innerhalb der absteigenden Octav (Moll), wie wir dies bei Analyse von Musikstücken kennen lernten.

Wir fanden dort, dass diese 3 Hauptaccorde in der Musik sich in 4 facher Art deuten lassen (vgl. S. 22 und Schlüssel S. 39) durch Verlegung der Töne um eine Octav.

$$\mathrm{A\,F\,D} = \mathrm{o}\,\overline{\tfrac{1}{3}}\,\overline{1}\,(a);\ \mathrm{D\,A\,F} = \mathrm{o}\,\overline{\tfrac{1}{3}}\,\overline{2}\,(d);\ \mathrm{F\,A\,D} = \mathrm{o}\,\tfrac{1}{3}\,2\,(f);\ \mathrm{D\,F\,A} = \mathrm{o}\,\tfrac{1}{3}\,1\,(d)$$
$$\mathrm{E\,C\,A} = \mathrm{o}\,\overline{\tfrac{1}{3}}\,\overline{1}\,(e);\ \mathrm{A\,E\,C} = \mathrm{o}\,\overline{\tfrac{1}{3}}\,\overline{2}\,(a);\ \mathrm{C\,E\,A} = \mathrm{o}\,\tfrac{1}{3}\,2\,(c);\ \mathrm{A\,C\,E} = \mathrm{o}\,\tfrac{1}{3}\,1\,(a)$$
$$\mathrm{F\,A\,C} = \mathrm{o}\,\tfrac{1}{3}\,1\,(f);\ \mathrm{C\,F\,A} = \mathrm{o}\,\tfrac{1}{3}\,2\,(c);\ \mathrm{A\,F\,C} = \mathrm{o}\,\overline{\tfrac{1}{3}}\,\overline{2}\,(a);\ \mathrm{C\,A\,F} = \mathrm{o}\,\overline{\tfrac{1}{3}}\,\overline{1}\,(c)$$

Bei den Farben, bei denen wir nur eine Octav besitzen, ist eine solche Verlegung und Umdeutung nicht möglich.

Wegen der Analogie mit den Accorden der Musik wollen wir die genannten Gruppen als Farben-Accorde bezeichnen. Blau — Weiss — Goldgelb, Grün — Weiss — Roth und Blau — Weiss — Roth, als Farben-Dreiklänge oder Tricoloren.

Zur Physiologie von Licht und Farbe.

Young-Helmholtz' Theorie. Zur Erklärung der Farben-Empfindungen dient die Young-Helmholtz'sche Theorie. Th. Young nimmt an:

„Es gibt im Auge 3 Arten von Nervenfasern. Reizung der ersten erregt die Empfindung von Roth, Reizung der zweiten die von Grün, Reizung der dritten die Empfindung von Violett" (Helmholtz, Physiol. Opt. 1867. 291). Maxwell nimmt statt der Organe für Violett solche für Blau an. Helmholtz schliesst sich Young an, sagt aber (S. 292):

„Man würde dieselben Vortheile, welche die Hypothese von Young für die Erklärungen bietet, erhalten, wenn man die Annahme machte, dass innerhalb jeder einzelnen Faser dreierlei von einander verschiedene und von einander unabhängige Thätigkeiten auftreten könnten . . . . . . Da aber die ursprüngliche von Young aufgestellte Form dieser Hypothese eine grössere Bestimmtheit der Vorstellung gibt, so wollen wir sie, wenn auch nur im Interesse der Darstellung, in ihrer ursprünglichen handgreiflicheren Gestalt beibehalten."

Als Aufnahme-Organe für Licht und Farbe betrachtet die Physiologie gewisse Gebilde (Zapfen und Stäbchen) der Netzhaut, in denen die Nerven endigen. Von diesen sind wahrscheinlich die Zapfen befähigt zur Aufnahme von Licht und zur Unterscheidung der Farben, die Stäbchen nur zur Aufnahme von Licht, d. h. zur Unterscheidung von Hell und Dunkel.[1] Im Sinne der Young-Helmholtz'schen Theorie hätte man 3 Arten von Zapfen zu unterscheiden (für Roth, Grün, Violett), über die Netzhaut vertheilt, wie die Steinchen einer Mosaik, oder man hätte anzunehmen, dass in jedem dieser Zapfen 3 Arten von Nervenfasern endigen (für Roth, Grün, Violett). Welche von beiden Annahmen von den Physiologen derzeit als die richtige angesehen wird, darüber konnte ich aus der Literatur Klarheit nicht gewinnen. Beide Meinungen finden sich vertreten.[2]

---

[1] „Wahrscheinlich sind es bei den höheren Thieren die Zapfen der Netzhaut, welche zugleich Farben empfinden. Dafür spricht die Thatsache, dass die im Dunkeln lebenden Thiere, wie Igel, Maulwurf, Fledermaus, keine oder nur sehr wenige Zapfen besitzen. In der Dunkelheit aber hört die Farbenempfindung auf und nur die Lichtempfindung bleibt; bei Nacht sind alle Katzen grau, sagt schon ein altes Sprichwort." (C. Vogt, Physiol. Briefe. Giessen 1874. 409.) Vgl. auch Fussnote 1 Seite 93.

[2] L. Hermann, Lehrb. d. Physiologie 1889, schreibt: „Da die Zapfen an ihren Innengliedern eine feine fibrilläre Strichelung zeigen und auch die von ihnen ausgehenden Radialfasern viel dicker als die der Stäbchen und von fibrillärem Bau sind, auch sich in der Zwischenkörnerschicht in ein Multiplum von Fibrillen auflösen, so wäre es möglich, dass jeder Zapfen ein solches Multiplum von Nervenendigungen darstellt, wie es die Young'sche Theorie verlangt. Ueber die Ursache aber, weshalb bestimmte Farben vorzugsweise bestimmte Elemente erregen, und über die Art der Zerlegung des gemischten Lichtes in den Zapfen (welche übrigens schon durch die ellektive Erregbarkeit der Elemente gegeben sein würde) ist nicht das Mindeste bekannt," (S. 555.)

„Neuere Messungen (Brücke) deuten übrigens darauf, dass auch beim Menschen die Farben nicht im Bereich eines einzelnen Zapfens, sondern erst im Bereich eines Zapfencomplexes unterschieden werden, so dass also vielleicht jeder Zapfen nur eine Grundfarbe percipirt." (S. 556.)

Die der Young-Helmholtz'schen entgegenstehende **Hering'sche Theorie** legt mehr Gewicht auf die chemischen Vorgänge bei der Aufnahme von Licht und Farbe, als auf die Localisation der entsprechenden mechanisch-physikalisch Vorgänge, um die es sich für uns hier handelt.

Die Annahme einer mosaikartigen Vertheilung der 3 Arten von Farb-organen (Zapfen) in der Retina befriedigt uns nicht. Es wäre nöthig, eine bestimmte Gruppirung anzunehmen. Jedes Grün-Organ müsste in seiner unmittelbaren Nähe die nöthigen Roth- und Violett-(Blau-)Organe haben, damit ein auf diese Stelle der Retina geworfenes Bildchen seine Farbe (auch eine Mischfarbe) zeigen kann, die sich nicht ändert, wenn ich das Auge bewege, d. h. das Bildchen auf eine benachbarte Stelle, der Retina verschiebe. Es dürften sich nicht, wie in Mosaikbildern, grössere gleichfarbige Gruppen beisammen finden.

Die Gruppirung der Farb-Organe kann keine zufällige sein; sie ist ja das Product natürlicher Entwicklung. Die räumliche Vertheilung folgt, wie wir wohl annehmen dürfen, dem Gang der Entwicklung. Wir hätten lauter kleine Gruppen anzunehmen, deren jede alle Farben aufnimmt. Solche Gruppirung verschiedener Zapfen[1]) in der Netzhaut ist nicht beobachtet. Es ist aber kein Grund gegen die Annahme, dass jeder Zapfen eine solche Gruppe vorstelle, der Träger dieser complicirten Fähigkeit sei.

Retinabild und Zapfengrösse. Gegen die Annahme, dass die Farben erst im Bereich eines Zapfen-Complexes unterschieden werden, sprechen folgende Betrachtungen und Zahlen:

Die Wahrnehmbarkeit resp. Unterscheidbarkeit der Farben hängt vom Sehwinkel ab, d. h. von der Grösse des Netzhautbildes. Nach Fechner[2]) erscheint auf schwarzem Grund ein gelbes Quadrat noch farbig unter einem Sehwinkel von 39″, ein hellblaues aber erst unter 68″. Bei normaler Sehweite von 30 cm entspricht 39″ Sehwinkel einer Seite des gelben Quadrates = 0.06 mm, 68″ einer Seite = 0.10 mm. Das Netzhautbild hat etwa $\frac{1}{20}$ vom Durchmesser des Objects in 30 cm Entfernung. Somit ist die Seite eines farbig erkennbaren Retinabildes für Gelb = 0.003 mm, für Blau = 0.005 mm. Das ist aber gerade der Durchmesser eines einzelnen Zapfens, und zwar für Gelb dessen Minimum, d. h. ein Retinabild von der Grösse eines Zapfen-Querschnitts erscheint uns noch farbig. Eine Uebersicht giebt folgende Tabelle:

Farbe	Seh-winkel Secun-den	Seite d. farb. Quadr. in 30 cm Seh-weite mm	Seite d. farb. erkennbaren Retinabildes mm	Hinter-grund	Be-obachter	Durchmesser eines Zapfens[3]) im gelben Fleck = 0.003 mm in anderen Theilen der Retina
gelb	39	0.06	0.003	schwarz	Fechner[2])	= 0.0045 — 0.0067
blau	68	0.10	0.005	"		
grün, gelb	43	0.06	0.003	"	Aubert[4])	Mittlerer Abstand[5]) zweier Zapfenmitten im gelben Fleck = 0.009 mm
roth	57	0.08	0.004	"	"	
roth	35	0.05	0.003	weiss	"	
grün, gelb	57	0.08	0.004	"	"	
blau	69	0.10	0.005	"	"	

[1]) Vgl. Fussnote 1 S. 93.

[2]) Eisenlohr-Zech, Lehrb. d. Physik. 1876. 302. — [3]) Helmholtz, Physiol. Optik. 1896. S. 33. — [4]) Helmholtz l. c. S. 374. (Umgerechnet.) — [5]) Berechnet aus Beobachtungen von Helmholtz, Hirschmann, Salzer, Cl. Du Bois-Reymond (Helmholtz, l. c. S. 260).

Noch wesentlich kleinere, ja unendlich kleine Retinabilder können farbig empfunden werden, wenn die Lichtstärke genügt; so erscheinen uns gewisse Fixsterne farbig.

Gelb hat bei der Annahme mosaikartig vertheilter roth-, grün- und violett- (blau-) aufnehmender Zapfen keine selbständige Zapfen. Ein als gelb erkennbares Retinabild müsste daher eine Gruppe von mehreren Zapfen zugleich treffen, was obigen Zahlen widerspricht. Je nachdem das Retinabildchen einer physiologischen Mischfarbe (wie Gelb im Sinne der Young-Helmholtz'schen Auffassung) von 0.003 mm Grösse bei wiederholtem Versuch, einmal einen roth empfindlichen Zapfen allein trifft, dann einen violett- (blau-) oder grün- empfindlichen allein, müsste die Farbe wechseln, eine andere oder keine wahrgenommen werden, was der Beobachtung widerspricht.

Eine Lösung des Widerspruchs könnte in der Unruhe des Auges gefunden werden, die das Retinabildchen beständig über eine Gruppe benachbarter Zapfen hingleiten liesse. Um dies Schwanken auszuschliessen, das Retinabild zu fixiren, haben Aubert und Förster bei ihren Messungen das im verdunkelten Zimmer durch ein schwarzes Rohr beobachtete Quadrat, dessen Farbe beurtheilt werden sollte, nur für einen Moment mit einem elektrischen Funken beleuchtet.[1])

Rangordnung. Die Angaben von Fechner und Aubert geben den Farben resp. der Empfänglichkeit des Auges für dieselben eine Rangordnung. Es ist wieder dieselbe, die das Gesetz der Complication vorzeichnet. Ein kleineres Retinabild genügt zur Erkennung von Gelb und Roth als von Blau. Das Zurücktreten von Gelb hinter Roth bei weissem Hintergrund (Aubert) erklärt sich aus dem geringeren Gegensatz von Gelb-Weiss als von Roth-Weiss. Es kommt nämlich bei diesen Versuchen nicht nur auf die Auffassung der Farben, sondern auch der Verschiedenheit vom Hintergrund an.

Das Genügen eines kleineren Retinabildes für Gelb als für Blau spricht dagegen, dass Zapfen für Blau vorhanden sind, für Gelb fehlen. Angaben für Violett habe ich nicht gefunden.

Anmerkung. Tritt zum Schwarz-Weiss unserer **Schrift** noch eine Farbe, so ist es Roth, nicht Gelb, das sich von Weiss zu wenig abhebt. Die dritte Farbe soll sich zugleich von Schwarz und Weiss möglichst unterscheiden. Dagegen ist die Linirung und Rastrirung unserer Hefte durchweg in Blau, der schwächsten Farbe. Sie soll sichtbar sein, aber hinter Schwarz und Roth zurücktreten.

Facettenaugen der Insekten. Als Aequivalent der Zapfen im Wirbelthier-Auge sind wohl bei den Insekten die Sehstäbchen anzusehen, deren Endflächen die Mosaik des Facettenauges bilden. Man nimmt an, dass jede Facette, resp. das zugehörige Sehstäbchen von einem Punkte des Objekts die Farbe (auch Mischfarbe) aufnimmt, also jedes Stäbchen zur Aufnahme jeder Farbe befähigt ist. Es sind aber Anzeichen vorhanden, dass die Insekten die Farben ähnlich und mit der gleichen Rangordnung wahrnehmen, wie wir (vgl. Seite 106 fig.). Die Analogie deutet darauf hin, dass auch jeder Zapfen unseres Auges jede Farbe aufnehmen könne.

---

[1]) Sie schreiben hierüber (Arch. f. Ophthalm. 1855. 3(2) Seite 2): „Wenn Messungen auf der Netzhaut angestellt werden sollen, so wird es zunächst nothwendig sein, dieselbe zu fixiren. Der elektrische Funke ist von so kurzer Dauer, dass es unmöglich ist, während desselben eine Augenbewegung auszuführen. Was daher während dieser Zeit gesehen wird, wird von der ruhenden, unbewegten Retina gesehen."

Wir wollen folgende **Hypothese** einführen:

Erklärung durch Complication und harmonische Knotenbildung.

Jeder Zapfen[1]) der Netzhaut ist Aufnahme-Organ für das Licht und die Farben zugleich. Die Aufnahmsfähigkeit ist in ihm entwickelt durch Knotenbildung nach dem Gesetz der Complication. Die Complication der einzelnen Zapfen kann verschieden weit gehen: bis N_0, N_1, N_2, N_3 vielleicht bei einzelnen bis N_4. Je nach der Anregung von aussen reagirt das Aufnahme-Organ weiss, als Ganzes, oder farbig, nach den durch die Complication vorgezeichneten Knoten. Die höchst differenzirten Aufnahme-Organe häufen sich in der Mitte des Gesichtsfelds (im gelben Fleck) und nehmen nach der Peripherie ab.

Wir wollen diese Hypothese ein wenig ausführlicher darlegen.[*])

Entwicklung des physiologischen Licht-Organs (Zapfens) durch Knotenbildung. Das Licht-Organ (Zapfen) werde durch das Licht als Ganzes in Schwingungen versetzt. Der Lichtreiz, durch den Sehnerv zum Gehirn geführt, macht den Eindruck von Hell, Weiss. Zugleich ist das Licht-Organ, wie eine schwingende Membran, einer harmonischen Theilung fähig und einer Knotenbildung. Die Knotenbildung erfolgt, wie die analoge bei den Tönen, nach dem Gesetz der Complication und der harmonischen Zahlen: $p = 0 \frac{1}{2} 1 2 3 \infty$. Die Endknoten liegen fest. Das Sonnenlicht hat sie ausgeprägt und eine beständig wiederholte Einwirkung befestigt sie. Durch die Endknoten sind die abgeleiteten Knoten vorgezeichnet. Bestimmte Knotenbildung bewirkt, dass das Organ in entsprechenden Theilen schwingt, auf entsprechend schwingende herankommende Lichtwellen reagirt. Die Wirkung ist eine qualitativ charakteristische (Farbe). Bildet sich z. B. ein Knoten bei der Dominante $p = 1$, so reagirt der so differenzirte Zapfen auf die entsprechende Farbe $D = $ Gelb; bildet sich ein Knoten bei $p = 2$, so reagirt der Zapfen auf $E = $ Grün.

---

[1]) Wir sprechen hier und im Folgenden von Zapfen (statt Zapfen und Stäbchen) als Aufnahms Organe; der Kürze wegen und weil im gelben Fleck, dem Gebiet höchst entwickelter Gesichts-Wahrnehmung nur Zapfen vorhanden sind, die Stäbchen fehlen (Helmholtz, Physiol. Opt. 1896. 33). Wo nöthig sind die Worte „und Stäbchen" zuzufügen. Sollten die Zapfen auf Grund physiologischer Untersuchung als Aufnahme-Organe für Farbe und Licht durch andere Gebilde ersetzt werden, so überträgt sich auf diese unsere Deutung.

[*]) Die Hypothese enthält nichts über die Art der Uebernahme und Fortleitung des Licht- und Farbenreizes durch die Nervenfasern. Der Apparat ist einem Telephon vergleichbar, wobei der Zapfen die Rolle der Aufnahmeplatte spielt, das Bündel der zugehörigen Nervenfasern die Rolle des Leitungsdrahtes. Wie weit die Analogie zutrifft, ist Gegenstand besonderer Betrachtung. (Ueber Analogie vgl. S. 134).

Es ist auch nichts ausgesagt (präjudicirt) über die begleitenden chemischen Processe, die die Kraft zur Ausführung der bei dem Vorgang geleisteten Arbeit liefern und das ermüdete Organ regeneriren (vgl. die Anmerkung S. 69).

Durch die Festlegung der Endknoten ist die Erzeugung der abgeleiteten Knoten als Fähigkeit vorgebildet: Kommt ein gelber Licht-
strahl heran, d. h. ein solcher, den der Zapfen aufnehmen kann, wenn er die
Knotenbildung $p = 1$ vollzogen hat, so vollzieht er diese Knotenbildung
unter dem anregenden Einfluss des gelben Lichts und wird dadurch empfänglich für die Aufnahme gerade dieses Lichts. Der physiologische Eindruck ist Gelb. Kommt grünes Licht anregend heran, so vollzieht sich die
Knotenbildung $p = 2$ entsprechend; der physiologische Eindruck ist Grün.

Analogien. Der gleiche Vorgang findet sich bei den Tönen. Auch dort vollzieht sich die Knotenbildung des harmonischen Organs unter dem anregenden Einfluss
herankommender entsprechender Töne.[1]) Auch bei den Krystallen finden wir den
analogen Vorgang.[2])

Bilder. Alle Zapfen, die von der gleichen Anregung, dem gleichen
Licht getroffen werden, reagiren ebenso, benachbarte, die von anderem
Licht getroffen werden, vollziehen die letzterem entsprechende Knotenbildung und nehmen das andere Licht auf. So können wir auf verschiedenen Theilen der Retina zugleich und auf demselben nacheinander
verschiedene Farben wahrnehmen. Auf diese Weise erhalten wir im Auge
Bilder der angeschauten farbigen Gegenstände.

Mischfarben. Jeder Zapfen kann verschiedene Knoten zugleich
bilden und so auf verschiedene Farben zugleich ansprechen. Den
Eindruck nennen wir Mischfarbe. Das Analogon in der Musik ist ein
Accord, bei den Krystallpartikeln eine Combination. Der physiologische
Eindruck ist abhängig nicht nur von der Knotenbildung, sondern zugleich
von der absoluten und relativen Intensität (Helligkeit) der ankommenden
Lichtarten.

Anmerkung. Der Eindruck einer Mischfarbe wird auch dadurch hervorgebracht,
dass benachbarte Farb-Organe (Zapfen) durch verschiedene Farben angeregt werden
und der Eindruck verschmilzt. Beispiel: Ein Stoff macht den Eindruck von Grau. Bei
näherem Zusehen (Fixiren des Auges oder Vergrösserung durch eine Linse) bemerkt man,
dass er schwarze, weisse, blaue, rothe Fäden enthält.

Grundfarben. Farbenknoten. Das Spectrum ist, wie wir sahen, ein
Abbild des Farb-Organs unseres Auges. Es zeigt breite Streifen von Purpur,
Roth, Gelb, Grün, Blau, Violett, an den Grenzen durch Uebergangsfarben in-
einander verlaufend.

Analogon. Das Bild gleicht den scharfen Krystallflächen einer freien Zone, die an
den Grenzen durch Rundung in einander übergehen. Die Analogie beider Erscheinungen
ist nicht zufällig.

Wir nehmen an, dass jeder qualitativ verschiedene Streifen des Spectrums
einem Knoten (Farb-Element) des Licht-Organs entspricht, d. h. dass jedes

---

[1]) Vgl. S. 61.
[2]) Vgl. Zeitschr. f. Kryst. 1897. **28.** 7 und 416.

Farb-Element (Knoten) durch Licht aus dem entsprechenden Streifen physiologisch wahrnehmbar angeregt wird. Die Anregung qualitativ gleich, so dass die Wirkung aller Theile des Streifens auf das Farb-Element den Eindruck der gleichen Farbe macht (z. B. Gelb), aber quantitativ verschieden und zwar an Stärke des Eindrucks von einem mittleren Punkt nach den Seiten abnehmend. Fig. 5 möge dies illustriren. Die Abbildung dieser Wirkung in allen Knoten führt zu den Figuren S. 100 flgde. Den Eindruck der angeregten Farb-Elemente nennen wir Grundfarben. Ihre Zahl deckt sich mit der Zahl der selbständigen Farb-Element-Arten.

Den mittleren Punkt stärkster Wirkung nennen wir den Knotenpunkt.

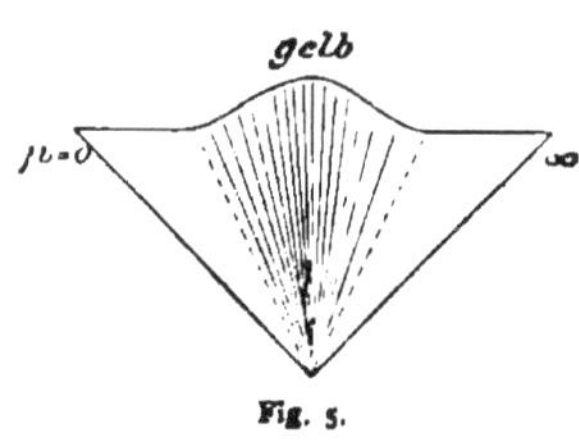

Der Knotenpunkt jeder Farbe lässt sich physiologisch nicht scharf feststellen. Unsere Hypothese sagt, dass die Knoten eine harmonische Reihe bilden, und dass ihr Ort sich deckt mit dem Ort der wichtigsten Frauenhofer'schen Linien. Den Grund dieses Deckens fanden wir in der Entwicklung der Farb-Elemente und der Frauenhofer'schen Linien nach dem gleichen Gesetz der Complication.

Concentration der Wirkung auf die Farbknoten durch Componenten-Bildung. Das Farborgan hat vermöge seiner Complication bevorzugte Aufnahmsfähigkeit für die Lichtschwingungen entsprechend den Linien A C D E F H. Kommt Licht heran mit Wellenlänge, die genau E entspricht ($\lambda = 5274$ Zehnmilliontel Millimeter), so reagirt darauf der Knoten E des Farb-Organs und die Sinnes-Wirkung ist Grün. Kommt ähnliches Licht z. B. $\lambda = 5300$, so liefert dies eine starke Componente nach Grün, eine schwache nach Gelb. Das Licht im Spectrum erscheint noch wesentlich Grün. Licht mit $\lambda = 5400$ liefert eine stärkere Componente an den Knoten D; das Grün erhält eine stärkere Beimischung von Gelb.

Die physiologische Wirkung muss nicht proportional der physikalischen sein. Es ist dabei wohl eine Majorisirung denkbar, so dass eine schwache Componente nicht empfunden wird. Das würde erklären, warum jede Farbe in grösserer Ausdehnung ihren Charakter nicht wesentlich ändert; warum im Spectrum breite rothe, grüne, gelbe ... Streifen bestehen, die Mischfarben untergeordnet sind.

Analogon. In der Kraftsphäre der **Krystallpartikel** sind gewisse Richtungen durch den Bau der Partikel als Primärknoten bevorzugt, ausserdem sind abgeleitete bevorzugte Richtungen aus den primären entstanden nach dem Gesetz der Complication. Senkrecht zu diesen Richtungen bilden sich die Flächen. Das Kraftsphäroid der Partikel concentrirt sich in die Vorzugs-Richtungen, indem jede Kraft einer Zwischenrichtung in Componenten nach den Vorzugs-Richtungen zerfällt. (Vgl. Zeitschr. f. Kryst. 1897. **28.** S. 414.)

Jeder der durch Knotenbildung **selbständig gewordenen Organtheile** (Elemente des Farb-Organs) beherrscht ein bestimmtes Gebiet in seiner

Umgebung. Er kann Schwingungen nicht nur von einer Wellenlänge aufnehmen, sondern auch (durch Componentenbildung) benachbarte in nicht scharf begrenztem Umkreis. Wäre das nicht, so erschiene uns das Sonnenspectrum aus mehreren scharfen Linien bestehend. Nach den Nachbargebieten nimmt die Empfindlichkeit ab, aber es überdecken sich theilweise die Wirkungs-Gebiete. Auch in den Endknoten ist die Grenze der Wahrnehmung nicht scharf. Das Spectrum bricht nicht scharf ab, sondern verläuft an beiden Enden, lichtschwacher werdend, ins Dunkle.

Reine Farben und Uebergangs-Farben. Nach dieser Auffassung ist jedes Theilorgan (Element) nur für eine Farbe empfänglich. Nur für Gelb, Roth, Grün, Blau, Purpur, Violett. Eine Farbe, die nur eine Art Element wahrnehmbar anregt, nennen wir reine Farbe im physiologischen Sinn. Physikalisch ist eine reine Farbe eine solche, die nur Licht gleicher Wellenlänge enthält (homogenes Licht). Beide Begriffe decken sich nicht. Homogenes Licht kann durch Componenten-Bildung mehrere Elemente zugleich wahrnehmbar anregen, andererseits hat jedes Element ein Spectralgebiet von gewisser Breite, in dem die Nachbarelemente noch nicht wahrnehmbar angeregt werden, die Farbe physiologisch rein ist. Der mittlere Ort (Knoten) der reinen Farben ist durch das Gesetz der Complication vorgezeichnet. Er sitzt an der Stelle der Frauenhofer'schen Linien A C D E F H. Die nicht reinen Farben des Spectrums erscheinen als Gemische, indem auf Licht der betreffenden Wellenlänge zwei benachbarte Arten von Elementen zugleich mit verschiedener Intensität reagiren. Solche wollen wir Uebergangs-Farben nennen. Spectralfarben sind danach reine Farben oder Uebergangsfarben.

An eine **Accommodirung der Aufnahme-Organe** für Licht und Farbe durch wechselnde Spannung in mässigen Grenzen in Folge äusserer oder innerer Einflüsse kann gedacht werden. Dadurch würden sich die Endknoten verschieben und entsprechend die abgeleiteten Knoten. Ich vermuthe, dass manche physiologische Erscheinungen sich dadurch erklären.

Die **Zahl der Farb-Element-Arten** ist nicht nothwendig constant. Nicht für alle Menschen die gleiche, nicht einmal für denselben Menschen durch das ganze Leben. Es ist denkbar, sogar wahrscheinlich, dass die Differenzirung im Lauf des Lebens sich verfeinert, einen Höhepunkt erreicht und mit fortschreitendem Alter sich zurückbildet, indem das zuletzt Entwickelte, Feinste, zuerst erlischt, das Erste, Gröbste, sich am längsten erhält. Ferner ist anzunehmen, dass bei verschiedenen Menschen die Differenzirung verschieden weit geht und danach die Zahl der Farb-Element-Arten verschieden ist. Bei den allgemeinen Betrachtungen wollen wir einen normalen Menschen d. h. einen solchen der Durchschnitts-Entwicklung auf der Höhe des Leben im Auge haben.

Ungleiche Entwicklung der einzelnen Licht-Elemente in demselben Auge. Auch im normalen Auge ist anzunehmen, dass nicht alle Licht-Elemente bis zum gleichen Grad der Complication entwickelt sind. Die höchst entwickelten (bis N_3)[1]) sitzen im centralen Theil der Netzhaut. Es folgt eine Zone mittlerer Entwicklung (N_2 und N_1)[1]). Noch weiter nach aussen „gibt es einen peripherischen Gürtel, in dem wir total farbenblind sind".[2]) (N_0). Es erscheint uns natürlich, dass im centralen Theil der Netzhaut, dem Fixirpunkt, dem meist gebrauchten Punkt, die Entwicklung am weitesten fortgeschritten ist.

Analogien. Diese Anordnung mit fortschreitender Complication nach der Mitte erinnert an die Blüthen vieler Compositen.

Ob wohl bei dem Facetten-Auge der Trilobiten die centralen Theile die höchst ent· wickelten waren und ob sie es bei dem der Insecten noch sind?

Jedes Licht-Element des Auges hat (als selbständiges Organ) seine eigene Farb-Complication. Wenn also bei normalem Auge im centralen Theil die Entwicklung am weitesten geht, so kann auch da die Zone höchster Entwicklung grösser oder kleiner sein. Es können beliebig viele und beliebig geordnete Elemente in der Entwicklung zurückgeblieben, andre vorangeeilt sein. Es sind alle Uebergänge möglich zu einem Auge, das man abnormal nennt. Dort kann das Gebiet der höchsten Entwicklung sehr klein sein oder fehlen, getheilt sein oder excentrisch liegen. Man kann von einer Topographie des Farbensinnes[2]) im Auge sprechen und die Vertheilung in einer Projection z. B. der stereographischen oder gnomonischen abbilden. So lassen sich die verschiedenen Arten der Farbenblindheit mit ihren Uebergängen erklären.

Der Farbensinn ist stärker oder schwächer, je nach der Zahl der hochdifferenzirten Licht-Elemente. Unabhängig von der Farben-Complication ist der Grad der Lichtempfindlichkeit für jedes einzelne Element. Es scheint, dass er für ein normales Auge nach der Peripherie abnimmt.

Kleinheit der Zapfen. Es mag die Frage entstehen, ob ein so kleines Gebilde, wie ein Zäpfchen der Netzhaut, Wahrnehmer der verschiedenen Farben zugleich sein könne und ob nicht der verschiedene Grad der Complication an den einzelnen Zäpfchen sichtbar sein müsse. Dagegen ist folgendes zu sagen: Die Wellenlänge für A beträgt 0.0008 mm, die für H 0.0004 mm, das sind kleine Grössen gegenüber der Grösse der Netzhaut-Zapfen (0.06 mm lang, 0.003 — 0.007 mm dick).[3]) Es gehen 4—18 Lichtwellen auf den Durchmesser eines Zapfens. Auch den Krystallpartikeln schreiben wir die Fähigkeit der Complication zu; deren Grösse aber liegt weit unter der Grenze der Sichtbarkeit. Man ist ausserdem in der Physiologie gewöhnt, kleine Gebilde als Träger der wunderbarsten Manichfaltigkeit von Eigenschaften zu sehen. So birgt ein

---

[1]) Die Normalreihen N_3 N_2 mit ihren Varianten:

N_3: p = 0 ⅓ ½ ⅔ 1 1½ 2 3 ∞; p = 0 ⅓ ½ 1 2 3 ∞; p = 0 ½ 1 2 3 ∞; ..

N_2: p = 0 ½ 1 2 ∞; p = 0 ½ 1 ∞; p = 0 1 2 ∞;

N_1: p = 0 1 ∞ (wobei von Farben nur Gelb erkannt wird)

N_0: p = 0 ∞ (Totale Farbenblindheit, nur Hell und Dunkel unterschieden).

[2]) Holmgren, Die Farbenblindheit. 1878. S. 39.

[3]) Helmholtz, Physiolog. Opt. 1867. 19.

mikroskopisches Ei oder Spermatozoon die Eigenschaften vergangener und zukünftiger Generationen, und doch sehen sie einander so ähnlich „wie ein Ei dem andern". Auch ist nicht ausgeschlossen, dass Unterschiede im Bau der Zäpfchen gefunden werden.

Farbige und farblose Licht-Organe. Es ist denkbar, dass von den Licht-Organen des Auges nur ein Theil sich zu Farb-Organen entwickelt hat; sowohl bei der Art als beim Individuum; dass ein Theil nur Hell und Dunkel unterscheidet. Sollten etwa die Zapfen der Netzhaut zu Farb-Organen entwickelte Stäbchen sein? Dafür spricht, dass an der Stelle höchster Entwicklung, im gelben Fleck, nur Zapfen sich finden, ihre Zahl gegen die der Stäbchen nach der Peripherie abnimmt,[1]) ebenso wie der Farbensinn nach dem Rand abnimmt.

Ob wohl Untersuchungen da sind über das Verhältniss der Zapfen zu den Stäbchen bei Farbenblinden?

Entwicklung der Farb-Organe aus den Licht-Organen durch Uebung. Wir können den Entwicklungsvorgang folgendermassen deuten: Durch den Bau des Licht-Organs zur Aufnahme der Octave des Sonnenlichts sind die Endknoten festgelegt und dadurch nach dem Gesetz der Complication die abgeleiteten Knoten in absteigender Rangordnung (Wahrscheinlichkeit) vorgezeichnet, d. h. schwingt das Organ auf Grund gewisser Anregung nicht als Ganzes, sondern in Theilen durch Knotenbildung, so ist die grösste Wahrscheinlichkeit für Knotenbildung entsprechend $p = 1$, Die Wahrscheinlichkeit wird im speciellen Fall zur Wirklichkeit, die Fähigkeit zur Eigenschaft.

Nach dem Gesetz der Wahrscheinlichkeit wird das Wahrscheinlichste am häufigsten zur Wirklichkeit.[2]) Von den Knoten ist also der häufigste die Dominante $p = 1$ (Gelb), dann $p = \frac{1}{2}$ (Roth); $p = 2$ (Grün). Die häufige Knotenbildung bei der $p = 1$ entsprechenden Stelle des Licht-Organs bringt an dieser eine Veränderung hervor, die der Knotenbildung angepasst ist. Diese Veränderung erleichtert eine wiederholte Knotenbildung an dieser Stelle. Es bildet sich eine Organtheilung (Gliederung) mit Theil-Organen für $p = 1$. Es entsteht ein Knoten, der nicht nur durch das Gesetz der Complication vorgezeichnet, sondern nun durch besondere Anpassung ausgezeichnet ist. Das Gleiche geschieht dann für die Knoten $p = \frac{1}{2}$; $p = 2$; $p = 3$; . . .

Einprägen der Knoten. (Gliederung.) Der Grad der Einprägung (Schärfe der Gliederung) kann verschieden sein, von zarter Andeutung bis zu tiefer Einprägung für jede Knotenart. Doch bildet sich auf Grund der Wahrscheinlichkeit (Häufigkeit) eine bestimmte Rangordnung. Bei normaler Ausbildung

---

[1]) **Helmholtz**, Physiol. Opt. 1896. 33. C. **Vogt.** Physiolog. Briefe. 1874. 375.

„Aus dem Fehlen der Zapfen bei den Nachtthieren (Eule, Fledermaus), für welche der Farbensinn unnütz wäre, schliesst man, dass die Zapfen die farben-percipirenden Netzhaut-Elemente sind, während die Stäbchen nur Intensitäten zu unterscheiden vermögen (M. Schultze)." (L. **Hermann**, Lehrb. d. Physiologie. 1889. 555).

[2]) Vgl. Zeitschr. f. Kryst. 1897. **28.** 7.

sind die Knoten $p = 1$ am tiefsten eingeprägt, dann $p = \frac{1}{2}$; 2, dann $p = 3$. Ueber $p = 4$ hinaus wird die Fähigkeit so schwach, die Häufigkeit so klein, dass ein Einprägen sich nicht mehr vollzieht. Damit ist die Entwicklung (Gliederung) des Organs praktisch abgeschlossen.

Analoga. Steter Tropfen höhlt den Stein da, wo er immer aufs neue auffällt. Man geht vorzugsweise getretene Wege und tritt diese immer tiefer ein. Ein Gedanke prägt sich dem Gedächtniss immer tiefer ein durch Wiederholung. Oft gehörte Melodien und Harmonien werden leicht aufgenommen.

Eine gewisse Aehnlichkeit mit den Knoten haben die erhöhten Stäbchen auf dem Griffbrett der Guitarre oder die Löcher in der Flöte. Sie zeichnen den Ort der bevorzugten Töne vor und bewirken, dass gerade diese hervorgebracht werden.

Die Einprägung der Knoten kann äusserlich erkennbar sein, aber sie muss es nicht. Man merkt der Hand und dem Auge des Künstlers nicht an, dass er besonders geschickt ist.

Entwicklung der Organe (Gliederung) durch Uebung der vorgezeichneten Fähigkeiten erscheint als ein allgemeines Gesetz der organischen Natur.

Entwicklung und Vererbung. Die durch Uebung d. h. durch immer wiederholte Einwirkung des Lichts und der Farben erlangte Ausbildung des Farben-Organs wird durch Vererbung übertragen, so dass sie den jetzigen Menschen angeboren ist, resp. nach kurzer Entwicklung sich bildet. Bildet sie sich nicht oder unvollständig, so bleibt er farbenblind. Frühere Generationen dürften farbenblind gewesen sein, vielleicht werden spätere mit weitergehender Differenzirung des Farben-Organs geboren.

Festigkeit der Farben-Begriffe. Sicherheit des Farben-Urtheils.

Bei den **harmonischen Tönen** wechselt der Anfang der Octav und mit ihm die abgeleiteten Töne. Entsprechend wechseln im aufnehmenden harmonischen Organ des Ohrs, wie wir annahmen, die Endknoten und die abgeleiteten Knoten durch Accommodirung und andere Anordnung der Knoten.

Wegen dieses Wechsels wird die Lage der Töne, die relative wie die absolute, dem Gedächtniss nicht leicht eingeprägt. Nur Wenige sind im Stand, das Bleibende in diesem beständigen Wechsel zu erfassen und festzuhalten. Besonders selten ist ein sicheres Urtheil über absolute Tonhöhe.

Anders bei den **Farben.** Da haben wir nur eine Octav mit festem Anfang und Ende (festen Primär-Knoten), fester Dominante (Gelb) und fest bestimmten Ableitungen (Knoten) nach den harmonischen Zahlen. Die Licht- und Farb-Organe des Auges sind einer anderen Vertheilung der Knoten nicht fähig.

Daher setzen sich die Eindrücke der abgeleiteten Farben durch stete Wiederholung in gleicher Weise bei Allen im Gedächtniss fest. Der Eindruck $p = 1$ (Gelb) wird wieder erkannt, ebenso der Eindruck $p = \frac{1}{2}$ (Roth); $p = 2$ (Grün); $p = 3$ (Blau).

Farben-Blindheit ist die Eigenschaft gewisser abnormaler Augen, die im Uebrigen scharf sein können, die Farben unvollzählig oder gar nicht zu sehen. Die Young-Helmholtz'sche Theorie erklärt die Beobachtungen an Farbenblinden durch die Annahme, dass von den 3 Farb-Organen, für Roth, Grün, Violett (resp. Roth, Grün, Blau. Maxwell) eines oder mehrere verkümmert sind. Je nach dem angenommenen Fehlen oder mangelhaften Wirken des Organs für Roth, Grün oder Violett (Blau) unterscheidet man Roth-, Grün-, Violett-(Blau-)Blindheit oder totale Farbenblindheit.[1])

Organ für Gelb. Gelb-Blindheit. Es fehlt bei Young, Helmholtz und Maxwell die Annahme eines Organs gerade für die nach unserer Entwicklungs-Hypothese wichtigste Farbe, die Dominante: Gelb und entsprechend eine Gelb-Blindheit. Die Erklärung des Widerspruchs kann eine verschiedene sein:

1. Das Gelborgan ist bei eingetretener Differenzirung (Complication) zunächst ausgebildet. Es fehlt nur bei totaler Farbenblindheit und wird von Verkrüppelung und Erkrankung am wenigsten betroffen. Daher Gelb-Blindheit nicht constatirt.

2. Die Dominante Gelb übernimmt einen grossen Theil der Function des Gesammt-Organs unter Zurücktreten der Endknoten. Daher ist Gelb in physiologischer Wirkung (Eindruck) dem Weiss ähnlicher als eine der anderen Farben.[2]) Das Wegnehmen oder Schwächen von Gelb aus dem Farbenconcert wirkt ähnlich der Entziehung von Weiss. Dies Entziehen wird weniger als Aenderung der Farben, wie als Verdunkelung empfunden.

Farben-Blindheit erscheint nach meiner Auffassung als Unfähigkeit der Licht- und Farb-Organe im Auge, die harmonische Knotenbildung so weit gehend zu vollziehen, wie in einem normalen Auge. Das Analogon für Töne ist die Unfähigkeit des Gehörorgans, die harmonische Knotenbildung so weit gehend zu vollziehen, wie ein normales Ohr. Das ist die Unfähigkeit, musikalische Harmonien zu geniessen. Die Erscheinung ist sehr verbreitet, ebenso wie die der Farbenblindheit. Leute mit dieser mangelhaften Organisation nennt man unmusikalisch. Analog mit Farben-Blindheit könnte man von **Harmonie-Taubheit** reden.

Normaler Farbensinn drückt sich aus durch Complication bis zur Reihe:

$$p = \quad 0 \quad \tfrac{1}{2} \quad 1 \quad 2 \quad 3 \quad \infty$$

Purpur Roth Gelb Grün Blau Violett

Ueberfeiner Farbensinn schiebt Knoten ein und dürfte die Reihe ergänzen zur Normalreihe N_3:

---

[1]) Die Einzelheiten sind von verschiedenen Autoren dargelegt, z. B.:

Holmgren, Die Farbenblindheit. Leipzig 1878.

Helmholtz, Handb. d. physiolog. Optik. 2. Aufl. 1896. Dort findet sich ein ausgedehntes Literaturverzeichniss. S. 1173—1214.

[2]) Weisswein nennen wir z. B. den gelben Wein.

$$p = \quad 0 \quad \tfrac{1}{3} \quad \tfrac{1}{2} \quad \tfrac{2}{3} \quad 1 \quad \tfrac{3}{2} \quad 2 \quad 3 \quad \infty$$

Purpur		Roth		Gold-		Grün	Blau	Violett
	Scharlach		Orange	gelb	Schwefel- gelb			

Noch weitergehende Complication ist denkbar, z. B.: $p = 4$ (Indigo) als Beginn der Normalreihe N_4. Auch für die harmonischen Töne giebt es einen überfeinen, d. h. über das Normale entwickelten musikalisch-harmonischen Sinn.

Farben-Blindheit ist ein Zurückbleiben der Farb-Organe in der Entwicklung. Man unterscheidet 3 Arten, die sich durch folgende harmonische Zahlen ausdrücken dürften:

Blau-Blindheit:[1]
$$p = \quad 0 \quad \tfrac{1}{2} \quad 1 \quad 2 \quad \infty$$
$$\text{Purpur} \quad \text{Roth} \quad \text{Gelb} \quad \text{Grün} \quad \text{Violett}$$

Roth-Blindheit:
$$p = \quad 0 \quad \cdot \quad 1 \quad 2 \quad \infty$$
$$\text{Purpur} \quad \cdot \quad \text{Gelb} \quad \text{Grün} \quad \text{Violett}$$

Grün-Blindheit:
$$p = \quad 0 \quad \tfrac{1}{2} \quad 1 \quad \cdot \quad \infty$$
$$\text{Purpur} \quad \text{Roth} \quad \text{Gelb} \quad \cdot \quad \text{Violett}$$

Ausserdem wäre wohl zu erwarten:

[Grün- und Blau-Blindheit]:
$$p = \quad 0 \quad \cdot \quad 1 \quad \infty$$
$$\text{Bräunlich-grau} \quad \text{Roth-gelb} \quad \text{Bläulich-grau.}$$

Diese Ausbildung, die nur **Rothgelb** als Farbe kennt, wird nicht angeführt. Sie ist aber durch die Begriffs-Entwicklung der Sprachen wahrscheinlich gemacht.

Totale Farben-Blindheit:
$$p = \quad 0 \quad \cdot \quad \cdot \quad \cdot \quad \infty$$

Bei ihr werden Farben überhaupt nicht geschen, nur Hell und Dunkel unterschieden. Alle Dinge erscheinen dem Total-Farbenblinden etwa wie uns deren Photographie oder ein Kupferstich.

Vielleicht ist bei manchen Augen eine **andere Abgrenzung der Licht-Octave** oder **Verschiebung der Dominante** anzunehmen. Dann wäre etwa Roth-Blindheit zu deuten durch:

$$p = \quad 0 \quad 1 \quad 2 \quad 4 \quad \infty$$
$$\text{Purpur} \quad \text{Gelb} \quad \text{Grün} \quad \text{Indigo} \quad \text{Violett}$$
$$p' = \frac{p}{2} = \quad 0 \quad \tfrac{1}{2} \quad 1 \quad 2 \quad \infty$$

das wäre die Verschiebung der Dominante $p = 1$ von Gelb nach Grün. Für diese Auffassung spricht die Angabe von Helmholtz[2]: „Die grösste Licht-Intensität erscheint den Rothblinden nach den Beobachtungen von Seebeck auch nicht, wie normalen Augen, im Gelb, sondern im Grünblau."

---

[1] Diese Auffassung gibt **Maxwell's** Blau-Blindheit vor **Young-Helmholtz'** Violett-Blindheit den Vorzug.

[2] Physiolog. Opt. 1896. 366. **Holmgren**, Farbenblindheit. 1878. 33

Historische Entwicklung des Farbensinnes.

Die Sprachforschung hat uns Einblick in die historische Entwicklung des Farbensinnes gegeben.[1]) Danach ist die zuerst unterschiedene Farbe das Goldgelb; zunächst nicht scharf geschieden von seinen Nachbarn im Spectrum.[2]) Die nächsten zu Begriffen sich abklärenden Farben sind Roth und Grün. Zuletzt kam das Blau.[3])

Ein alter Farben-Begriff ist **Purpur**. Πορφύρεος ist zugleich violett und dunkelroth, grau und dunkel.[4]) Es verknüpft Anfang und Ende des Spectrums $p = o$ und $p = \infty$. Analog ist in der Musik für einen Ton z. B. C

---

[1]) Vgl. L. Geiger, Zur Entwicklungsgeschichte der Menschheit. Stuttgart 1871. S. 45.

[2]) L. Geiger sagt S. 57: „In den ächten alten Vedaliedern gibt es nicht nur kein Grün, sondern auch das Gelb ist nicht die reine Farbe des Spectrums. Im Verlaufe der Jahrhunderte sinken die Wörter, welche gelb bezeichnen, zu Grün herab, höher hinauf gehen sie selbst wieder aus Wurzeln hervor, von welchen das Gold benannt zu werden pflegt, als gelbroth und rothbraun.“

Auch heute noch werden die Begriffe Gelb und Roth nicht immer getrennt, besonders nicht in der Poesie. Wir finden im Volkslied:

Es liegt ein Schloss in Oesterreich, das ist gar hoch gebaut,
Von Silber und von rothem Gold, mit Marmelstein vermauert.

Dabei ist entschieden an gelbes Gold zu denken, nicht etwa an eine kupfrige Legirung. Umgekehrt finden wir bei Shakespeare (Macbeth. Act II.) das dunkelrothe Blut golden genannt:

Here lay Duncan
His silver skin laced with his golden blood.

[3]) Ueber das späte Auftreten des Begriffes Blau sagt L. Geiger S. 46: „Auf einer frühen Stufe fehlt, trotz tausendfach naheliegender und oft dringend gebietender Gelegenheit, die Erwähnung ·der blauen Farbe gänzlich.“ S. 49. „Die Wörter, welche in irgend einer Sprache für blau gebraucht werden, bedeuten zum kleineren Theil ursprünglich grün, der grösste Theil hat in der früheren Zeit schwarz bedeutet. Es gilt dies von unserem Blau, welches sich im Altnordischen in der Zusammensetzung blâ-madhr, schwarzer Mann, Mohr, findet und auch mit dem englischen black verwandt ist.“

S. 51 citirt er Theokrit und Virgil: „Es seien ja auch die Veilchen schwarz und die Hyacinthen.“

S. 50. „Bei Homer heissen die Haare des Odysseus der Hyacinthenblume gleich, und die altgriechischen Erklärer, denen diese Anschauung noch nicht so fremd war, beziehen das Bild ganz richtig auf die schwarze Farbe.“

S. 51. „Das classische Alterthum hat überhaupt kein Wort für das reine Blau gekannt. Das lateinische caeruleus ist von einer Unfassbarkeit, welche die Philologen zuweilen zur Verzweiflung getrieben hat; es durchläuft eine Entwicklung von schwarz über grau bis gegen blau hin.“

[4]) L. Geiger schreibt hierüber in seinem Werk: Ursprung und Entwicklung der menschlichen Sprache und Vernunft, Bd. 2, S. 322:

„Pindar sagt von den Veilchen, ἴων ξανθαῖσι καὶ παμπορφύραις ἀκτῖσι, wie auch Xenophanes von dem Regenbogen sagte: Was sie Iris nennen, auch dies ist eine Wolke, purpurn (πορφύρεον) roth und gelb von Ansehen; so dass in diesem Worte ursprünglich schwarz und dunkelroth begriffen und zugleich eine Berührung des dunkelvioletten möglich war. In späterer Zeit herrscht die Bedeutung dunkelroth vor.“

mit $p = 0$ die Octav $p = \infty$ harmonisch gleichwerthig, wieder C. Violett steht uns zwischen blau und roth. Im altgriechischen Sinn spricht Schiller im Taucher von purpurner Finsterniss und den dunklen (purpurnen) Rothwein nennt man in Italien schwarz (vino nero).

Die historische Entwicklung der Farben-Begriffe entspricht der Entwicklung nach den harmonischen Zahlen. Zwischen den Extremen schaltet sich wiederholt je ein mittleres als jüngeres Gebilde ein. Wir können 4 Stadien der Entwicklung unterscheiden:

Erstes Stadium. Charakterisirt durch die harmonische Reihe:

$$N_0 = 0 \qquad \infty.$$

Sie zeigt nur Dunkel im Gegensatz zu Hell. Ein bestimmter Farbensinn fehlt. Absolut Farbenblinde sind noch heute in diesem Zustand. Ihnen erscheint das Spectrum, wie uns dessen photographisches Abbild.[1]

Zweites Stadium. Charakterisirt durch die harmonische Reihe:

$$N_1 = 0 \qquad 1 \qquad \infty$$
$$\text{Gelb}$$

Gelb, eigentlich Rothgelb (Orange), physikalisch die Farbe der Natriumlinie, im Leben anknüpfend an Sonne, Feuer, Gold. Sie versinnbildlicht das Leben, sie bezeichnet den Herrscher und die höchste Gottheit, den Sonnengott. In China ist sie die kaiserliche Farbe.[2]

---

[1] Wir haben noch (richtiger wieder) praktisch ein Schwarz-Weiss-System in Schrift und Druck.

[2] Wir finden bei L. Geiger: Zur Entwicklungs-Gesch. der Menschheit (S. 48): Was die Farben betrifft, so steigert sich die Gleichgiltigkeit in Betreff der Mittelfarben gegen die Urzeit hin in immer stärkerem Maasse, bis zuletzt nur die äussersten Extreme Schwarz und Roth (von Rothgelb nicht geschieden, d. Verf.) übrig bleiben. Ja es lässt sich nachweisen, dass der geschichtliche Fortschritt sich dem Schema des Farben-Spectrums entsprechend fortbewegt, dass z. B. für Gelb die Empfindlichkeit früher als für Grün geweckt war.

(S. 58): „Der Dualismus von Schwarz und Roth (wohl Gelbroth, d. Verf.) tritt in sehr scharfen Zügen als eine erste und primitivste Epoche alles Farbensinnes hinter der bisher geschilderten hervor, aber auch diese dualistische Epoche ist nicht ohne erkennbaren Anfang. Wir können etymologisch auf einen noch älteren Standpunkt gelangen, wo auch die Begriffe Schwarz und Roth in die unbestimmte Vorstellung des Farbigen zusammenfliessen."

Ich möchte dem noch folgende Bemerkungen beifügen:

Eines der wichtigsten und ältesten chinesischen Werke, das Tausendwörter-Buch Tsian-tse-wen (japanisch Sen ji mon) beginnt mit den Worten: „Himmel (und) Erde (sind) schwarz (und) gelb." 天地玄黃. [Das Wort hoang 黃 bedeutet nach L. Geiger (Urspr. d. Spr. u. Vern. 1872. 2. 314) gelb und röthlich, auch röthliches Pferd.] Commentatoren haben dem einfachen Satz philosophische und mystische Deutungen gegeben, z. B.: „Der Himmel, das männliche Princip (yō), beginnt im Nordosten, deshalb ist es schwarz. Die Erde, das weibliche Princip (in), beginnt im Südwesten, deshalb ist es gelb." (Lange, Einführung in die japan. Schrift 1896. S. 126.) Welches auch die Deutung

Drittes Stadium. Charakterisirt durch die harmonische Reihe:

$$N_2 = 0 \quad \tfrac{1}{2} \quad 1 \quad 2 \quad \infty$$
$$\text{Roth} \quad \text{Gelb} \quad \text{Grün}$$

In diesem Stadium finden wir Roth, ausgeschieden zwischen Gelb[1]) und dem bräunlichen Dunkel. Dann, etwas später Grün zwischen Gelb und dem violettgrauen Dunkel.

Historische Belege für dies dritte Stadium liefert die Sprachwissenschaft und zwar für beide Stufen $0 \tfrac{1}{2} 1 \infty$ und $0 \tfrac{1}{2} 1 2 \infty$.

„Demokrit und die Pythagoräer nahmen vier Grundfarben an: Schwarz, weiss, roth und gelb. Eine Anschauung, welche lange im Alterthum Geltung behielt." „Die Chinesen nehmen seit alter Zeit fünf Farben, nämlich noch grün an." Das Gleiche findet sich bei arabischen Philosophen. Aristoteles nennt den Regenbogen dreifarbig, nämlich roth, gelb und grün."[2])

Alle diese Scheidung ist ohne scharfe Grenze. Diese Unschärfe, dies Ineinander-fliessen ist der Begriffs-Entwicklung eigenthümlich. Es ist nicht eine Spaltung, sondern Bildung neuer Centren, jedes mit verlaufender Sphäre. Ich vermuthe, dass so die Einrichtung des farbaufnehmenden Organs im Auge ist, wie die seines Abbilds, des Spectrums.

Bestätigt sich diese Analogie, so haben wir im Spectrum zugleich ein merkwürdiges Beispiel der objectiven Darstellung von Begriffsbildungen. Das wäre erkenntniss-theoretisch von hohem Werth.

Anmerkung. **Farben der Metalle.** Auffallend ist, dass alle Metalle im auffallenden Licht grau oder weiss sind, abgesehen von Anlauffarben, den Farben dünner Blättchen. Nur das Gold ist gelb, das Kupfer roth. Blaue und grüne Metalle giebt es nicht. Auch die metallisch glänzenden Mineralien sind weiss, schwarz oder grau, seltener gelb, ausnahmsweise roth. $p = 0 \tfrac{1}{2} 1 \infty$ mit der Rangordnung der Häufigkeit $0 \infty, 1, \tfrac{1}{2}$.

Viertes Stadium. Charakterisirt durch die harmonische Reihe:

$$N_3 = 0 \qquad\qquad \tfrac{1}{2} \quad 1 \quad 2 \quad 3 \quad \infty$$
$$\text{Roth} \quad \text{Gelb} \quad \text{Grün} \quad \text{Blau}$$

oder:

$$N_4 = 0 \quad \left(\tfrac{1}{3}\right) \quad \tfrac{1}{2} \quad 1 \quad 2 \quad 3 \quad \infty$$
$$\underbrace{\text{Purpur} \quad \text{Scharlach}}_{\text{Roth}} \quad \text{Roth} \quad \text{Gelb} \quad \text{Grün} \quad \underbrace{\text{Blau} \quad \text{Violett}}_{\text{Blau}}$$

sein möge, jedenfalls ist Gelb hier der auserwählte Vertreter von Licht und Farbe zugleich, gegenüber Schwarz, dem Vertreter der Finsterniss.

Die Stelle erinnert merkwürdig an die ersten Worte der mosaischen Schöpfungs-Geschichte: „Im Anfang schuf Gott den **Himmel** und die **Erde** . und **Finsterniss** lag auf der Fläche der Tiefe. Und Gott sprach: Es werde **Licht,** und es ward Licht." In die schwarze Finsterniss auf der Erde strahlte zum ersten Mal vom Himmel her feurig-golden das Sonnenlicht. Vielleicht ist unsere Schöpfungs-Geschichte zu der chinesischen Anfangsstelle ein Commentar.

[1]) Wir sagen Gelb hier und im Folgenden für Sonnen-Feuer-Gold-Gelb, die Farbe der Natronlinie. Im Sprachgebrauch vollzieht sich derzeit eine Verschiebung. Man nennt die Farbe des Schwefels Gelb und die des Goldes und der Natronlinie Orange. Solche Schiebungen der Wortbedeutung sind etwas Gewöhnliches in der Geschichte der Sprache.

[2]) L. Geiger, l. c. S. 54.

Das ist der heutige Stand unserer Erkenntniss der Grundfarben (Spectral-farben). Die Mischfarben und deren Benennung durch Vergleich mit be-kannten Gegenständen oder durch eine Skala bilden ein anderes Capitel.

Die Normalreihe N_s ist nicht vollständig. Es fehlen die Zahlen $p = \frac{3}{2}$ und $\frac{1}{2}$. Das Gleiche fanden wir bei den harmonischen Tönen. Möglicher-weise ist die Entwicklung des Organs und der Begriffe hiermit nicht ab-geschlossen und es ist die Auffassung der $p = \frac{3}{2}$ und $\frac{1}{2}$ entsprechenden Farben in der Bildung begriffen, indem sich ein Schwefelgelb zwischen 1 und 2 einschiebt, ein Orange zwischen Gelb und Roth. Das ist aber un-sicher.

Farben der Endknoten. Die heutigen Farben der Endknoten $A = o$ und $H = \infty$ sind **Purpurroth** und **Violett**. Es fragt sich: Sind sie das immer gewesen? Um Licht in diese schwierige Frage zu bringen, möge ein Er-klärungsversuch gestattet sein.

Nach unserer Hypothese haben wir ein Ausgehen der Entwicklung von den beiden Endknoten und Einschiebung der Farben resp. der Farben-aufnehmenden Organe nach dem Gesetz der Complication. Zur Zeit vor Ein-schaltung der ersten Farbe wirkten beide Endknoten allein. Der eine reagirte vorwiegend auf Schwingungen mit $\lambda = 3900$, der andere auf solche mit $\lambda = 7800$. Es waren wohl vor der Spaltung 2 Seiten desselben Organs, das auf Licht überhaupt reagirte.

Es kann sein, dass die Scheidung der beiden Endknoten sich erst voll-zog gleichzeitig und in Folge Einschiebung des Zwischenknotens $p = 1$, des Organs für die Dominante, für die erste typische Farbe, das **Rothgelb**.

Der Sinneseindruck, die physiologische Wirkung beider Endknoten dürfte wenig verschieden gewesen sein. Für solche Aehnlichkeit spricht der Umstand, dass noch heute mit Annäherung an die Endknoten der Farben-Eindruck ähnlicher wird. Das Gelbroth geht in Roth über und dies wird nach dem Ende zu bläulicher. Das Blau andrerseits geht in Violett über und dies wird gegen das Ende zu röthlicher, sodass die Enden in ihrer Sinneswirkung sich berühren.

Eine graphische Darstellung der Entwicklung mögen folgende Figuren geben:

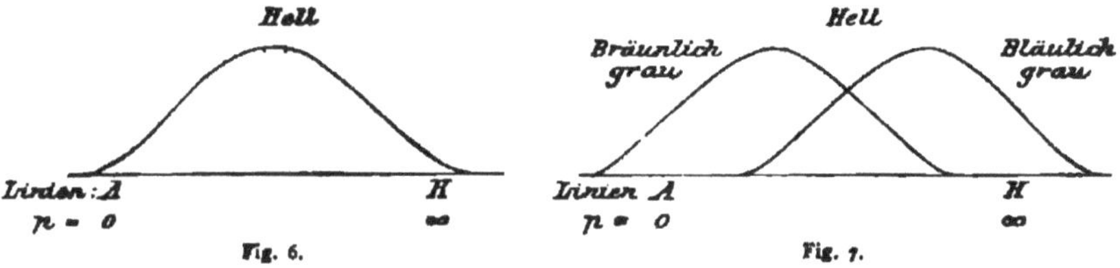

Erstes Stadium. (Fig. 6.) Zunächst haben wir eine Periode ohne Theilung anzunehmen. Das Auge, das heute Farb- und Lichtorgan ist, war damals nur Lichtorgan. Empfänglich für Hell und Dunkel; unterscheidend zwischen verschiedenen Graden der Helligkeit. Das heisst, in der Sprache der Farben, zwischen **Schwarz, Grau, Weiss.**

Zweites Stadium. (Fig. 8.) Das Einschieben des Zwischenorgans $p = 1$ brachte physiologisch die erste Farbe, die Dominante, das **Rothgelb** der Natronlinie. Das neue Organ entwickelte sich in der Mitte des alten auf dessen Kosten und nahm für sich das Maximum der Lichtempfindlichkeit. (Vielleicht bestand zwischen dem ersten und zweiten Stadium ein Zwischenstadium der Spaltung ohne Einschiebung) (Fig. 7).

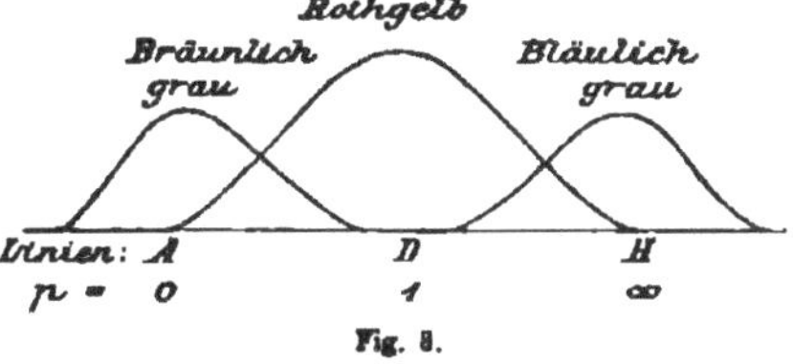

Fig. 8.

Den Endknoten $A = 0$ und $H = \infty$ blieb einzeln oder gemeinsam die Aufnahme von Hell und Dunkel von Schwarz, Grau, Weiss. Ihr gemeinsames Wirken mit $D = 1$ stellte die Wirkung des ursprünglichen Gesammtorgans her, die Farbe Weiss. Das ist das archaische Stadium der Farben-Auffassung:

Schwarz   Rothgelb   Weiss,

wie wir es oben (S. 98) kennen gelernt haben. Der Rest in den Endknoten erscheint im Verhältniss zum Weiss des Ganzen schwächer, also Grau.

Durch Einschiebung von $D = 1$ wurden die Endknoten getrennt und dadurch unabhängig. Deshalb entwickelte sich eine physiologische und psychologische Verschiedenheit beider durch Beeinflussung und Contrast. Wohl quantitativ und qualitativ. Quantitativ würde der Gegensatz heller und dunkler-grau bedeuten, qualitativ ein Röthlich-Erscheinen des Grau bei $A = 0$, ein Bläulich-Erscheinen des Grau bei $H = \infty$.

In der Sprache der Farben dürfte das Röthlichgrau von $A = 0$ zu dem Begriff **Braun** geführt haben, das Bläulichgrau von $H = \infty$ zu dem Begriff **Grau.**

Danach hätten wir ein ausführliches Bild der archaischen Farb-Auffassung in:

	A	D	H	
Schwarz	Braungrau	Rothgelb	Blaugrau	Schwarz

Weiss.

In der That sind die Farbbegriffe Braungrau und Blaugrau sehr alt, wenn auch unscharf und nicht streng geschieden von Schwarz und Weiss.

Drittes Stadium. (Fig. 9.) Der Process der Complication wiederholt sich. Es schieben sich die neuen Organe $C = \frac{1}{2}$ **(Roth)** und $E = 2$ **(Grün)** ein. Sie entwickeln sich auf Kosten der älteren Nachbarn. Der Dominante $D = 1$ bleibt ihre Function, die Aufnahme des Rothgelb als Centrum der

Leistung, wohl vermindert und modificirt durch die neuen Nachbarn. Die Verminderung wohl compensirt durch die gesteigerte Lichtempfindlichkeit des höher entwickelten Auges. Die Endknoten haben nun verschiedene Nachbarn; während beide vorher neben D sassen. Neben A = o tritt C = ½ (Roth), neben H = ∞ tritt E = 2 (Grün). Dies und die weitere Trennung durch Einschieben dürfte den Unterschied der physiologischen Wirkung der Endknoten vermehrt haben und zwar quantitativ, wie qualitativ.

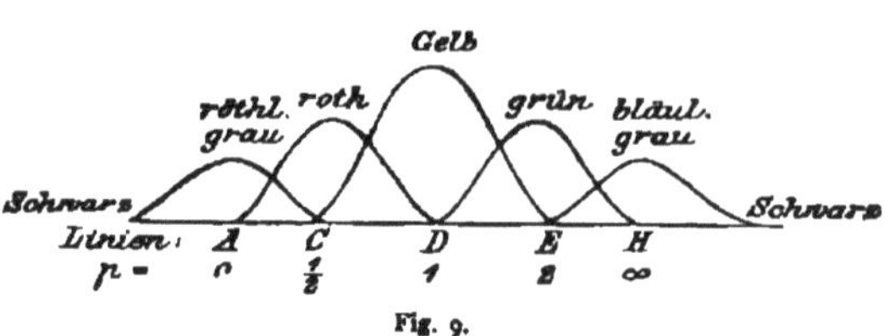

Fig. 9.

Der röthliche Charakter des braun-grauen A = o und der bläuliche des blaugrauen H = ∞ dürften in stärkeren Gegensatz treten. A = o nähert sich dem roth-dunkelen Purpur, H = ∞ dem Violett.

Auch dieses Stadium zeigt uns die Geschichte der Sprache (S. 99) und zwar im Griechischen der homerischen bis classischen Zeit, bei den Arabern und Chinesen. In diesem Stadium, dem das Wort für Blau noch fehlt und das den Regenbogen roth—gelb—grün nennt, finden wir in grosser Verbreitung und hoher Wichtigkeit die Farbworte: πορφύρεος, γλαυκός, ἰοειδής, ὑακίνθινος, κυάνεος, πολιός, φαιός, ὀρφναῖος, περκάς, μέλας u. A. Es sind wohl die unscharf begrenzten Farben der Endknoten in der damaligen Auffassung.

Viertes Stadium. (Fig. 10.) Der Process der Complication wiederholt sich abermals. Es schiebt sich F = 3 zwischen E = 2 und H = ∞. Das Organ für **Blau** entwickelt sich auf Kosten der Nachbarn. Vielleicht (?) bildet sich auch ein Knoten B = ⅓ (Scharlach) zwischen A = o und C = ½. Die Wirkung

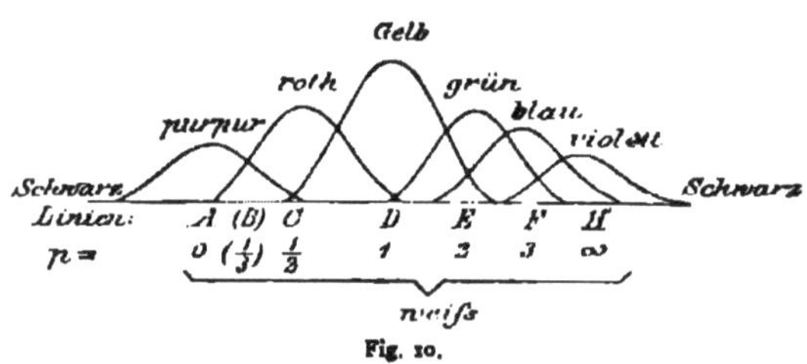

Fig. 10.

der Einschiebung auf die Endknoten dürfte wieder eine grössere physiologische Verschiedenheit beider sein, so dass wir heute, da wir in diesem Stadium leben, den Endknoten A = o als tief **purpurroth**, den anderen H = ∞ als **violett** vor uns haben.

Einwand gegen den historischen Nachweis der Entwicklung des Farbensinnes. L. Geiger[1]) hat versucht, die Entwicklung des Farbensinnes auf dem Weg der Sprachforschung nachzuweisen. Seine Ausführungen wurden ergänzt

---

[1]) Ueber d. Farbensinn der Urzeit. (Vortrag 1867) in Abh. z. Entwicklungsgeschichte d. Menschheit 1871. 45 fgde.

Urspr. u. Entw. d. menschl. Sprache u. Vernunft 1872. Bd. 2. S. 246 fgde.

und erweitert durch H. Magnus.[1]) Die Schlüsse stiessen auf Widerspruch zunächst bei E. Krause,[2]) dem sich bald andre anschlossen. Krause hob hervor:

1. Dass die Vögel und Insekten Farben unterscheiden, indem auf dieses Vermögen die natürliche Zuchtwahl nach dem Farbenschmuck der Männchen sich gründet.

2. Dass uncultivirte Völker, deren Farbworte unentwickelt sind, doch die Farben genau unterscheiden.

3. Dass die Egypter lange vor Homer die Farben Blau und Grün gebrauchten und Worte dafür besassen.

Er schloss, dass das Fehlen der Farbworte, das Fehlen des Farbensinnes nicht beweise.[3])

Die **Lösung des Widerspruchs** dürfte folgende sein:

Der Schluss ist gewiss richtig. Wir finden bei den in der Malerei und in der Feinheit des Farbensinnes so hochstehenden Japanern für Blau und Grün das gemeinsame Wort aoi. Wir unterscheiden mehr als hundert, ja ein Colorist mehr als tausend Farben-Nuancen, aber die Sprache (wenn wir von der Kunstsprache der Maler und Farbentechniker absehen) verwendet nur wenige Worte.[4]) Wenn wir zwei verschiedene Blau nebeneinander halten, werden wir sie unterscheiden, aber beide mit dem Namen Blau belegen. Wir unterscheiden sehr wohl die Farbe zweier Blätter und nennen doch beide grün. Jeden Gegenstand unserer Umgebung nennen wir: schwarz, weiss, roth, gelb, grün, blau, grau oder braun. Sogar die Spectralfarben Purpur, Rosa, Orange, Violett sind bei uns nicht zu sprachlicher Selbständigkeit gelangt. Man nennt sie Purpurroth, Rosenroth, Orangegelb, Veilchenblau und ordnet sie den Begriffen Roth, Gelb, Blau unter.

Die Farbenbegriffe Schwarz, Weiss, Roth, Gelb, Grün, Blau, Grau, Braun[5]) finden sich in allen Sprachen; man könnte sie Begriffsfarben nennen. Fehlt für eine das Wort, so ist es jedesmal Blau, das sich von Grau und Grün noch nicht losgelöst hat. Fehlt noch eine, so ist es Grün, das mit seinen Nachbarn Gelb und Grau (Blau fehlt schon) zusammenfliesst. Weiter zurück fallen Roth und Gelb in einen Begriff zusammen. Endlich bleiben als Begriffe nur Hell und Dunkel.

---

[1]) Die geschichtl. Entwicklung d. Farbensinnes 1877.

[2]) Kosmos. 1877. I. 264 u. 428.

[3]) H. Magnus hat nachträglich diese Auffassung angenommen und seine erste Meinung geändert. Vergl. dessen Publication: Unters. üb. d. Farbensinn der Naturvölker. Jena 1880. S. 44.

[4]) Analogon. Wir unterscheiden eine Menge von Gerüchen sicher von einander, aber die Begriffe und Worte für die Gerüche sind wenig entwickelt.

[5]) Von der eigenartigen Rolle von Grau und Braun, Schwarz und Weiss war oben die Rede.

Das ist, rückwärts verfolgt, der Entwicklungsgang der Farbbegriffe, wie ihn Geiger aus den Sprachen nachwies und wie ihn die Untersuchungen über den Farbensinn der Naturvölker[1]) bestätigten. Der Verlauf ist der gleiche bei allen Völkern. Er hat sich bei einem Volk früher vollzogen, beim anderen später und ist bei vielen noch heute nicht vollendet. Völker mit unentwickelter Sprache nehmen in Berührung mit fortgeschrittenen deren Sprachbegriffe auf.

Die Entwicklung des Farb-Organs bringt nur eine beschränkte Zahl von reinen Farben. Diesen schliesst sich die Begriffsbildung an. Die Entwicklung des Organs geht der Entwicklung des Begriffs voraus. Die Entwicklung des Begriffs folgt nach, aber in der von der Entwicklung des Organs vorgezeichneten Bahn. Daher ist der Schluss nicht richtig, dass zur Zeit als der Begriff Blau fehlte, das Organ für Blau nicht entwickelt war. Aber der Schluss ist richtig, dass das Organ für Blau sich nach dem für Grün entwickelt hat und entsprechend der Begriff Blau nach dem Begriff Grün.

Analogon. Das Ohr war ausgebildet zu Aufnahme und Genuss harmonischer Tongruppen, vor der polyphonen Musik, vor der Begriffsbildung für die verschiedenen Accorde und Tonarten. Trotzdem gibt die Begriffsbildung bei den Tönen ein Bild von dem Wesen und der Entwicklung des harmonischen Organs.

Für die Frage der vorliegenden Abhandlung ist es gleichgiltig, wann sich der Process vollzieht. Uns interessirt:

1. Die gleichartige Wahl der Begriffsfarben, denn sie zeigt, für welche Farben besondere Organtheile anzunehmen sind.

2. Die Ordnung der Begriffsfarben nach Rang (Wichtigkeit, Interesse) und Entwicklungsfolge. Wie bei den Krystallformen decken sich hier Rangordnung und Entwicklungsfolge. Das gibt einen Einblick in den Entwicklungsgang des Farbenorgans. Dieser folgt, wie wir oben sahen, dem Gesetz der Complication und der harmonischen Zahlen.

Entwicklung des Farbensinnes beim Kind.

Hierüber besitzen wir eingehende Beobachtungen von W. Preyer.[2]) Sie zeigen für die Begriffsfarben genau die gleiche Rangordnung und Entwicklungsfolge, die wir durch die Sprachwissenschaft (historisch), wie bei den Naturvölkern (ethnographisch), kennen gelernt haben; dieselbe, welche das Gesetz der Complication und der harmonischen Zahlen vorschreibt.

Preyer prüfte sein Kind, das sich normalsichtig entwickelte, von der Geburt an consequent durch mehrere Jahre, abwechselnd nach verschiedenen Methoden, und kam zu folgendem Resultat. (S. 12.)

---

[1]) Vgl. Magnus, Ueb. d. Farbensinn d. Naturvölker. Jena 1880.
[2]) W. Preyer. Die Seele des Kindes. Leipz. 1895. Betreffs des Einzelnen möge auf dieses Buch verwiesen werden.

Bezüglich der Reihenfolge, in der die Farben bis zum 34. Monat richtig erkannt werden, ergibt sich im Ganzen Folgendes:

Nr.	Farbe	Urtheile		Procente	
		richtig	falsch	richtig	falsch
1	**Gelb**	232	8	96.7	3.3
2	Braun	79	8	90.8	9.2
3	**Roth**	235	36	86.7	13.3
4	Violett	139	24	85.3	14.7
5	Schwarz	39	7	84.8	15.2
6	Rosa	76	29	72.4	27.6
7	Orange	47	23	67.1	32.9
8	Grau	35	33	51.5	48.5
9	**Grün**	101	123	45.0	55.0
10	**Blau**	61	151	28.8	71.2

„Von den vier Hauptfarben werden also Gelb und Roth viel früher richtig benannt als Grün und Blau und zwar zuerst Gelb — Braun ist lichtschwaches Gelb — dann Roth. Es ist wahrscheinlich, dass Blau und Grünblau zuerst nicht blau und grünblau, sondern grau und in ihren dunkleren Schattirungen schwarz empfunden wurden."

Wir sehen hier die nachstehende Rang- und Entwicklungsfolge:

		Gelb	Roth	Violett	Grün	Blau
Procente richtig:		96.7	86.7	85.3	45.0	28.8
Harmonische Zahl:	$p =$	1	$\frac{1}{2}$		2	3
versteckt darin:	$p =$		0	∞		

Das ist die Rangordnung der harmonischen Zahlen, wie wir sie bei den Krystallformen, dann bei den Tönen kennen lernten. Auffallend, aber nicht befremdend, ist die hohe Procentzahl für Violett. Preyer bemerkt dazu (S. 12):

„Violett, welches viel früher richtig benannt wurde als Grün und Blau enthält das früh wohlbekannte Roth und kann dem Kind als ein schmutziges Roth oder Dunkelroth erschienen sein."

Ich vermuthe, dass sich unter den Zahlen für Roth und Violett noch die Endknoten Purpur ($p = 0$) und Violett ($p = \infty$) verstecken.

Der **Vorzug des Gelb vor Roth** nach Rang und Entwicklungsfolge (frühere Sicherheit der Erkennung und Vorliebe) geht aus Preyer's Beobachtungen hervor.[1] Die Constatirung dieses Vorzugs ist uns wichtig aus folgendem Grund. Die Sprachvergleichung (in alten Schriften und bei Natur-

---

[1] Vgl. Preyer, Die Seele des Kindes, S. 7—13. S. 9 sagt er: „Beim ersten Versuch griff es aufs Gerathewohl, beim zweiten suchte es seine Lieblingsfarbe Gelb."

völkern) liess unentschieden, ob Gelb (Goldgelb) oder Roth (Feuerroth)
älter sei. Sie führen zu der Reihenfolge:

Gelbroth   Grün   Blau

Diese Reihenfolge wurde von Manchen aufgefasst als Fortschreiten nach
wachsenden Schwingungszahlen. Die Beobachtungen am Kind aber entscheiden
für die Folge:

Gelb   Roth   Grün   Blau

Harmon. Zahlen: $p = \quad 1 \quad\quad \tfrac{1}{2} \quad\quad 2 \quad\quad 3$

Das entspricht nicht den wachsenden Schwingungszahlen, sondern der
Rangordnung der harmonischen Zahlen. Bildung der Dominante
Gelb ($p = 1$) und Einschieben der jüngeren Farben Roth ($p = \tfrac{1}{2}$) und
Grün ($p = 2$), später Blau ($p = 3$) nach dem Gesetz der Complication.
Blau als jüngste und am längsten unsichere Farbe geht aus Preyer's
Beobachtungen hervor in Uebereinstimmung mit der Sprachvergleichung.[1]

Farben der Blüthen und Früchte.

Die **Farben der Blüthen** sind, wie die Botaniker annehmen, entwickelt,
um die Insekten anzulocken, die durch Uebertragen des Blüthenstaubs auf die
Narbe des Pistills die Befruchtung fördern. Die wichtigsten Blüthenfarben
werden also diejenigen sein, die den meisten Reiz für das Insekten-Auge haben.

Nun zeigen die Blüthenfarben folgende Rangordnung: Ausser Weiss ist
die verbreitetste und wichtigste Gelb; dann folgen Roth (mit Rosa) und
Bläulich-Violett. Reines Blau ist selten und Grün findet sich[2] wesentlich
bei Pflanzen, die zu ihrer Befruchtung die Insekten nicht brauchen.

---

[1] Preyer (S. 12) sagt: „Hierauf beginnt endlich die richtige Benennung des Grün,
während Blau noch nicht so oft correct bezeichnet wird. Vor Vollendung des dritten
Lebensjahres wurde auch Blau fast jedesmal richtig bezeichnet, wenn die Aufmerksamkeit nicht abgelenkt war.“

[2] Wie mir Professor E. Askenasy in Heidelberg mittheilte, dem ich auch folgende
Citate verdanke: Nach Zusammenstellung von Mc. Nab aus Dr. Hooker's „Flora der
britischen Inseln“ finden sich bei den Blüthen der britischen wilden Pflanzen unter 909 Species
237 weisse, 238 gelbe, 144 rothe, 94 purpurfarbene, 87 blaue, 51 grüne und 38 gemischte.
(Der Naturforscher herausg. v. W. Sklarek 1876. S. 134).

Unter den einzelnen Farben wird vorzüglich Gelb im höheren Norden häufiger, nächst
ihm Roth, am seltensten werden blaue Blüthen ... Auf 10 gelbe Blüthen kommen auf
der Melville-Insel 1.2, in Grönland 1.8, in Lappland 2.0 in Deutschland 3.3 blaue Blüthen.
(Hildebrand, Die Farben der Blüthen. Leipzig 1897 S. 70 nach Schübler 1833).

Nach Kerner von Marilaun (Pflanzenleben 2. S. 178) entfallen von den Blüthen
der baltischen Flora auf Weiss 33, auf Gelb 28, auf Roth 20, auf Blau 9, auf Violett 8,
auf Braun 2 Procent. Nach umfangreichen Untersuchungen von H. Müller zeigen gelbe
und weissblüthige Arten sehr hohe Zahlen besuchender Insekten, während die blau-
gefärbten meistentheils nur eine verschwindende Anzahl von Besuchern haben. (F. Hildebrand, Die Farben d. Pflanzen. 1879. S. 67).

Der Grund für das Zurücktreten des Grün ist darin zu suchen, dass die **Insekten** die Farben der Blüthen nicht nur sehen, sondern sie vom Grün der Blätter unterscheiden müssen, um sie aufzufinden.

Blau ist die schwächst entwickelte Farbe. An ihrem Zurücktreten dürfte (ausser der hohen Complication p = 3) die Aehnlichkeit von Blau und Grün mitwirken, deren Unterscheidung auch vielen menschlichen Augen Schwierigkeit macht. Wo (in den Hochalpen) das Grün zurücktritt wegen grosser Blüthen und kleiner Blätter bei vereinzelt am Felsen sitzenden Pflanzen, da nimmt das Blau auffallend zu. Wir finden da reichlich den tiefblauen Enzian und das lebhaft himmelblaue Vergissmeinnicht neben blauen Glockenblumen und Veronica-Arten.

Analogon. Bei unseren **Briefmarken** fehlt Weiss als herrschende Farbe der Marke. Gelb steht an Bedeutung zurück hinter Roth, Blau, Grün, weil wir die Marken meist auf weisse oder gelbliche Adressen kleben und das Gelb vom Weiss sich am wenigsten abhebt. Schrieben wir auf schwarzes Papier, so wäre Gelb (ausser Weiss) die dominirende Farbe. Die Aufschrift auf unseren dunkeln Buchdeckeln ist gelb (vergoldet).

Das Gelb herrscht nicht nur in den Blüthenblättern. Auch die Staubgefässe zeigen fast ausschliesslich gelben Blüthenstaub und der Honig ist gelb. Dahin aber sollen vorzugsweise die Insekten gelockt werden.

Danach erscheint der Farbensinn des **Insekten-Auges**, dessen Differenzirung sich in den Blüthenfarben spiegelt, für Farben ebenso eingerichtet, wie das menschliche. Gelb p = 1 ist Dominante und (ausser Weiss) die wichtigste Farbe, dann folgt Roth (p = $\frac{1}{2}$). Das Grün (p = 2) tritt zurück wegen Gleichheit mit der Blattfarbe, nicht wegen eines Defects im Auge, denn zweifellos sehen die Insekten das Grün der Blätter und unterscheiden es von anderen Farben[1]). Die seltenste Farbe ist Blau (p = 3). Sie ist

---

[1]) Wir besitzen Beobachtungen von Sir John Lubbock, die beweisen, dass die **Bienen** Farben wiederkennen, so besonders auch das Grün, dass sie aber am unsichersten sind in der Unterscheidung von Grün und Blau.

Er schreibt: „Ich fand, dass Bienen sich bald daran gewöhnen, Honig auf Papieren von bestimmter Farbe zu suchen. So z. B. setzte ich am 13. September eine Biene zu etwas Honig auf einem Glasstreifen auf grünem Papier, und nachdem sie 12 Wege zum Korb und zurück gemacht, legte ich rothes Papier, wo das grüne gewesen war, und legte einen anderen Honigtropfen auf ein grünes Papier in Entfernung von etwa einem Fuss. Die Biene kehrte aber zu dem Honig auf dem grünen Papier zurück. Ich brachte dann vorsichtig das grüne Papier mit der darauf sitzenden Biene an die frühere Stelle zurück. Als die Biene weggegangen war, ersetzte ich das grüne Papier durch ein gelbes und legte das grüne wieder einen Fuss davon ab. Nach den üblichen Intervallen kehrte sie zu dem grünen zurück. Ich wiederholte dasselbe, aber mit orange Papier an der Stelle des grünen. Sie kehrte wieder zum grünen zurück. Dann prüfte ich sie mit blau; sie kam wieder zum grünen. Ich wiederholte diesen Versuch mit anderen Bienen und mit demselben Erfolg, obwohl es mir schien, dass sie in manchen Fällen nicht so deutlich unterschieden zwischen grün und blau, als zwischen grün und anderen Farben. In anderen Fällen schienen sie

deshalb bei uns besonders geschätzt. Gelb dagegen wird, als zu gemein, von den Gärtnern möglichst gemieden.

Unser Auge wählt auf der Wiese zu den weissen und gelben die selteneren rothen und blauen Blumen, und vereinigt sie mit den grünen Blättern und Gräsern zu einem Strauss. Nicht so gern, aber theilweise als Ersatz für Blau, nimmt es die violetten Blüthen. Die Farben im Strauss geben ein Bild von Harmonie und Gleichgewicht für unser Auge. Es ist mehr Roth und Blau, weniger Grün darin als in den Farben der Wiese.

Wegen der Uebereinstimmung mit unserem Auge können wir auch dem Farborgan im Insekten-Auge die Dominante Gelb und die Entwicklung nach dem Gesetz der Complication zuschreiben.

In den **Farben der Früchte** haben wir grelle, auffallende Lockfarben neben grünen und matten Schutzfarben (Versteckfarben), letztere, um die Frucht, so lange sie unreif ist, im Grün der Blätter, wenn reif im Braun-Grau der Rinde, der Wurzeln, der welken Blätter und des Bodens zu verbergen.

Unter den Lockfarben der Früchte, besonders der fleischigen, herrscht bei uns das Gold-Gelb, die Farbe der Reife, daneben Roth dann folgt Violett. Reines Blau fehlt fast ganz. Wir haben hier die gleiche Rangordnung wie bei den Blüthenfarben. Diesmal wohl für das Auge der Vögel und der anderen Thiere, die die Früchte verspeisen und den Fruchtkern freimachen sollen. Also auch für das Auge dieser Thiere ist Gelb, die Dominante und die andern Farben zeigen die Rangordnung der Complication.

Die Rolle des Grün ist eigenartig, wie bei den Blüthen. Es versteckt die Früchte zwischen den Blättern. Roth als Lockfarbe ist wohl verstärkt gegen Gelb durch den grösseren Contrast und Abstand von Grün.

Die Farben, die der Mensch bevorzugt und züchtet, sind als Lockfarben für das menschliche Auge anzusehen. Auch hier dominirt für die Früchte das Gold-Gelb.[1])

Im Süden beherrscht noch weit mehr als bei uns die Farbe Gelb den Obstmarkt. In Italien Orangen und Citronen neben Quitten und Mispeln, in Algier, Tunis und Egypten kommen dazu die Datteln. Im südlichen Indien und Ceylon herrschen Bananen, Ananas und Mango, dazu in Japan und China der Kaki (die japanische Mispel) und verschiedene Orangen-Arten.

Von unserem idealisierten Fruchtbaum, dem Weihnachtsbaum, dem Entzücken der Kinder, erzählt das Bilderbuch:

„Goldne Lichtlein brennen dran,
Goldne Aepfel hängen dran.

---

ebenso fest an einer anderen Farbe zu hängen, an die sie gewöhnt waren." (D. Naturforscher. Herausgeg. v. W. Sklarek 1876 S. 7. „Nature" vom 11. Nov. 1875). Auch dieses Citat verdanke ich der gütigen Mittheilung von Prof. E. Askenasy.

[1]) „Kennst du das Land, wo die Citronen blühn,
Im dunklen Laub die Goldorangen glühn?" (Goethe, Mignon.)
„Und, so weit das Auge blicket,
Wogt es wie ein goldner Wald." (Schiller, Das Eleusische Fest.)

Gold-Gelb waren die Aepfel in den Gärten der Hesperiden, die der Hera als Brautgeschenk dienen sollten. Drei derselben zu holen war eine Arbeit des Herakles. Goldgelb war auch der Apfel, den Eris bei der Hochzeit des Peleus und der Thetis unter die Gäste warf, um Neid und Begehrlichkeit zu entzünden, der Zankapfel, um dessen Besitz sich die höchsten Göttinnen stritten, Hera, Athene und Aphrodite, aus welchem Streit der trojanische Krieg entstand.

Zur Psychologie von Licht und Farben.

Die Aufnahme von Licht ist ein Genuss. „Mehr Licht", war Goethe's letzter Wunsch. Nach unserer Auffassung vom Genuss beruht die Freude am Licht in der Anregung und Bethätigung des Lichtorgans in der ihm eigenthümlichen Weise. Wir können hier für den Genuss von Licht und Farbe einen grossen Theil dessen aussagen, was über den Genuss der Harmonie der Töne gesagt wurde. Um Wiederholungen zu vermeiden, möge auf obige Stellen (S. 68 flg.) verwiesen werden.

Genuss von Hell und Dunkel, Weiss und Schwarz. Das Lichtorgan functionirt als **Ganzes,** indem es Helligkeit aufnimmt, und in seinen Theilen, indem es Farben aufnimmt. Für jede dieser Functionen gibt es den Genuss der gefühlten, der Einrichtung des Organs angepassten, Förderung durch Bethätigung (Anregung) und Erholung (Beruhigung).

Anregung des Lichtorgans als Ganzes liefert den Genuss des Hellen (Weiss), Beruhigung desselben den Genuss von Dunkel (Schwarz). Die Anregung durch Helligkeit bringt morgens das Oeffnen der Augen, das frohe Erwachen, damit zugleich Anregung der anderen Thätigkeiten. Die Beruhigung durch Dunkelheit bringt abends das Schliessen der Augen, damit das Einstellen der anderen Thätigkeiten und den Beglucker Aller, den Schlaf.

Genuss der Farben. Das Lichtorgan in seinen harmonischen **Thellen** functionirend, die Bethätigung (Anregung) seiner harmonisch entwickelten Theilorgane (Glieder), der Farborgane, liefert den Genuss der Farben.

Auch die **Intensität** des Lichts muss, damit dies angenehm sei, in den der Fähigkeit des Auges entsprechenden Grenzen liegen. Zu starkes Licht thut den Augen weh. Zu schwaches wird nicht empfunden, oder es lässt unbefriedigt, indem es den Wunsch nach mehr Helligkeit weckt.

Genuss reiner Farben. Wechsel der Farben. Farbenspiel. Jedes Farborgan hat seinen eigenen Genuss. Anregung durch Aufnahme seiner eignen Farbe und Beruhigung bei Aufhören dieser Farben (Dunkelwerden). Die reinen Spectralfarben thun dem Auge wohl. Man findet sie schön. Das heisst, es ist dem Auge angenehm, wenn für einige Zeit nur die Farborgane einer Art angeregt werden, während die anderen ruhen. Nach einiger Zeit stumpft das Auge für diesen Genuss ab (das betreffende Theilorgan ermüdet) und es wünscht Dunkelheit oder einen Wechsel der Farbe. Letzteres ist die Freude am Farbenspiel. Geschieht das Spiel mit reinen Farben, so kommt ein Theilorgan nach dem andern zur Bethätigung, während die anderen ruhen. Der Genuss dürfte dann am grössten sein, wenn jede Organart nach dem Maass ihrer Leistungsfähigkeit zur Verwendung kommt und bis zur Neuverwendung die nöthige Zeit zur Erholung hat.

Der **Genuss reiner Farben neben einander**, z. B. in einem Gemälde, ist für die einzelnen Elemente des Farborgans der beschriebene Genuss von Anregung und Erholung. Denn das Auge ist in beständiger Bewegung und verlegt dadurch die Bilder auf wechselnde Stellen der Netzhaut, die im Fall reiner Farben abwechselnd von je einer angeregt werden, für die anderen ruhen. Sind die Farben im Gleichgewicht, d. h. ist von jeder so viel vorhanden, dass alle Farborgane des Auges gleichmässig beansprucht werden, ist ferner die Lichtstärke der Aufnahmsfähigkeit des Auges am besten angemessen, so ist der Genuss am grössten.

Den analogen Genuss im Wechsel von Anregung und Erholung fanden wir bei den Musikstücken in den Accorden und Folgen.

Mischfarben wirken weniger anregend als reine Farben, weil sich ihre Wirkung auf die verschiedenen Farborgane vertheilt. Sie sind deshalb angenehmer, wenn wir starke Anregung meiden und Beruhigung suchen. Man nennt sie matte, ruhige Farben, im Gegensatz zu den reinen, grellen, lebhaften Farben.

Complementärfarben. Als complementär bezeichnet man zwei Farben, deren optische Vereinigung Weiss gibt. Man erhält sie, indem man einen Theil des Spectrums zu einer Mischfarbe sammelt, und den Rest zu einer zweiten. Solcher Paare kann man beliebig viele durch wechselnde Auswahl darstellen. Unter ihnen sind zwei Paare besonders beliebt:

Roth und Grün,

Goldgelb und Blau.

Beliebt heisst, dem Auge wohlgefällig und deshalb von ihm mit Vorzug ausgewählt, etwa, wie das Ohr die harmonischen Töne als zusammengehörig auswählt. Besonders beliebt sind sie mit Zwischenschiebung von Weiss als Roth-Weiss-Grün und Goldgelb-Weiss-Blau.

Anmerkung. Die Complementärfarben Goldgelb-blau erhält man leicht, indem man durch ein Glasprisma oder durch eine nicht achromatische Linse einen weissen Streifen auf schwarzem Grund betrachtet.

Complementärfarben sind deshalb dem Auge angenehm, weil sie dessen Theile gleichmässig beschäftigen. Warum aber sind gerade obige beiden Combinationen bevorzugt? Ich will eine Erklärung versuchen.

Complementärfarben und Accordfarben. Roth und Grün, Goldgelb und Blau als Complementärfarben sind Mischfarben. Wir haben aber Roth und Grün, Goldgelb und Blau auch als reine Einzelfarben: Roth $= C = \frac{1}{2}$, Grün $= E = 2$, Goldgelb $= D = 1$, Blau $= F = 2$. Indem das Auge sich an der Zusammenstellung von Roth und Grün erfreut, ist dabei nicht sicher, ob es diese als Complementär-Farben wählt oder wegen einer Harmonie der reinen Farben Roth und Grün (S. 84), oder aus beiden Gründen zugleich, indem es für den Genuss beide Arten nicht scheidet. Ebenso ist es mit Goldgelb und Blau. Praktisch stehen ja bei der Farbenwahl weder die strengen Complementärfarben zur Verfügung, noch die reinen Spectralfarben, sondern Mischungen, deren Eindruck diesen nahe kommt.

Ist diese Deutung richtig, so hat das Auge bei den Combinationen Roth und Grün, Goldgelb und Blau, den Genuss der Complementär-Farben, d. h. der gleichmässigen Inanspruchnahme des ganzen Farb-Organs und zugleich die harmonische Anregung durch einen Farben-Accord. In diesem Zusammentreffen wäre dann der Grund der Vorliebe für diese Combinationen zu suchen.

Gleichgewicht der Farben. Wir betrachten eine Gruppe von Farben als im Gleichgewicht, wenn durch sie die entsprechenden Theile des Farben-Organs gleichmässig beansprucht werden. Im Gleichgewicht ist das Sonnen-Spectrum.

Intensität und Ausdehnung. Zum Gleichgewicht braucht jede Farbe eine zu den anderen relative Intensität und Ausdehnung. Intensität und Ausdehnung dürften einander ersetzen, so dass ein kleiner intensiv rother Fleck das Gleichgewicht ebenso herstellen kann, wie eine grössere minder intensiv rothe Stelle.

Die Erklärung des gegenseitigen Ersetzens von Intensität und Ausdehnung liegt in Folgendem: Stärkere Intensität bringt stärkere Anregung des Elements, grössere Ausdehnung dagegen bringt bei dem beständigen Wechsel der Augenrichtung häufigere und längere Anregung des gleichen Elements. Intensivere Thätigkeit verrichtet dieselbe Arbeit in kürzerer Zeit.

Prüfung von Gemälden auf Gleichgewicht. Als besonders geeignete Objecte bieten sich die Bilder der Meister, die mit möglichst reinen Farben gemalt haben (van Eyck, Cranach, Crivelli, Botticelli u. A.); dazu die farbenprächtigen Werke orientalischer Kunst. Es wäre von Interesse an Meisterwerken zu prüfen, ob in der That die Summe Weiss ist. Dabei wären Ausdehnung und Intensität jeder Farbe zu berücksichtigen, auch die Mitwirkung der Mischfarben. Man könnte die Farben in der relativen Grösse, in der sie das Gemälde bietet auf einen Farbenkreisel setzen und rotiren lassen. (Zu berücksichtigen wäre dabei noch die Aenderung der Farben durch die Zeit.) Zur Herstellung des Gleichgewichts der Farben wirken Hintergrund, Rahmen und Drapirung mit.

Der schaffende Künstler setzt die Farben so, dass sie ihn befriedigen. Ohne zu messen oder zu rechnen, bildet er das Gleichgewicht und stellt es her durch Zufügung einer Farbe, wo es gestört ist. Das Wohlgefühl, die Ruhe des Auges beim Gleichgewicht der Farben diktirt ihm das Maass.

Der Sinn für Gleichgewicht der Farben ist wichtig in der Kunst der Decoration und der Costüme.

Dem **Gleichgewicht der Farben** entspricht ein **Gleichgewicht der Töne** im Accord. Soll ein Accord im Gleichgewicht sein, so darf keine Stimme die anderen übertönen. Bei den Tönen kann das Gleichgewicht auch durch die Folge hergestellt werden (Melodie, wechselnde Stimmführung). Bei einem Gemälde geht das nicht, wohl aber bei wechselnden Farben, z. B. bei Aufzügen mit farbigen Costümgruppen, beim Farbenspiel von Beleuchtungen auf der Bühne. Dabei werden die Theile des Farben-Organs abwechselnd beansprucht, so dass die Bethätigung aller, auf eine gewisse Zeit vertheilt, gleichmässig ist.[1])

Auch bei den Krystallen finden wir ein Gleichgewicht in der Ausdehnung der Flächen einer Combination.

Harmonische Malerei. Harmonie der Farben ist eine dem Functioniren des Auges angepasste, deshalb dem Gemüth wohlthuende Gruppirung von Farben. Man kann auch kurz sagen eine dem Auge wohlthuende Gruppirung von Farben. Wir spalten den Begriff in zwei: Harmonie und Gleichgewicht. Harmonische Malerei sei danach solche, die mit möglichst reinen (harmonischen) Farben malt und diese ins Gleichgewicht zu setzen sucht. Analog baut die **harmonische Musik** ihre Stücke aus reinen Accorden in harmonischer Folge auf und setzt die Töne ins Gleichgewicht. Harmonische Malerei und harmonische Musik entsprechen dem gleichen Bedürfniss der Sinne und des Gemüths. Man kann in diesem Sinn von harmonisch gestimmten Gemüthern sprechen.

Dem Bedürfniss nach heftigeren Reizmitteln entsprachen Gleichgewicht und Harmonie nicht. Man suchte in der Musik dies sich steigernde Bedürfniss zu befriedigen durch stärkere Gegensätze von Forte und Piano einerseits, andrerseits durch Dissonanzen und schliesslich Kakophonien.

Dem Bedürfniss nach heftigen Reizmitteln entspricht in der Malerei das Verlassen der reinen Farben, das Vordringen einer Farbe, besonders der wirksamsten: Gelb. Der gewaltige Meister und Bahnbrecher dieser Richtung ist Rembrandt.

---

[1]) Ein Wechsel der Farben beim Anschauen eines Gemäldes entsteht übrigens durch die Bewegung des Auges, durch das abwechselnde Fixiren verschiedener Theile des Bildes, indem auf den gleichen Theil der Retina (die gleichen Farb-Organe) abwechselnd verschiedene Farben fallen.

„Kräftig auf blühender Au erglänzen die wechselnden Farben,

„Aber der reizende Streit löset in Anmuth sich auf. (Schiller, Spaziergang.)

Bei unserer heutigen „Secession" finden wir Realistik mit unreinen Farben und einseitiger Farbenwirkung neben schwärmerisch-phantastischen Farbenspielen mit dem Streben nach Harmonie und Gleichgewicht.

Harmonie und Gleichgewicht in Farben und Tönen sind **Idealisirungen.** In Verbindung mit schönen Formen und Rhythmus und ausgeglichen mit den Anforderungen der Naturwahrheit charakterisiren sie die classische Kunst. Die **realistische** Kunst macht sich frei vom Zwang von Harmonie und Gleichgewicht. Sie begibt sich damit in die Gefahr, über dem Anregenden das Schöne zu vernachlässigen und zu verwildern.

In der Geschichte der Musik, wie der Malerei, finden wir den gleichen Entwicklungsgang. Aus rohen Anfängen Aufsteigen zu Harmonie und Gleichgewicht. (Classische Periode.) Dann Aufsuchen stärkerer Reizmittel neben Nachlassen des Sinnes für Harmonie und Gleichgewicht. Das ist die nachclassische Zeit, die zur Verwilderung und Verflachung führt. Neue Sammlung zu Harmonie und Gleichgewicht kann eine neue classische Zeit bringen. So schreitet die Entwicklung der Kunst in Perioden vorwärts.

Complication.

Entstehung der Manichfaltigkeit in der Natur durch Complication.

Zwei Kräfte vereinigen sich im Raum durch Addition d. h. durch Zusammenlegen nach Intensität und Richtung. Das Resultat der Addition ist eine Kraft, die Resultante oder Summe. Wie Kräfte werden Geschwindigkeiten, Beschleunigungen durch Addition vereinigt.

Die **Addition** ist eine Vereinfachung. Aus mehreren Stücken wird eins. $a + b = c$. Dadurch kommt keine Vermehrung der Einzelheiten, keine Differenzirung in die Natur. Aber neue **Richtungen** treten auf.

Anmerkung. Abgesehen von dem speciellen Fall der Addition gleich gerichteter Kräfte, bringt jede Addition eine Aenderung der Richtung hervor. Umgekehrt kann jede Richtungs-Aenderung als Addition aufgefasst werden.

Es ist in Fig. 11. $A_2 = A_1 + D$.

Durch Addition von D ist die Drehung von A_1 um $\measuredangle \delta$ vollzogen.

Subtraktion vermehrt die Einzelheiten auch nicht. Wir haben Grössen mit gleicher und mit entgegengesetzter Richtung. Positive und negative. Subtraktion ist Addition einer negativen Grösse zu einer positiven. Auch hier wird aus zwei Stücken eines.

$$a - b = c.$$

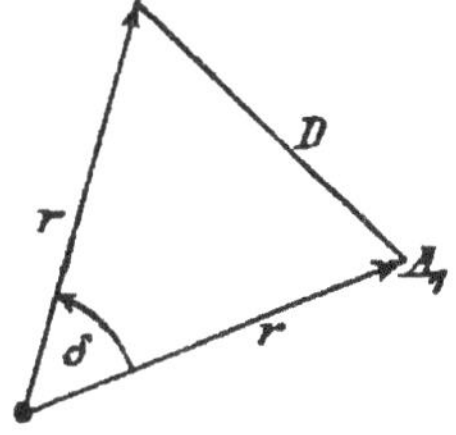

Fig. 11.

Multiplication als Naturprocess ist Addition von gleichen Grössen. Um 2 a zu bilden ist a und a zu einer neuen Einheit zu vereinigen. Daher ist auch Multiplication eine Vereinfachung. Sie vermehrt die Manichfaltigkeit nicht. Multiplication mit einer reellen Zahl ändert auch die Richtung nicht.

Anders die **Division.** Division ist Zerlegung (Spaltung, Zerfall) einer Einheit in eine ganze Zahl (2 oder mehr) gleicher Theile. Dadurch vermehrt sich die Zahl der Einheiten, es erhöht sich die Manichfaltigkeit. Neue Richtung tritt aber durch Division nicht auf.

Division durch ganze Zahlen. Es fragt sich: Theilt die Natur durch complexe Grössen oder nur durch reelle, oder gar nur durch ganze Zahlen? Kann eine Kraft, eine Geschwindigkeit in m + ni gleiche Theile zerfallen oder nur in m oder gar nur in 2, 3, ... 6, ... gleiche Theile? (Gesetz von der Rationalität der Krafttheilung).[1]

Zerfall in eine irrationale, transscendente oder imaginäre Zahl gleicher Theile können wir uns nicht vorstellen. Division durch eine Bruchzahl wäre Spaltung in eine ganze Zahl gleicher Theile und Zusammenlegen mehrerer derselben. Division und Multiplication (Addition) zugleich. Division geschieht auch dabei durch eine ganze Zahl.

Anmerkung. Es bleibt zu untersuchen, ob der Zerfall in mehr als zwei gleiche Theile als ein Vorgang anzusehen sei, oder als Wiederholung des Zerfalls in Hälften. Mit andern Worten: ob die Natur resp. unser Ausmesser der Dinge, der Verstand, anders als dichotom arbeite. Dass durch Zerfall in Hälften auch eine ungerade Zahl von Theilen entstehen könne, von denen einige unter Umständen gleich sind, werden wir unten bei der Complication sehen.

Von unseren 4 elementaren Rechnungsarten sind nur 2 als mathematische Grund-Operationen der Natur, wie des Verstandes, anzusehen:

Addition, das ist **Zusammenlegung** von 2 (oder mehr) Einheiten (Kräften u. A.) zu einer neuen Einheit von im Allgemeinen neuer Richtung.

Division, das ist **Spaltung** einer Einheit (Kraft u. A.) in 2 (oder mehr, jedenfalls eine ganze Zahl) gleiche Einheiten in der alten Richtung.

Vielleicht sind in dieser Definition für die Grundoperationen die Worte „oder mehr" wegzulassen.

Complication. In der Natur sehen wir erhöhte Manichfaltigkeit in folgender Weise entstehen: Zwischen zwei Kräften A und B (Fig. 12) bildet sich eine neue C, während Reste in den Richtungen A und B übrig bleiben. Durch Wiederholung desselben Processes bildet sich eine neue Kraft D zwischen A und C, ebenso E zwischen B und C, während Reste in den Richtungen A B C

[1] Vgl. Verf. Index der Krystallformen. Berlin 1886. I. S. 14.

bleiben. Aus 2 Kräften sind 3, dann 5 u. s. w. geworden; jede von bestimmter Richtung und Intensität. Die Manichfaltigkeit hat sich vermehrt in Bezug auf Zahl und Richtung der Kräfte. Den beschriebenen Vorgang wollen wir als Complication bezeichnen.

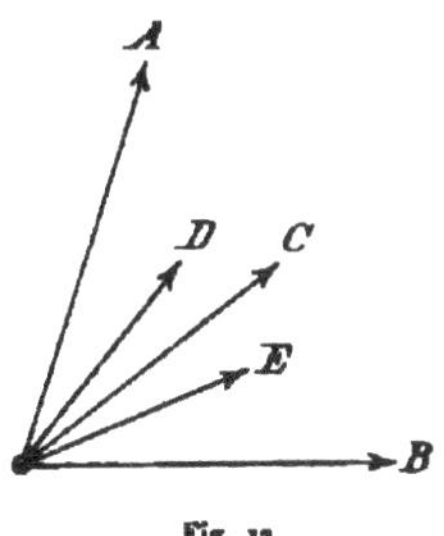

Fig. 12.

In der organischen Natur nennt man die Entwicklung vom Einfachen zum Complicirten Differenzirung. Wir könnten diesen Ausdruck auf das unorganische Gebiet übertragen. Wir wollen jedoch den Begriff specieller fassen und mathematisch formuliren. Da aber Differenziren in der Mathematik bereits eine feste Bedeutung hat, so wurde ein anderes Wort: Complication gewählt.

Complication ist Spaltung (Division) und Zusammenlegen der Theile (Addition). Durch Division allein kann die Manichfaltigkeit in der Natur nicht entstehen (es fehlt die Bildung neuer Richtungen); durch Addition auch nicht (es fehlt die Vermehrung der Einzelkräfte); wohl aber durch beide zusammen.

Complication im engeren Sinn. Die einfachste Theilung ist die Halbirung; die einfachste Addition die Vereinigung von je einem Theil. Wir wollen diesen wichtigsten Fall Complication im engeren Sinne nennen und ihn voraussetzen, wenn wir im Folgenden von Complication reden.

Complication auf verschiedenen Gebieten.

In zwei Abhandlungen[1]) habe ich versucht, aus dieser einfachen Annahme **die Entwicklung der Krystallformen** in ihrer ganzen Manichfaltigkeit abzuleiten (vgl. S. 5). Eine Transformations-Formel $p = (z - z_1) : (z_2 - z)$ gestattete, alle krystallographischen Zahlenreihen auf eine einfache, vergleichbare Form, die der Normalreihen $N = 0 \quad 1 \cdot \cdot \infty$ zu bringen. Eine Discussion der beobachteten Zahlenreihen liess die Anfänge der Entwicklung (Primärknoten), die Richtung der Primärkräfte (senkrecht zu den Primärflächen) bei den verschiedenen Krystallarten finden, für die Einzelflächen Rang und Wahrscheinlichkeit feststellen. Das lieferte die Unterlage für eine Kritik der Beobachtungen[2]) und gestattete unter Umständen das Voraussagen noch nicht beobachteter Formen.[3]) Diese Consequenzen hat die Erfahrung bestätigt und dadurch das Gesetz für die Krystallographie gesichert.

Aber auch auf anderen Gebieten zeigte sich das Gesetz der Complication herrschend. So bei den **Tönen unserer Musik,** wie oben gezeigt wurde. Die

---

[1]) Zeitschr. f. Kryst. 1897. **28.** S. 1 u. 414.

[2]) Ebenda S. 426.

[3]) Ebenda S. 446.

Transformations-Gleichung $p = (z - z_1) : (z_2 - z)$, speciell $p = (z - 1) : (2 - z)$, angewendet auf die Schwingungszahlen der harmonischen Töne, führte zu den harmonischen Zahlen $p = 0\ \frac{1}{3}\ \frac{1}{2}\ 1\ 2\ (3)\ \infty$, die Einblick gewähren in den Bau der Musikstücke und die als Grundlage einer musikalischen Harmonielehre dienen können. Sie werfen Licht auf Einrichtung und Entwicklung unseres Ohrs.

Das Analoge zeigte sich bei den **Farben.** Dieselbe Transformations-Gleichung $p = (z - z_1) : (z_2 - z)$, angewendet auf die Schwingungszahlen der Haupt-Spectral-Linien und, im Anschluss daran, auf die der Farben führte zu den gleichen harmonischen Zahlen $p = 0\ (\frac{1}{3})\ \frac{1}{2}\ 1\ 2\ 3\ \infty$, die Einblick geben in das Wesen der Spectrallinien und der Farben. Sie werfen Licht auf die Einrichtung und Entwicklung unseres Auges.

Auch andere Gebiete der Natur scheinen von dem Entwicklungs-Gesetz der Complication beherrscht. Es seien hier einige flüchtige Ausblicke gestattet.

Harmonie in Geschmacks- und Geruchs-Arten besteht wahrscheinlich im Sinne der Harmonie von Tönen und Farben. Es werden Gerüche und Geschmacke in grosser Manichfaltigkeit unterschieden. Das deutet auf eine Differenzirung im Aufnahms-Organ (Nase, Zunge). Manche Gerüche oder Geschmacke sind angenehm, d. h. dem Sinnes-Organ angepasst, andere unangenehm; aber wir haben nicht, wie für Töne und Farben, in den Schwingungszahlen und im Spectrum Mittel, um Gerüche oder Geschmacke nach Maass und Zahl zu ordnen. So fehlt der Nachweis für das Gelten des Gesetzes von Harmonie und Complication in diesen Gebieten.

Für eine Analogie spricht der Sprachgebrauch und die Begriffsbildung, die oft das Gleichartige vereinigt und der wissenschaftlichen Untersuchung den Weg zeigt. Die Begriffe schön (dem Auge oder Ohr gefällig) und gut (dem Geschmack und Geruch zusagend) vertauschen sich. Man sagt, es schmeckt oder riecht schön, aber auch, ein Musikstück klingt gut oder ein Bild ist gut in den Farben. Man spricht von süssen Tönen und dumpfen Gerüchen, ja Geschmack ist das allgemeine Wort für den Sinn für das Schöne, Harmonische.

Möglicherweise lässt sich einmal auch für Geschmack und Geruch eine Wissenschaft in Maass und Zahl aufbauen; dann dürfte sich auch dort das Gesetz der Harmonie bewähren.

Organismen. Eine weitgehende Aehnlichkeit zeigt sich zwischen der Entwicklung der Krystallformen der freien Zone und der Septen der hexameren **Corallen.** Es ist von Interesse, das schematische Bild in Zittel's Paläontologie[1]) (Fig. 13) mit unserm Bild der freien Zone (Fig. 14) zu vergleichen.[2])

---

[1]) 1880. 1. 215 nach Milne Edwards und Haime.
[2]) Zeitschr. f. Kryst. 1897. **28.** 21.

Beide mögen deshalb nebeneinander hier abgedruckt werden. Man vergleiche auch unsere Fig. 2, 12 und 19—28. Charakteristisch ist für die vorliegende

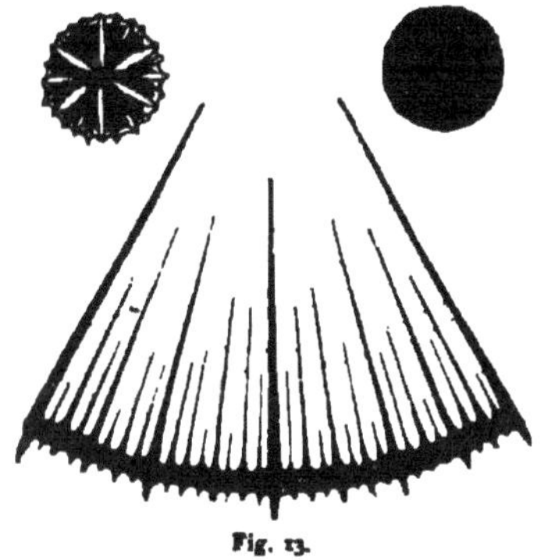

Fig. 13.

Entwicklung der Septen
der hexameren Corallen.

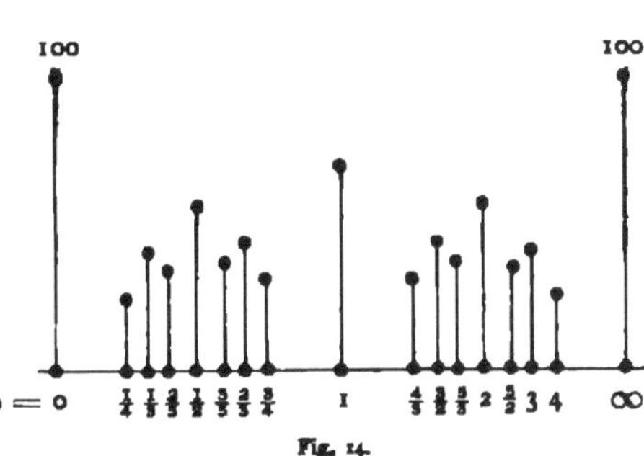

Entwicklung der Krystallformen in der
freien Zone.

Entwicklung, wie für andere Entwicklungen in der Natur, dass sich zwischen je zwei Alte ein Junges eindrängt, entstanden durch das Zusammenwirken der beiden Alten.

Ein Bild der Vertheilung, wie sie der Complication entspricht, gibt der 2, 3, 5 zehige **Fuss** und die menschliche Hand. Die Finger der Hand zeigen die Normalreihe $N_2 = o \frac{1}{2} 1 2 \infty$ und es liegt die Vermuthung nahe, dass unser Gesetz deren Grund-Anlage vorgezeichnet hat. Aehnlich ist es bei den Blättern. Sollte die Vertheilung der Blattnerven auf dem gleichen Gesetz beruhen, so dürfte man sich über die Aehnlichkeit gewisser Blätter mit dem Hahnenfuss oder der Hand nicht wundern.

Einwand. Die Entwicklungsgeschichte der Thiere zeigt die 5 Finger und Zehen hervorgegangen aus Verminderung einer grösseren Zahl.[1]) Dieser Einwand ist vielleicht keine Widerlegung. Denn das einfache Princip arbeitet sich oft erst spät aus dem Gewirr der manichfachen Anläufe durch. Die Welt ist nicht nach einfachem Plan gebaut. Sie entwickelt sich aus dem Chaos.

Beispiele: So hat sich die einfach harmonische **Musik** aus unregelmässig gemischten Tönen roher Vorfahren herausgebildet. Ein Kind, dem man eine Geige in die Hand gibt, oder das man ans Clavier setzt, bringt wirre Töne, wenig rhythmisch, hervor und hat seine Freude daran. Erst die eingehendere Beschäftigung mit dem Instrument, Entwicklung und Erziehung, bringen ihm die Vorliebe für einfache Rhythmen, für reine und harmonische Töne, in denen sich das einfache Princip der musikalischen Veranlagung von

---

[1]) Professor L. Edinger in Frankfurt, ein genauer Kenner der Entwicklungsgeschichte, machte mir diesen Einwand.

Ohr und Sinn klar herausarbeitet. Hier, wie in jeder Eigenschaft, durchläuft das Kind rasch den historischen Entwicklungsgang seiner Ahnen.

Das einfache Princip unserer **Buchstabenschrift,** jedem charakteristischen Sprachlaut ein Zeichen zu geben, dringt allmählich durch, und bald wird es kein Volk mehr geben, das anders schreibt. Aber nirgends ist Schrift nach diesem Princip entstanden. Ueberall hat sie sich aus einem Gewirr gleichzeitiger und wechselnder Anläufe, aus einem Gemisch von Begriffs-, Silben und Lautzeichen abgeklärt, indem sie unbewusst der Entfaltung ihres einfachen Princips zustrebte, das heute bei uns jedes Kind lernt und nach dem es seine eigenen Schriften erfindet.

Wir finden den alterthümlich complicirten Zustand der Schrift in den Hieroglyphen und Keilschriften. Aber auch in der Schrift der Japaner, dieses hochgebildeten modernen Volkes, finden wir ein Gemisch chinesischer Zeichen von theils begrifflicher, theils phonetischer Bedeutung mit Silbenzeichen. Ein Zeichen für viele Laute, einen Laut ausgedrückt durch vielerlei Zeichen, einen solch complicirten Bau der Schrift, dass zum Lesen einer japanischen Zeitung die Kenntniss von mehreren tausend Zeichen nöthig ist; zum Lesen der alten und neuen Drucke und Handschriften noch viel mehr, während das einfache Princip, dessen Entfaltung auch diese Schrift in ihrer Entwicklung zustrebt, mit etwa 20 Zeichen auskommt.

Wir finden in der Natur neben einander **2 Arten der Entwicklung:**

1. **Vermehrung der Manichfaltigkeit durch Complication** und

2. **Verminderung der Manichfaltigkeit** (Vereinfachung) **durch Verdrängen weniger Principien und Abfallen der übrigen.**

Nach beiden Arten der Entwicklung, deren jede wir einen Fortschritt nennen, schreitet unsere Cultur vorwärts, entstehen und vergehen Völker und Thiergeschlechter, Wissenschaften, Religionen und Künste.

Complication im Raum. Der Process der Complication vollzieht sich in einer Ebene. Zwischen 2 Kräften A B (Fig. 15) scheidet sich eine erste Zwischenkraft (Dominante) F und andere abgeleitete Kräfte aus. Derselbe Vorgang kann aber zugleich in einer anderen Ebene stattfinden, z. B. zwischen A C, und E bilden, zwischen B C, und D bilden, dann zwischen D E, E F, F D u. s. w. Jede abgeleitete Kraft kann mit jeder ursprünglichen, wie mit jeder abgeleiteten, zu weiterer Complication zusammenwirken. So entsteht Manichfaltigkeit im Raum.

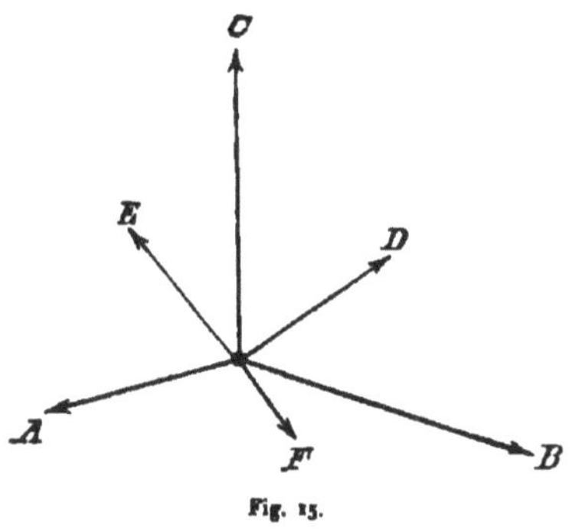

Fig. 15.

Für die Krystalle habe ich den Vorgang eingehender studirt. Dort nennen wir die Ebene eines solchen Zusammenwirkens Zonen-Ebene. Auf der Wichtigkeit des Vorgangs beruht die Wichtigkeit der Zonen (vgl. S. 4).

Ursache der Complication. Auslösung. Verfeinerung. Als Ursache der Complication sind äussere Anregungen, Auslösungen anzuschen. Durch sie wird eine wesentliche Kraft nicht zugefügt. Die Summe ist die gleiche geblieben. In dem Mass, wie die Manichfaltigkeit sich vermehrt, schwächen sich die Einzelwirkungen. Die Gebilde werden complicirter und zarter. Solche Verfeinerung finden wir bei den Krystallen, den Organismen, bei unseren Sinnes-Organen, im Denken und in der gesammten Cultur.

Grenze der Complication. Bei den Krystallen geht die Complication über die Normalreihe $N_3 = 0 \frac{1}{3} \frac{1}{2} \frac{2}{3} 1 \frac{3}{2} 2 3 \infty$ nicht hinaus. In seltenen Fällen vielleicht bis N_4. Die Differenzirung der Töne geht, soweit ich sehen kann, bis N_3[1]), die der Farben ebenso. Auch in anderen Fällen, von denen einige unten betrachtet werden sollen, scheint die Grenze N_3 selten überschritten zu werden. Durch wiederholte Anwendung des gleichen einfachen Processes schafft die Natur eine ungeheure Manichfaltigkeit.

Der algebraische Ausdruck der Complication ist das arithmetische Mittel. Räumliches Mittel. Sind die Primärkräfte A und B, so ist die durch Complication entstehende Zwischenkraft die Vereinigung von $\frac{1}{2}$ A mit $\frac{1}{2}$ B, also $\frac{1}{2}$ (A + B), das arithmetische Mittel, gleichwie die Bildung der Resultante aus A und B die Summe A + B ist, mit Berücksichtigung der Richtung. Wir können dies das arithmetische Mittel im Raum oder das räumliche Mittel nennen.

Bei den Krystallen fanden wir die Entwicklung vom Einfachen zum Complicirten hervorgebracht durch Einschiebung nach obigem Gesetz. Bestätigt sich dasselbe in den andern Gebieten, so haben wir in der Bildung der Complication, des räumlichen Mittels, ein Gesetz der Entwicklung, des Werdens, des Schaffens.

Geist und Empfindung. Es wurde geschlossen, dass unser Geist und unsere Empfindung nach dem gleichen Gesetz der Complication arbeite, wie unsere Sinnes-Organe, das Denk-Organ nach demselben Gesetz eingerichtet und entwickelt sei, indem unser Sinn Harmonie der Töne und Farben als Genuss empfindet, wir aber als Genuss definirten eine Belebung der Functionen unserer Organe, entsprechend deren Einrichtung und Fähigkeit.

Ein Beweis dafür, dass der Geist nach diesem Gesetz arbeitet, könnte darin bestehen, dass sich zeigen liesse, dass er sich **nach diesem Gesetz schaffend** bethätigt. Dies scheint in der That der Fall. Wir wollen den Nachweis an zwei Beispielen versuchen: an der formellen Kunst und an den Zahlensystemen. In beiden Fällen trägt der Geist seine Eigenart in die Natur hinaus, gestaltet und ordnet dieselbe nach seinem Ebenbild.

---

[1]) Bei besonders fein entwickelten oder ausgebildeten Ohren vielleicht bis N_4.

Complication in der formellen Kunst.

Der Genuss des Schönen, die Freude an der Kunst, wie an der Schönheit der Natur, besteht darin, dass wir in den Erscheinungen unser Wesen (Denken und Empfinden) wiederfinden. Durch Zufügung des mit der Thätigkeit unserer Sinne, unseres Denkens und Empfindens gleichartig Wirkenden wird unsere Lebensthätigkeit erhöht. Wir werden sympathisch, d. h. im Sinn unserer eignen Functionen, angeregt, belebt. Darin besteht der Genuss.

In der formellen Kunst wird das als schön empfunden (als gefällig, harmonisch), was der Einrichtung unseres Auges und des die Gesichts-Eindrücke verarbeitenden Geistes angepasst ist. Dieser Einrichtung entsprechen die Gesetze des Schönen in der Form. Sie entwickeln und verfeinern sich mit ihr.

Ist es nun wahr, dass das Auge sowohl, als der die Gesichts-Eindrücke verarbeitende Geist sich beide nach dem Gesetz der Complication entwickelt haben, so dürfen wir erwarten, dass dies Gesetz sich in der absichtlichen Anordnung der Dinge zu einem gefälligen (harmonischen) Ganzen ausspricht.

Versuch. Unmittelbar tritt dies Gesetz hervor bei Gegenständen verschiedener Form und Grösse, die z. B. auf einem Wandbrett oder Kamin in einer Reihe gefällig geordnet sind. Das Bedürfniss nach Harmonie gibt ihnen bestimmte Folge nach Grösse und Abständen. Es ist erst befriedigt, wenn diese Ordnung hergestellt ist. In der Regel wird die von Einem hergestellte Anordnung auch den Anderen gefallen. Ja es werden Viele unabhängig für dieselben Gegenstände die gleiche Anordnung treffen.

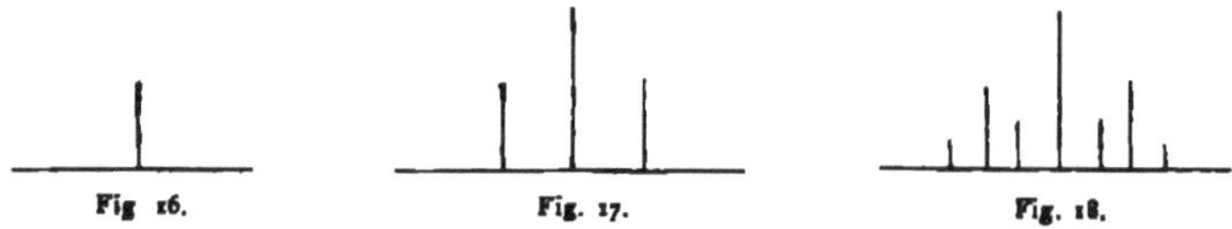

Fig. 16—18 geben Beispiele solcher Anordnung. Man vergleiche sie mit Fig. 13 und 14. Es ist wieder die Einschiebung eines Kleineren zwischen zwei Grössere. Die horizontalen freien Stücke (hier der Unterlage angehörend) sind dabei wesentlich. Der Grund, warum das Gesetz sich gerade in diesem Fall so deutlich zeigt, ist die Einfachheit der Bedingungen: die Anordnung in einer Ebene (entsprechend der freien Zone in der Krystallographie) und die Gleichgiltigkeit der Gegenstände. Der Versuch lässt sich leicht anstellen. Noch unbefangener ist die Prüfung an schon durch Andere aufgestellten Gegenständen.

Symmetrie und Harmonie. Symmetrie ist ein specieller Fall der Harmonie. Sie entspricht der Entwicklung aus zwei gleichen Primärkräften (Fig. 14, 16—18). Es gibt aber auch harmonische Anordnung ohne Symmetrie. Setzen wir in obigem Beispiel eine grosse Figur ausser der Mitte, so ist damit die harmonische Ordnung der übrigen vorgezeichnet (Fig. 19). Diese unsymmetrische Anordnung entspricht in der Krystallographie der freien Entwicklung zwischen zwei ungleichen Primärkräften. Man vergleiche Fig. 19 mit 20, letztere gibt das Bild krystallographischer Entwicklung zwischen zwei Primärkräften von der ungleichen Intensität 100 und 25.[1])

Symmetrische und unsymmetrische Harmonie der Formen. Jede der beiden ist wesentlich für grosse Gebiete der Kunst. Die symmetrische Harmonie beherrscht die Renaissance, die unsymmetrische das Rococco und die japanische Kunst. Die unsymmetrische Harmonie gestattet dem schaffenden Künstler freiere Entfaltung durch willkürliches Einsetzen excentrischer Massen

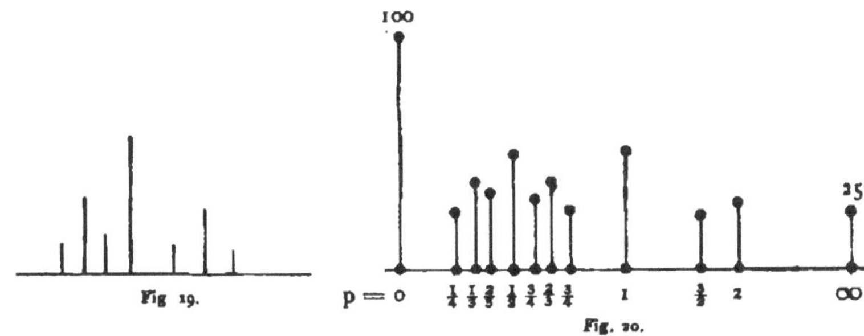

und harmonischen Ausgleich. Symmetrische Harmonie trägt in sich einen hohen Grad der Beschränkung. Sie ist daher leichter zu handhaben, wird aber leicht handwerksmässig. Die unsymmetrische Harmonie bedarf einer strengeren Selbstzucht des schaffenden Künstlers, um von Anderen als Harmonie empfunden zu werden. Sie ist reizvoller, aber unruhiger. Eine Ausartung der Kunst besteht in der Verwechselung der schwerer verständlichen unsymmetrischen Harmonie mit der Regellosigkeit.

Complication in den Zahlensystemen.

Die Zahlensysteme zeigen, wie der menschliche Geist Einheiten zu Gruppen zusammenlegt, umgekehrt, Mengen in untergeordnete Einheiten spaltet. Indem er die Untereinheiten zusammenfasst, zugleich anschaut, sieht er die höhere Einheit mit ihrer vorgezeichneten Theilung (Gliederung) als Ganzes. Das gibt den Begriff der Zahl.

Gruppirung ist Zusammenlegen (Verknüpfen) mehrerer Einheiten zu einem Ganzen, einer höheren Einheit, wobei die ursprünglichen (niederen) Einheiten noch ihre Selbständigkeit bewahren.

---

[1]) Vgl. Zeitschr. f. Kryst. 1897, **28**. S. 22.

Gliederung ist eine Theilung, bei der der Zusammenhang der Theile nicht zerrissen ist, so dass sie zusammen noch ein Ganzes bilden.

Gliederung ist die absteigende, Gruppirung die aufsteigende Operation. Das Produkt beider ist das gleiche, ein gegliedertes Ganze.

Beispiel. Wir haben in der Zahl 5 ein Ganzes und zugleich die 5 Einheiten, die die Zahl ausmachen. Ein Bild der Zahl 5 ist die Hand. Sie gliedert sich in 5 Finger. Die Gruppe der 5 Finger bildet die Hand.

Dem Bedürfniss der Theilung und Zusammenlegung (Gliederung, Gruppirung) zugleich mit dem Bedürfniss der Anschauung der Gruppen entsprechen die Zahlen und die Zahlensysteme mit ihren praktischen Formen, den Maass-, Gewicht-, Münzsystemen.

Zahlensystem ist eine Gliederung der in Abständen von je 1 fortschreitenden Zahlenreihe in Gruppen.

In der Art, wie die Gruppirung vollzogen wird, die Zahlen und Zahlensysteme gebildet werden, haben wir ein Bild, wie der Geist seine Grund-Operationen, Theilung (Division) und Zusammenlegung (Addition) vollzieht. Diese vereinigte Theilung und Zusammenlegung ist aber nichts Anderes als der Process der Complication. Wir dürfen also erwarten, auch hier das Zahlengesetz der Complication zu finden.

Als Grundoperation der Zahlenbildung erscheint die Bildung von Gruppen 2 3 5. Wir haben aber für 2 3 5 eine unmittelbare Anschauung des gegliederten Ganzen in den Formen (Fig. 21—23):

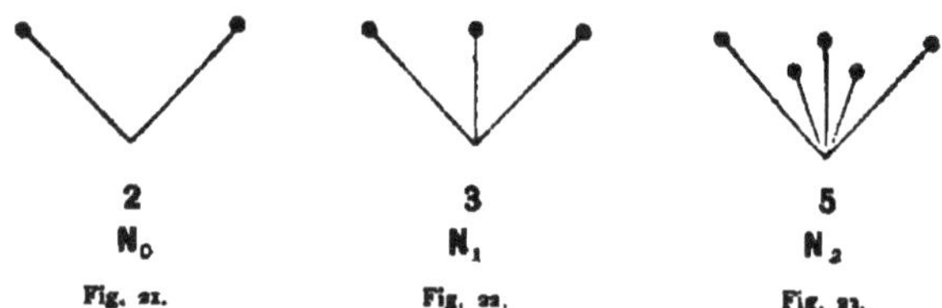

Das ist gerade die Anschauungs-Form der Complication und der Normalreihen N_0 N_1 N_2. 4 ist uns nicht unmittelbar anschaulich, sondern als Doppelhalbirung oder als 2 + 2 oder gar 5 — 1 (Römisch IV), ebenso 6 durch den Doppelprocess 5 + 1 (Römisch VI); 7 durch den Doppelprocess 5 + 2 (Römisch VII). Die Zahl 8 stellt sich dar als 5 + 3 (Römisch VIII) oder 10 — 2, nicht durch ein einheitliches Anschauungsbild.[1]

---

[1] Specielle Untersuchungen über dies Gebiet will ich in einer anderen bereits vollendeten Abhandlung: „Ueber Entstehung unserer Ziffern" vorlegen.

Der nächste Schritt nach 5 in fortschreitender Complication wäre die Anschauung von 9 = N₃ als gegliedertes Ganzes (Fig. 25). Diese
Anschauung ist uns noch möglich, wenn auch nicht so leicht
als die von 2 · 3 · 5 und ohne weitgehende praktische Bedeutung.[1]) Hiersind wir aber an der Grenze der Zahlen-An-
schauung. Dieselbe Grenze der Entwicklung (bis N_2 oder
N_3) fanden wir bei den harmonischen Tönen und den Farben. Bei den Krystallformen wurde selten N_4 erreicht.

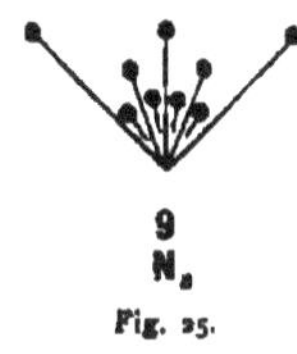

Die Anschaulichkeit der 10 (Fig. 26) liegt in
der Vereinigung von 2 Fünfern. Es ist der Process N_0 und N_2 zugleich. Zum Festsetzen von
10 als Grundlage der Gliederung unseres Zahlen-
systems wirkten mehrere Umstände zusammen.

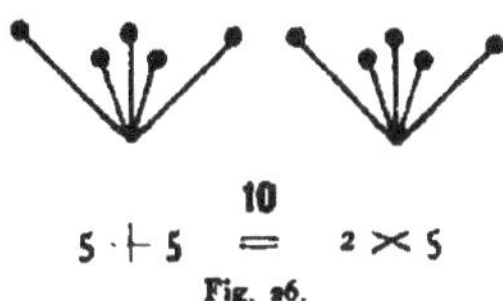

1. Die 2 fünffingrigen Hände.

2. Unsere Auffassungsgabe für zweiseitige Symmetrie.

3. Die Grenze der Anschaulichkeit. Unter 10 dominirt die Anschauung der Zahlen, darüber die Reflexion (Rechnung). Bis 10 gehen die
kleinen Zahlen, bis 5 die ganz kleinen, über 10 die grossen. Nach 10 beginnt
das grosse Einmaleins.[2])

Vierer-, Zehner-, Zwölfer-, Sechziger-System. Alle diese Systeme sind
bei uns im Gebrauch für Maass, Gewicht und Geld, und waren es noch
mehr, bis vor Kurzem das Zehner-System durch gelehrten Beschluss und
Verordnung vielen Anwendungen der übrigen ein Ende machte. Sie alle
sind gebildet durch die Zahlen 2 3 5.

Das **Vierer-System** hat sein Feld da, wo das grössere Ganze die Einheit
ist, aus der kleinere Einheiten von untergeordneter Bedeutung durch **Theilung**
gebildet werden. Als anschauliche Theilung finden wir stets **Halbirung,**
wenn nöthig wiederholt. Zur anschaulichen **Zusammenfassung** mehrerer Einheiten dagegen, zu einer höheren Einheit dienen die anderen Systeme. Wir
hatten beim Getreide:

1 Malter = 4 Simmer à 4 Kumpf à 4 Gescheit à 4 Mässchen.
Der Malter war das Hauptmaass, die anderen seine Theile. Man theilte:

1 Kreuzer in 4 Pfennig.
Aufwärts (zusammenfassend) bildete man Dreier (Groschen), Sechser, Gulden nach dem Zwölfer- und Sechziger-System.

Beim Gewicht theilten wir:

1 Pfund in 32 Loth à 4 Quentchen.

---

[1]) Man vergleiche übrigens Fig. 28 S. 125.

[2]) Ein Thierchen mit mehr als 10 Füssen nennen wir „Tausendfüssler". Es „regt
100 Gelenke zugleich", d. h. eine Zahl weit über die Grenze der Anschauung.

Das Pfund war das Hauptgewicht. Aufwärts bildete man nach dem Decimal-System den Centner.

Ist uns beim Einkauf ein Pfund Kaffee oder Zucker zu viel, so nehmen wir ein Halbes oder ein Viertel oder gar ein halbes Viertel, nicht ein Drittel. Dagegen kaufen wir 6 Paar Strümpfe oder ein Dutzend Taschentücher, wo das Paar oder das Stück die Einheit bildet.

Zeit-Eintheilung. Das Jahr theilt sich in Semester und Quartale und baut sich aus 12 Monaten auf. Der Monat zerfällt in 4 Wochen und baut sich aus 30 Tagen auf. Wegen Rücksicht auf Sonne und Mond klappt die Sache nicht und wird künstlich ausgeglichen. Aus der Theilung des Monats in Viertel kommt die ungewöhnliche, der Complication nicht entsprechende Zahl der 7 Wochentage. Der Tag spaltet sich in 2 Hälften, Tag und Nacht, der helle Tag in Vor- und Nachmittag. Darin zählt man 12 Stunden. Die weitere Eintheilung in 60 Minuten à 60 Secunden ist eine scheinbare Ausnahme.

Kreistheilung, Zifferblatt, Maassstäbe. Zur Erklärung dieser scheinbaren Ausnahme möge Folgendes dienen. Die Theilung der Stunde in 60 Minuten à 60 Secunden ist von den Astronomen (künstlich) auf die Zeit übertragen vom Zeitmesser, der Uhr und den Theilkreisen, die den Gang der Gestirne verfolgen. Die Eintheilung in 2 × 12 Stunden à 60 Minuten à 60 Secunden verstehen, heisst die Entstehung der Kreistheilung verstehen.

Der Kreis spaltet sich in Halbkreise, Quadranten, Octanten durch Halbirung, aber auch in Sextanten. Letztere Theilung (sie ist in der That eine Theilung, nicht ein Aufbauen) verdankt ihre Wichtigkeit der Eigenthümlichkeit des Radius, der Zirkelöffnung oder des gespannten Fadens, mit dem man den Kreis zieht, diesen in 6 Theile zu theilen. Das macht, dass man die Kreistheilung in Sextanten leichter ausführt, als irgend eine andere. Man theilt nicht in Drittel und halbirt, wohl aber in Sextanten und halbirt. Das gibt die 12 (24) Stunden des Zifferblatts, den Kreis, in dem die Stunden angeschaut und gezählt werden. Dem Anschauen und Zählen aber entspricht das Zwölfer-System. So befriedigt das Zifferblatt die Bedürfnisse der Theilung und der Gruppirung zugleich.

Die Theilung des Stundenkreises in 60 Minuten, des Minutenkreises in 60 Secunden dürfte entstanden sein durch Theilung in Sextanten und Halbirung; jedes Zwölftel ausgefüllt durch die anschauliche Gruppe von 5 Minuten. Das Zifferblatt unserer Uhren zeigt auch das.

Im Leben der einfachsten Anschauungen rechnet man nach halben und viertel Stunden, und nicht jeder, der mit diesen Begriffen operirt, weiss, dass man in der Stunde 60 Minuten zählt.

Die Kreistheilung in 360° = 6 × 60° erklärt sich wohl durch gelehrte Uebertragung der für den Vollkreis naturgemässen 60 Theile auf den Sextanten und durch das Bedürfniss des anschaulich gruppirenden Zählens.

Interessant für unsere Untersuchung ist das Bild eines **Maasstabes** für Längenmessung (Zählung von Centimetern, Millimetern . .) oder für Winkel-messung (Zählung von Stunden, Graden, Minuten am Theilkreis). Die Aehnlichkeit des Bildes (Fig. 27) mit dem der Com-plication (Fig. 14) ist auffallend. Es unterscheidet sich von letzterem durch die Gleichheit der Abstände und dadurch, dass dort die Linien die differenzirten Ob-jecte darstellen, hier deren Grenzen. Wir sehen im Maassstab, was die Anschauung in die Längen hinein-getragen hat, um sie übersichtlich, verständlich zu machen, dem Geist zu assimiliren.

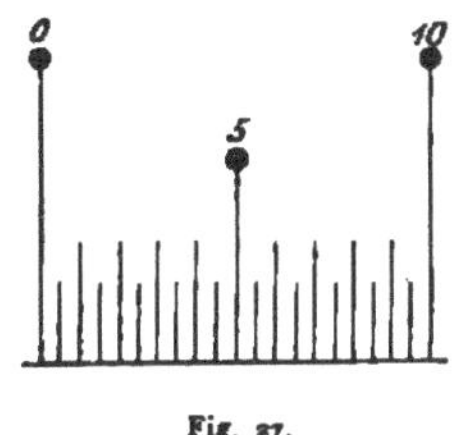

Fig. 27.

> „Sie theilt die fliessend immer gleiche Reihe
> Harmonisch ab, dass sie sich rhythmisch regt."

Sie tritt uns entgegen im Bild des Complicationsgesetzes, verändert durch das Bedürfniss (secundären Einfluss) des speciellen Falles.

Compass. Windrose. Der Kreis der Seeleute, der Schiffs-Compass zeigt in seiner Eintheilung das reine Vierer-System. Die 4 Cardinalpunkte der Windrose geben die Himmelsrichtungen Osten, Westen, Norden, Süden. Diese sind entstanden durch zweimalige Halbirung in Morgen und Abend, Mittag und Mitternacht. Jeder Quadrant zerfällt durch wiederholte Halbirung in 8 Striche. Sein Bild (Fig. 28) ist mehrfach interessant. Es zeigt, ausser der fortgesetzten Halbirung, die Einschiebung der schwächeren (unwichtigeren) jüngeren Richtung im Sinn und mit der Rangordnung der Compli-cation.

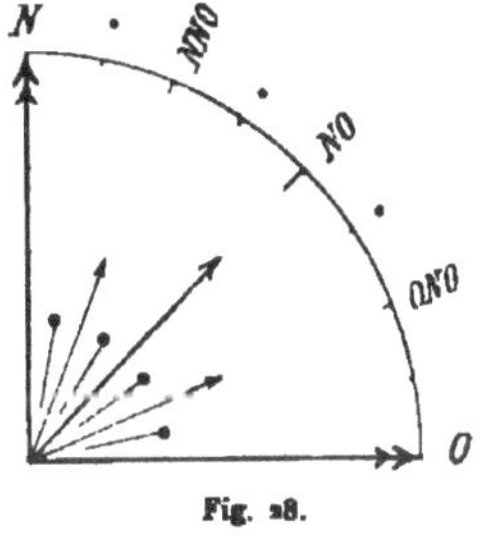

Fig. 28.

Es bildete sich zwischen Nord und Ost zunächst die erste, wichtigste Abgeleitete (Dominante) Nordost, dann, durch erneute Complication, N N O und O N O und endlich die 4 übrigen untergeordneten Striche. Merk-würdiger Weise geht die Complication im Quadranten wieder bis zur Normalreihe N_3, wie bei den Tönen (S. 23), Farben (S. 100), Zahlbegriffen (S. 123) und Krystallen (S. 6 u. 23). Com-plication bis N_3 ist die Grenze unserer Anschauung.

Das **Zwölfer-System** trägt zugleich dem Bedürfniss der Theilung in Hälften-Rechnung und dem anschaulichen Zusammenfassen bis zur Compli-cation $N_1 = 3$, der wichtigsten von allen. Es ist recht das System für den kleinen Markt. Es gibt unsere liebsten Zahlenverhältnisse: das Paar, den Dreier, den Sechser, das Dutzend und das halbe Dutzend und die 12 Stunden der Uhr.

Das **Sechziger-System** befriedigt das Bedürfniss nach Theilung in Hälften und nach anschaulichem Zusammenfassen bis zur Complication $N_2 = 5$. Es ist der consequente Ausbau des Zwölfer-Systems durch Zutreten der 5. Es ist aber weniger einfach und weniger populär, indem es an die Anschauung höhere Anforderungen stellt.

Wir haben den Monat zu 30 Tagen, die Stunde zu 60 Minuten à 60 Secunden, wir hatten den Gulden zu 60 Kreuzern, den Thaler zu 30 Silbergroschen. Das System ist aber nicht so einfach, dem kleinen Markt nicht so angemessen und nicht so populär als das Zwölfer-System. Es ist künstlich durch Gelehrte und Gesetzgeber eingeführt als Verbesserung des Zwölfer- und Vierer-Systems.

Wir erinnern uns an den Ersatz der 32 Loth im Pfund durch 30, der 24 guten Groschen im preussischen Thaler durch 30 Silbergroschen (in Sachsen Neugroschen). Aber die Silbergroschen waren nie populär; das Volk hielt zäh an dem Rechnen mit guten Groschen fest, nachdem die Münze längst aus dem Verkehr verschwunden war.

Das Sechziger-System ist zugleich ein Compromiss zwischen dem Zehner- und Zwölfer-System. Aber es wird, wie so oft die Mittelparteien, durch die extremen aufgerieben.

Das **Zehner-System** enthält die Complication bis $N_2 = 5$ und gestattet einmalige Halbirung. Es schreitet so rasch aufwärts, als es die Anschauung gestattet. $10 = 2 \times 5$ lässt sich durch unmittelbare Anschauung erfassen (Fig. 26 S. 123), 12 nicht mehr leicht, noch weniger 30. Die neue Einheit (10) ist für Anschauung und Demonstration begünstigt durch die 2 Hände. Das Zehner-System hat für die Buchrechnung die anderen Systeme besiegt. Aber **ihm fehlt die 3** und die Möglichkeit der wiederholten Halbirung. Es wird deshalb immer künstlich bleiben und aus den Gebieten der Anschauung und des kleinen Marktes das Vierer- und Zwölfer-System nie verdrängen, wenn sich auch alle Gesetze und officiellen Maasse auf seine Seite stellen.

Münzen. Solange die Münzen in Geschäftsbüchern auftreten, herrscht die 10. Anders da, wo sie aus der Tasche auf den Markt gehen. Hier äussert sich das Bedürfniss der Anschauung für Waare und Münze im **Verlangen nach der 3.**

Beispiel I. Wir hatten in Süddeutschland als Einheit für den Kleinverkehr den Kreuzer, für den Grossverkehr den Gulden. 3 Kreuzer bildeten einen Groschen, 2 Groschen einen Sechser und 10 Sechser einen Gulden. Kreuzer, Groschen, Sechser und Gulden waren selbständige Einheiten, für die Münzen geprägt wurden. Die Spaltung des Guldens lieferte das Halbguldenstück. Dagegen ist der Sechser nicht als $\frac{1}{10}$ Gulden anzusehen, sondern als Gruppe $2 \times 3 = 6$ Kreuzer. Das sagt der Name. Die Zahl 4 spielt in der Gruppirung keine Rolle. Dagegen erscheint sie bei Theilung des Kreuzers in 4 Pfennige.

Anmerkung. Wir finden hier und sonst oft die Gruppirung 3 zur höheren Einheit der 2 vorgezogen. Das mag in Folgendem seinen Grund haben. Die 2 Einheiten sind (wenn nicht zu gross) so übersichtlich, dass die Bildung einer neuen Einheit aus ihnen noch nicht Bedürfniss ist. Für 2 ist die Vereinigung so leicht, die Spaltung so leicht, dass die Gruppe 2 unter vielen Verhältnissen keine Festigkeit gewinnt.

Die Commission der französischen Revolution brachte eine Reform vom grünen Tisch, die strenge Durchführung des Decimal-Systems. Die Anwendung dieses Systems brachte in Frankreich den Franc = 100 Centimes und bei der einheitlichen Neuordnung des deutschen Münzwesens die Mark als Einheit. Die Mark ist nicht der Anschauung gemäss aufgebaut aus kleineren Werthen, sondern künstlich gespalten in 100 Pfennige, die einzeln kein Leben haben. Eine natürliche Strömung mit dem Bedürfniss des Aufbaues und Anschauens hat das Zehnpfennigstück zur Einheit des Kleinverkehrs gemacht. Es ist mit anderem Namen der alte Groschen, der englische Penny. 5 Pfennig erscheint als ein halber Groschen, 50 Pfennig als eine halbe Mark. Die grosse Zahl im Namen 10, 20, 50 Pfennigstück deckt sich nicht mit der Anschauung der einfachen, doppelten, halben Verkehrs-Einheit. Auch fehlt ein 3-Groschenstück (three pence). Der gleiche Uebelstand führte im französischen Kleinverkehr zur Erhaltung der Rechnung nach Sous. Von grösseren Münzen hat das Gesetz 1 · 2 · 5 Markstücke gemacht. Der Zufall hat das 3 Markstück, den Thaler, erhalten und der Wunsch des Verkehrs hält zäh an ihm fest. Nach einem 4 · 6 · 7 · 8 · 9 Markstück ist kein Verlangen. Bei den Gold-Münzen, dem 10 und 20 Markstück, dem 50, 100 Markschein, die dem Grossverkehr dienen, liegt ein Bedürfniss der 3 nicht vor.

Beispiel 2. In England ist die Münze des Kleinverkehrs der Penny. Aus 12 Pence baut sich der Shilling auf und zwar in Stücken von 1 · 2 · 3 · 6 Pence. Sixpence ist zugleich ein halber Shilling. Die Münze des Grossverkehrs dagegen, das Pfund, hat 20 Shilling. Es cirkuliren Noten zu 5, 10 Pfund, nicht zu 3 Pfund. Das Bedürfniss der 3 liegt hier nicht vor. Die Eintheilung des Shilling in 12 Pence wird von der Rechnung des Grosskaufmanns als eine Last empfunden, der Aufbau des Shillings aus Penny, Threepence, Sixpence vom Kleinverkehr als eine Wohlthat. Das englische Münzsystem entspricht, wie die früheren deutschen, einer Entwicklung, in der die Bedürfnisse des Grosshandels (Rechnung und Buchführung), die des Kleinhandels (Anschauung) verdrängen. Das zähe Festhalten der Engländer an der Rücksicht auf das nicht erloschene alte Bedürfniss ist naturgemäss, wenn auch vielleicht auf die Dauer nicht haltbar.

Altersfolge der Ziffern. Es lässt sich zeigen (und ich will das an anderer Stelle darlegen), dass die Ziffern eine bestimmte Altersfolge der Entstehung haben. Nämlich 1 · 2 · 3 · 5; 4 · 6; 10; 9 · 7 · 8. Die Folge entspricht der fortschreitenden Complication, wie wir sie oben bei den Zahlensystemen kennen gelernt haben.

Die Bildung der Begriffe und Zeichen für die höheren Zahlen ist eine
Wiederholung derer zwischen 1 und 10. Es bildete sich 10 · 20 · 30 · · · analog 1 · 2 · 3 ·   Wir sehen das deutlich in Worten und Ziffern, z. B.

I	II	III	IV	V	VI	VII	VIII	IX	X
X	XX	XXX	XL	L	LX	LXX	LXXX	XC	C
C	CC	CCC	[CD]	D	DC	DCC	DCCC	[CM]	M

Anschauung und Rechnung. Die Bildung der Ziffern von 1—10 ist be-
herrscht von der Anschauung und entwickelt sich mit dieser (Complication).
Die der höheren Ziffern dagegen ist beherrscht von der schon höher ent-
wickelten Rechenkunst.[1]) Sie überträgt das zwischen 1 und 10 Erworbene.
Je höher wir steigen, desto mehr herrscht die Rechnung, verliert sich die
Anschauung.

Wir sehen das z. B. bei obigen römischen Ziffern. IV = V—I ist
anschaulicher als IIII und wird vorgezogen. Bei den analog gebildeten höheren
Ziffern ist XXXX mindestens ebenso häufig als XL; CD aber tritt gegen CCCC
entschieden zurück. Ueber M geht das römische Ziffernsystem praktisch zu
Bruch. Es wird verdrängt durch ein anderes, das sogenannte a r a b i s c h e.

Bei den a r a b i s c h e n Z i f f e r n 1—10 ist die Anschaulichkeit verloren
gegangen. Sie haben dieselbe besessen, wie ich glaube zeigen zu können.
Dagegen haben sie ein schönes Verfahren der periodischen Weiterbildung
ausgebildet (mit Stellenwerth und Null), das sich sogar absteigend für die
Werthe von 1 bis 0 weiter entwickeln liess (Decimalbrüche). In dem Maass,
wie die R e c h n u n g das Uebergewicht erlangte über die mit A n s c h a u u n g
verknüpfte Auffassung der Zahlen, haben die arabischen Ziffern die römischen
verdrängt. Sie hätten sie aus a l l e n Positionen verdrängt, wäre ihnen in den
Grenzen 1—10 die ursprüngliche Anschaulichkeit erhalten geblieben.

So ist der Kampf noch nicht beendet. Da wo unmittelbare A n s c h a u u n g
erwünscht ist, bei den kleinen Zahlen I II · III, dann V und X, auch IV und
VI finden die römischen Ziffern noch immer ihre Verehrer und Anwender.[2])
II ist anschaulicher als 2, XX anschaulicher als 20. Dagegen ist MDCCI nicht
anschaulicher als 1701 und zugleich für die Rechnung schlecht. Die Anwendung der h o h e n römischen Zahlen, z. B. auf Denkmälern, ist nur noch ein
scholastisches Curiosum.

Anmerkung. Den gleichen K a m p f zwischen A n s c h a u u n g und
R e c h n u n g in der Reihe der Zahlzeichen finden wir bei den Japanern. Dort
haben wir z. B. bei Numerirung der Bände eines Werkes:

---

[1]) Elf und Zwölf, XI · XII gehören noch zu den anschaulichen Zahlen. Daher ihre
alten, eigenartigen Namen.

[2]) Sie werden z. B. auf den Zifferblättern unserer Uhren bevorzugt.

Wenn es 2 Bände hat: 上 下 das ist oben, unten.

Wenn es 3 Bände hat: 上 中 下 das ist oben, mitten, unten.

Wenn es viele Bände hat: 一 二 三 四 五 ··· = 1 · 2 · 3 · 4 · 5 ···

oder: 壹 二 三 四 五 ··· = eins 2 · 3 · 4 · 5 ···

Statt der Ziffern gebrauchte chinesische Wortzeichen finden sich bei den Japanern nur für 1 · 2 · 3 und 10.[1])

Brüche und Decimalbrüche. Ein ähnlicher Verdrängungs-Process vollzieht sich bei den Brüchen. Da wo die Anschauung ausreicht, bei $\frac{1}{2}$, $\frac{1}{3}$, $\frac{2}{3}$, $\frac{1}{4}$, auch $\frac{3}{4}$, $\frac{4}{5}$ behalten die Brüche ihr Recht. Werden aber die Verhältnisse complicirt, sodass die Anschaulichkeit verloren geht, überwiegt die Buchrechnung und macht die Anschauung überflüssig, so weichen die Brüche den Decimalbrüchen. Das Durchdringen des Decimalsystems für Maass, Gewicht und Geld hat die complicirten Brüche praktisch fast bedeutungslos gemacht.

Wir wollen auf diese Dinge hier nicht näher eingehen. Es kam nur darauf an, zu zeigen, dass auch in der Zahlen-Auffassung, in den Ziffern, den Münzen, Maass- und Gewichts-Systemen, die Eigenart der menschlichen Anschauung sich widerspiegelt, die beherrscht ist durch die Entwicklung vom Einfachen zum Manichfaltigen nach dem Gesetz der Complication. Die Anschauung aber ist eine Function des Geistes.

Harmonie und Complication in Gehirn und Psyche.

Zusammenfassung. Wir lernten den Begriff der Harmonie (zunächst der Töne) in vierfachem Sinn kennen:

I. Harmonie psychologisch ist die Auswahl von Tongruppen, die dem Gemüth einen Genuss gewähren. In dem Genuss liegt die Ursache der Auswahl und damit die Ursache der Bildung des Begriffs der Harmonie.

Die Frage der Psychologie ist:

Wieso wird Harmonie als Genuss empfunden?

II. Harmonie physiologisch ist die Wirkung der harmonisch-wohlthuenden (psychologisch-harmonischen) Tongruppen auf unsere Organe und zwar:

A. auf das Ohr.

B. auf das Gehirn.

Die Frage der Physiologie ist:

a. Wie ist das Ohr eingerichtet zur Aufnahme der Töne?

Wieso gibt es den harmonischen Gruppen einen Vorzug, ist der Aufnahme solcher besonders angepasst?

b. Wie ist das Gehirn eingerichtet zur Aufnahme der Töne?

Wieso gibt es den harmonischen Gruppen einen Vorzug, ist der Aufnahme solcher besonders angepasst?[2])

[1]) Vgl. Lange, Einführung in die japanische Schrift, Berlin 1896, S. 140 u. 141.

[2]) Sollte es sich zeigen, dass der Sitz der Empfindung nicht im Gehirn ist, sondern im Aufnahms-Organ, so würden die Fragen a und b zusammenfallen.

III. Harmonie physikalisch ist eine mechanisch-physikalische Charakterisirung der Tongruppen, welche psychologisch und physiologisch harmonisch wirken.

Diese Charakterisirung wurde oben versucht. Wir fanden als objectiv charakteristisch für die Harmonie die Gruppirung nach den harmonischen Zahlen (p), die sich aus ·den Schwingungsverhältnissen (z) ableiten, nach dem Gesetz der Complication.

IV. Harmonie erkenntniss-theoretisch. Es ist die Frage:

Wie arbeitet unser Geist, wie bildet er seine Begriffe, dass er die geschilderten heterogenen Vorgänge: des psychischen Wohlbehagens, der physiologischen Anregung des Ohrs, der Gruppirung der Töne nach dem Gesetz der Complication in den einen Begriff der Harmonie zusammenfasst? Was ist das Gemeinsame?

Zur Klärung der letzten Frage mögen noch einige Betrachtungen dienen.

Erkenntniss-theoretische Frage. Bildung des einheitlichen Begriffs der Harmonie. Wir definirten (S. 68): „Harmonie ist eine den Sinnesorganen angepasste, deshalb dem Gemüth wohlthuende Gruppirung." Das physiologisch und psychologisch Gemeinsame ist das, was wir, auf die Sinnesorgane bezogen, angepasst nennen, auf das Gemüth bezogen, wohlthuend. Das Gemeinsame zwischen dem physiologischen Angepasstsein an das harmonische Organ (in Ohr, Auge) und der entsprechenden physikalischen Gruppirung (der Töne, Farben) ist das Entwicklungs-Gesetz der Complication.

Mit anderen Worten:

Das Gesetz der Complication charakterisirt den Begriff der Harmonie als Genuss, als Empfindung und als Gruppirung, d. h. psychologisch, physiologisch und physikalisch (man könnte zufügen genetisch). Als Genuss in der Psyche, als Empfindung in den SinnesOrganen und als Gruppirung in der Physik. (Genetisch nach der gemeinsamen Entwicklung unseres Geistes und Körpers und der Manichfaltigkeit in der Natur).

Es fragt sich nun: Haben wir zwischen dem harmonisch angeregten Sinnesorgan und der harmonisch geniessenden und schaffenden Psyche noch einen beiden entsprechenden Vorgang im Gehirn anzunehmen? Wenn ja, so erscheint der Schluss berechtigt, dass auch dieser Vorgang durch das Gesetz der Harmonie beherrscht wird.

Ich will versuchen nachzuweisen, dass ein solcher Vorgang anzunehmen sei.

———

Geist und Gehirnarbeit, Psychologie und Physiologie. Alles Erkennen ist Geistes-Arbeit: Erfassen mit Empfindung und Gefühl und Verarbeiten durch Erkenntniss. Geist aber kann nur Geist ausmessen. Wenn wir trotzdem daran arbeiten, die physische Natur zu erkennen, unserem Geist zu assimiliren (darin besteht die ganze Naturwissenschaft), so ist das nur dadurch möglich, dass neben jedem Geistes-Vorgang (in der Psyche) ein materieller Vorgang (im

Körper) verläuft, der Punkt für Punkt mit ersterem correspondirt. Den Sitz des materiellen Vorgangs verlegen wir ins Gehirn, wofür viele Anzeichen sprechen (theilweise vielleicht in die Sinnesorgane, Rückenmark und Nerven). Dorthin verlegen wir auch den Sitz des Geistes (der Psyche).

Indem wir für jede Eigenschaft des Geistes eine bis ins Kleinste correspondirende Eigenschaft des Gehirns voraussetzen, so dass jede Veränderung (Bewegung) im Geist eine genau entsprechende Veränderung (Bewegung) im Gehirn mitbringt, so haben wir zwei Gebilde neben einander, die sich zu allen Zeiten, in allen Punkten und in allen Eigenschaften decken. Solche zwei Gebilde betrachten wir als identisch. Das eine kann mit dem andern vertauscht werden.

Damit ist nicht eine Brücke geschlagen zwischen beiden, sondern beide (Geist und dem Geist entsprechende Gehirnthätigkeit) sind identificirt. Der Unterschied liegt im Standpunkt der Betrachtung. Das entspricht auch dem Sprachgebrauch: Wir identificiren Denken und Kopfarbeit, Empfinden und Sinnesthätigkeit.[1]) Wenn trotzdem eine scharfe Trennung der Gebiete Physiologie und Psychologie für die Wissenschaft nöthig ist, so hat das seinen Grund in der durch den verschiedenen Standpunkt gegebenen Eigenartigkeit der Behandlung. Aufgabe der Psychologie ist das Studium der geistigen Verrichtungen, Aufgabe der Gehirn-Physiologie ist das Studium der den geistigen Verrichtungen entsprechenden Gehirnthätigkeit.

Wir stehen nun vor der Frage:

Functionirt das Gehirn nach dem Gesetz der Complication? oder genauer: **Functioniren die den Sinnen entsprechenden einzelnen Gehirntheile (Centralorgane) nach diesem Gesetz?** Um dies zu prüfen, sind einige Betrachtungen nöthig.

Ueber den Bau des Gehirns und über die Beziehungen seiner Theile zu den Sinnesorganen, sowie unter sich haben anatomische, physiologische, patho-

---

[1]) Mit der mehrseitigen Auffassung des gleichen Begriffs (Objects) geht Hand in Hand eine mehrfache Benennung. Vgl. Zeitschr. f. Kryst. 1899. **32.** 59. Eine Stelle von dort möge hier wiedergegeben werden: Den hohen wissenschaftlichen **Werth der Mehrdeutigkeit** (vielleicht besser Mehrseitigkeit) eines Begriffes, selbst eines mathematisch streng definirten und formulirten, wollen wir an einem Beispiel betrachten. Der erste Differential-Quotient df:dx hat analytisch eine bestimmte Bedeutung und Benennung, ebenso der zweite d²f : dx². In der Mechanik bedeutet df dx Geschwindigkeit, d²f : dx² Beschleunigung (Kraft); in der Geometrie bedeutet df : dx Richtung der Curve, d²f dx² Krümmung. Wir können nun mit df dx oder d²f:dx² rein mathematisch operiren, aber jederzeit an Stelle der algebraischen Bedeutung die geometrische oder mechanische setzen. Umgekehrt können wir Geschwindigkeiten oder Beschleunigungen (Kräfte) messen, sie als Curven auftragen und graphisch discutiren, oder sie als Differentialquotienten in Rechnung stellen und damit analytisch operiren. Das Resultat der Rechnung oder graphischen Discussion können wir wieder mechanisch deuten und mit der Beobachtung vergleichen.

logische Studien Aufklärung gebracht. Man weiss, dass dem Auge, dem Ohr, der Sprache, gewisse Theile des Gehirns entsprechen, so dass bei deren Exstirpation oder Beschädigung Blindheit, Taubheit, Aphasie, Lähmung des Sinnes-Organs eintritt. Der dem betreffenden Sinn entsprechende Theil des Gehirns möge sein Centralorgan heissen. Man weiss ferner, dass jedes Sinnes-Organ mit seinem Centralorgan durch eine Nervenleitung verbunden ist, den nervus opticus, acusticus u. s. w., und dass die Centralorgane unter einander durch Nervenfasern verknüpft sind. Das Gehirn umfasst alle diese Centralorgane mit Einschluss ihrer Verknüpfungen und bildet so ein Gesammt-Centralorgan, eine Universitas Sensuum, nach deren Muster unsere Universitas Literarum eingerichtet ist.

Man nimmt an, dass die Anregung des Sinnesorgans, z. B. des Ohrs, von aussen durch den Hörnerv zu dem Gehörcentrum im Gehirn geleitet wird und dort eine Thätigkeit anregt; dass Bethätigung des Gehörcentrums durch die verknüpfenden Nervenfasern anregend auf die Centralorgane der andern Sinne wirkt.

Die Natur eines Organs wird beim Studium nicht als Ganzes erfasst. Eine Eigenschaft nach der anderen erschliesst sich unserer Erkenntniss, bis das Bild sich zu einem Ganzen befriedigend ausmalt. Es ist daher ein Fortschritt, wenn wir von einem wenig bekannten Organ eine Eigenschaft gewinnen. Die von uns hier nachzuweisende (oder, wenn dies nicht gelingt, bis auf strengeren Nachweis wahrscheinlich zu machende) Eigenschaft der Central-organe ist das Functioniren und Sich-Entwickeln nach dem Gesetz der Complication.

Zur Auffindung der Eigenschaften eines Centralorgans, z. B. des Gehörcentrums, haben wir zwei Wege:

1. Wir studiren (anatomisch) seinen Bau und experimentell (physiologisch) das Functioniren seiner Theile und suchen die Beziehungen der erkannten Einrichtungen zur psychischen Wirkung des Organs.

2. Wir schliessen (umgekehrt) aus psychischen Vorgängen (hypothetisch) auf Eigenschaften des Organs und suchen diese Eigenschaften physiologisch und anatomisch nachzuweisen.

Beide Wege führen vom Bekannten zum Unbekannten. Beide sind in beständigem Wechsel, unter beständiger gegenseitiger Controle und Berichtigung, in Anwendung.

Wollen wir z. B. das Ohr und sein Centralorgan verstehen (beide Untersuchungen ergänzen sich), so untersuchen wir anatomisch deren Bau und experimentell (physiologisch) das Functioniren ihrer Theile. Andrerseits kennen wir aus unserer Psyche die Gehörsempfindungen und das Wohlgefühl der Harmonie und schliessen: Wie müssen Centralorgan und Ohr eingerichtet sein, welche Einrichtungen haben wir ihnen zuzuschreiben, damit sie Verrichtungen vollziehen, die den uns bewussten Gehör-Empfindungen correspondiren. So gewinnen wir aus der Psyche (hypothetisch) Eigenschaften des Organs, die wir mit seinen physiologisch und anatomisch zugänglichen Eigenschaften in Einklang zu bringen haben.

Wir wollen von den Sinnen zunächst Gehör und Gesicht ins Auge fassen und kommen auf die Frage zurück: „Functioniren die Centralorgane (zunächst des Gehörs und Gesichts) nach dem Gesetz der Complication?" Das lässt sich, wie ich glaube, nachweisen. Wir schliessen folgendermassen:

Das Ohr functionirt nach dem Gesetz der Harmonie, das, wie ich zu zeigen suchte, mit dem der Complication identisch ist. Das Ohr leitet durch den Hörnerv die Gehörs-Erregungen zum Gehirn und löst dort in dem entsprechenden Centralorgan mechanische Processe aus, die dem Functioniren des Ohrs correspondiren. Der Process im Centralorgan kann den correspondirenden im Ohr durch den Hörnerv in umgekehrtem Lauf anregen, so dass das Ohr tönt und der Mund singt. (Innervation.)

Der Process im Centralorgan ist nicht der gleiche wie der im Ohr, aber beide correspondiren, d. h. jedem Vorgang im Ohr entspricht einer im Gehirn nach Zeitfolge, Stärke und Rangordnung. Diese Eigenschaften aber sind für das Ohr vorgezeichnet durch das Gesetz der Complication, also auch, wie wir schliessen, für das Centralorgan.

Wir schliessen ferner: Da Ohr und Centralorgan von Anfang an verknüpft waren, und die correspondirende Thätigkeit verrichteten, sowohl beim Individuum als bei seinen Vorfahren, so haben beide sich zusammen entwickelt, verfeinert. Die verfeinernde Entwicklung aber folgt im Ohr dem Gesetz der Harmonie, also auch im Centralorgan.

Welcher Art die den Sinneserregungen correspondirenden Processe im Centralorgan sind, wissen wir nicht. Aber wir nehmen an, dass sie dauernde Veränderungen hervorbringen (Eindrücke? Formungen? Knotenbildungen?), die sich durch Wiederholung verstärken und vermöge deren das Centralorgan dazu befähigt, prädisponirt ist, auch auf innere Anregung hin den gleichen Vorgang zu wiederholen. Darin besteht das Erinnern eines Klangs, eines Accords, einer Melodie. Man sagt: Töne, Worte sind unserem Gehirn (Gedächtniss) eingeprägt. Wir nennen solche Einprägungen auch bei anderen Sinnen Eindrücke.

Analogon 1. Ich will mich auf einer schiefen Fläche, z. B. auf einem Schneefeld oder Gletscher herabbewegen, so kann das gleitend geschehen, oder indem ich an verschiedenen Stellen auftrete. Haue ich nun Stufen ein, eine Treppe, so geschieht das Absteigen jedesmal durch Auftreten auf die Stufen. Die vorgezeichneten Orte geben der Bewegung eine Bahn und einen Rhythmus. Nicht nur ein Mensch, auch ein Thier, ja eine herabrollende Kugel wird auf die Stufen einer Treppe der Reihe nach auftreten. Ihre Bewegung erhält den vorgezeichneten Rhythmus. Das Eindrücken der Stufen, das Einzeichnen des Weges, den jeder folgende Wandrer nimmt, geschieht auf einem Schneefeld schon durch einfaches, tiefer und sicherer durch wiederholtes Begehen. Eigenartiger Rhythmus und Richtung der Schritte drückt sich auf der weichen Unterlage ab und befähigt diese zur Erregung des gleichartigen Rhythmus und der gleichen Richtung in der Bewegung einer anderen Person.

Analogon 2. Der Rand eines Uhr-Rades ist in Zähne getheilt. Während das Rad sich durch eine gespannte Feder dreht, greift abwechselnd rechts, dann links, einer der zwei Haken des sogenannten Ankers in einen Zahn ein. Dies periodische Eingreifen in vorgezeichnete Einschnitte theilt den continuirlichen Verlauf der Umdrehung periodisch ab, „dass es sich rhythmisch regt". Das gibt ein Ticken, wenn rasch, einen Ton.

Analogon 3. Wir können das harmonische Organ des Ohrs der Aufnahmsplatte eines Phonographen vergleichen, das Centralorgan des Gehirns der Walze, den Hörnerv der Zuleitung zum Schreibstift. Die durch herankommende Töne schwingende Platte bewegt den Stift und dieser gräbt in die rotirende Walze Zeichen ein, die den Schwingungen der Platte correspondiren. Durch dies Einzeichnen ist nun die Walze so eingerichtet, dass, wenn sie gedreht wird und ein Stift darüber gleitet, diesem die Bahn vorgezeichnet ist. Das Gleiten verwandelt sich in eine rhythmische Bewegung und die Verbindung des Stifts mit einer Platte bewirkt, dass genau die Töne erzeugt und dem Ohr zugeführt werden, die die Einzeichnung bewirkt haben.

Sind so dem Gehirn Zeichen eingedrückt, Bewegungsbahnen vorgezeichnet, so können Bewegungen (Ströme), den Rhythmus des Eingedrückten annehmen (das Gedächtniss wach-rufen), die selbst von diesem Rhythmus nichts an sich haben. Dieselbe Bewegung kann (analog dem gleitenden Stift beim Phonographen) bei verschiedener Eingravirung ver-schiedene Rhythmen annehmen, die, durch den Hörnerven zum Ohr geleitet, gerade die Töne erregen, die die Eingravirung bewirkt haben (Innervation des Ohres durch Erinnerung). Wiederholte Eingrabung der gleichen Marken vertieft diese und bewirkt, dass eine Be-wegung, deren Rhythmus annimmt, im Vorzug vor andern, die minder tief eingegraben sind. Das entspricht der Wirkung der Einübung. Auch einmalige starke Erregungen können sich tief eingraben (man sagt, einen tiefen Eindruck machen) und daher vorzugs-weise ausgelöst werden. Ebenso Erregungen eines jungen, weichen, wenig verritzten Ge-hirns. Die Jugend lernt rasch und Jugend-Erinnerungen setzen sich fest. Ist im Alter die Walze abgerieben, so werden die tiefsten Eingrabungen vorzugsweise vom Strom der geistigen Bewegung aufgenommen, dem sie ihren Rhythmus mittheilen.

Ein Analogon ist keine Erklärung. Es ist aber ein Mittel zum theilweisen Ver-ständniss. Es deckt sich nicht in allen Punkten mit dem Verglichenen, das es beleuchten soll, aber in mehreren. Indem wir den Zusammenhang dieser Punkte im Analogon ver-stehen, übertragen wir ihn auf das Verglichene.

Den Vorgängen in der Psyche entsprechen, nach der allgemeinsten Annahme, Vorgänge im Centralorgan. Wir wissen aber aus Erfahrung, dass der Geist noch musikalisch-harmonisch arbeitet, nicht nur Erfahrenes wieder-holend, sondern Neues schaffend (componirend), auch wenn das Ohr nicht functionirt, wenn alles still ist, ja wenn volle Taubheit eingetreten ist.[1] Der geistige Vorgang des musikalischen Schaffens (des Arbeitens nach dem Gesetz

---

[1] Ein classisches Beispiel ist der grosse Beethoven, der, taub geworden, die herrlichsten Werke componirte. Sein Geist und Gehirn arbeiteten harmonisch schaffend weiter, obgleich das Ohr nicht mehr functionirte.

Ein anderes Beispiel ist Smetana, von dem C. Stumpf (Tonpsychologie 1883. 1. 420) berichtet. Der taub gewordene Componist schreibt von seinen letzten Werken: „Ich habe von all diesen Werken nicht einen Ton gehört und doch lebten sie in mir und erregten durch blosse Vorstellung Rührung bis zu Thränen und Schwelgen in Ent-zücken. Vgl. auch Stumpf l. c. S. 411, 414 und 424.

der Harmonie) ist ohne einen körperlichen Parallelvorgang nicht denkbar. Ist nun aus der Kette: Geist, Centralorgan, Ohr, das Ohr herausgefallen, so bleibt nur die Annahme, dass das Centralorgan die harmonische Arbeit verrichtet, nach dem Gesetz der Harmonie (Complication) functionirt. Wir haben ein Abbild vom Arbeiten des Centralorgans im Functioniren des Ohrs, andererseits in dem des Geistes, des musikalischen Empfindens und Schaffens. Dem Geist und Ohr eigenthümlich ist das Entwicklungsgesetz der Complication, also auch, wie wir schliessen, dem Centralorgan.

Den gleichen Schluss wie für das Ohr können wir für das Auge und das centrale Sehorgan ziehen, denn es ist kein Zweifel, dass der erblindete Maler noch Bilder in allen Farben componirt, wenn er sie auch nicht mehr auf die Leinwand bringen kann.

In Bezug auf räumliche Verhältnisse und Auffassung der Zahlen arbeitet der schaffende Geist nach dem Gesetz der räumlichen Anschauung, welches das Gesetz der Complication ist, indem er, wie wir zeigten, das Gesetz der Harmonie ordnend in die Natur hinausträgt. Dem psychischen Process der Anschauung verläuft parallel die Thätigkeit keines Sinnesorgans, wohl aber die eines Gehirntheils, dem wir also ebenfalls das Gesetz der Complication zuzuschreiben haben.

Gemeinsame Verfeinerung der Sinne, der Cultur. Wenn die Sinnesorgane und die zugehörigen Centralorgane sich gleichzeitig und nach dem gleichen Gesetz der Harmonie entwickelt haben und weiter entwickeln, sowie nach demselben Gesetz functioniren, wenn ferner in Folge der Verknüpfung der Centralorgane unter sich durch Nervenfasern eine gegenseitige Anregung besteht, so ist es denkbar, dass fortschreitende Entwicklung (Verfeinerung) eines Sinnesorgans (mit seinem Centralorgan) die Entwicklung (Verfeinerung) eines anderen nach sich zieht. Dass z. B., wenn durch fortschreitende Entwicklung des Auges, dessen Centralorgan sich verfeinert, die so gewonnene Verfeinerung durch Verknüpfung und gegenseitige Anregung auf eine höhere Differenzirung des Gehörcentrums und dadurch das Ohrs hinwirkt. Dies würde erklären, wieso an der Verfeinerung die verschiedenen Sinne gleichzeitig theilnehmen, sodass sich eine Harmonie, ein Gleichgewicht der Sinne herstellt. Eine harmonische Verfeinerung aller Sinne aber entspricht einer Verfeinerung der Cultur.

Es ist nicht ausgeschlossen, dass sich unsere Sinnesorgane in ihrer Gesammtheit nach dem Gesetz der Complication entwickelt haben, und dass sie so zusammen ein harmonisch gegliedertes Ganze bilden. Die räumliche Anordnung spricht dafür, ebenso ihre Rangordnung und die Folge ihres Entstehens und Vergehens.

Schluss. Wir kommen zu folgender Schlusskette:

Der Geist wählt als begrifflich einheitlich die Harmonie aus, deshalb, weil sie der Empfindung nach ein Ganzes ist und zwar ein in bestimmter Weise gegliedertes Ganzes. Der Geist der Erkenntniss wiederholt den Empfindungs-Vorgang und fasst ihn zum Begriff als Ganzes in seiner Gliederung. Er kann das, indem sein Organ analog arbeitet (analog entwickelt ist) wie das Aufnahms-Organ der Empfindung. Die Empfindung nimmt nun das als wohlthuend auf, was der Einrichtung des Aufnahms-Organs entsprechend ist. Diesem entsprechend zeigt sich aber das, was dem Gesetz der Complication und der harmonischen Zahlen folgt. Dies Gesetz finden wir bei den harmonischen Tönen der Musik und es zeigt sich, losgelöst von Empfindung und persönlicher Auswahl, als Beherrscher der Entwicklung der Krystallformen. Dort können wir es objectiv und mechanisch in seiner Reinheit studiren.

Folgen wir dieser Schlusskette rückwärts, so finden wir, dass die Entwicklung des Aufnahms-Organs, der Empfindung und des Geistes dem Gesetz der Complication (der Harmonie) folgt, das wir bei den Krystallformen kennen lernten. Die Entwicklung nach dem gleichen Gesetz ist der Grund, warum die Vorgänge in der Natur analoge Vorgänge in unseren Sinnen und in unserem Gehirn hervorrufen (induciren). Diese inducirten Vorgänge sind das, was wir von der Natur wahrnehmen. Die Natur ist uns so weit verständlich, als wir sie mit unserem Geist ausmessen, in die Form unseres Denkens umsetzen können.

Der menschliche Geist ist ein Abbild der Natur, wie die uns bekannte Natur ein Abbild unseres Geistes ist. Die **Naturgesetze** sind Operationen des menschlichen Geistes und wir können frei nach Goethe sagen:

> Denn, was man so Naturgesetze heisst,
> Das ist im Grund des Menschen eigner Geist,
> Worin die Dinge sich bespiegeln.

Bestätigt sich das Gesetz der Complication als ein Entwicklungs-Gesetz des Geistes, der Sinnes-Organe und der Dinge ausser uns, so ist es ein weittragendes Gesetz. Die Harmonie ist das Zeichen seiner Herrschaft und die Freude an der Harmonie ist zugleich Freude am Verständniss der Natur, das heisst Freude daran, dass wir die Natur mit unserem Geist in Uebereinstimmung gebracht haben.

Damit sind wir beim Eingang dieser Abhandlung wieder angelangt, beim *Γνῶθι σεαυτόν*, bei der Frage, wie arbeitet unser Geist, wie erfasst er die Natur und welchen Gesetzen gehorcht er? Wir sehen hier einen Weg zur Erkenntniss der Gesetze der Sinne und des Geistes in ihrem Abbild, den objectiven Gesetzen der Physik.

Verlag von Julius Springer in Berlin N.

Krystallographische Winkeltabellen.

Von

Dr. Victor Goldschmidt.

432 Seiten in 4⁰ mit in den Text gedruckten Figuren.

Preis M. 20,—.

Ueber krystallographische Demonstration

mit Hilfe von

Korkmodellen mit farbigen Nadelstiften.

Von

Dr. Victor Goldschmidt.

Mit 6 Tafeln in Farbendruck.   Preis M. 3,—.

Ueber Projection und graphische Krystallberechnung.

Von

Dr. Victor Goldschmidt.

Mit 123 in den Text gedruckten Figuren.   Preis M. 6,—.

Index der Krystallformen der Mineralien.

Von

Dr. Victor Goldschmidt.

In drei Bänden.

Erster Band.

In zwei Lieferungen (Einleitung und Abichit—Euxenit).   Preis M. 30,—.

Zweiter Band.

Heft 1: Fahlerz—Frieseit.	Preis M. 3,60.	Heft 4: Idokras—Kupfervitriol.	Preis M. 5,—.
„ 2: Gadolinit—Gyps.	„ M. 3,60.	„ 5: Lanarkit—Lunnit.	„ M. 3,—.
„ 3: Haidingerit—Jarosit.	„ M. 3,60.	„ 6: Magnesit—Osmiridium.	„ M. 5,60.

Heft 7: Pachnolith—Pyroxen.   Preis M. 5,60.

Dritter Band.

Heft 1: Quarz.	Preis M. 2,—.	Heft 4: Tantalit—Tysonit.	Preis M. 3,20.
„ 2: Ralstonit—Rutil.	„ M. 3,—.	„ 5: Ullmannit—Wurtzit.	„ M. 3,20.
„ 3: Salmiak—Syngenit.	„ M. 5,60.	„ 6: Xanthokon—Zunyit.	„ M. 2,—.

Heft 7: Anhang. Synonyme. Correcturen und Nachträge. Preis M. 1,—.

Als selbständige Schrift unter dem Titel

Einleitung in die formbeschreibende Krystallographie.   Preis M. 8,—

wurde die Einleitung zum Index der Krystallformen herausgegeben.

Zu beziehen durch jede Buchhandlung.

Verlag von Julius Springer in Berlin N.

Krystallographische Projectionsbilder

von

Dr. Victor Goldschmidt.

19 Tafeln nebst 2 Beilagen. — Format 75.₃ cm : 66 cm. — Zum Theil in Farbendruck.

In Mappe.

Mit einleitendem Text. — Preis des vollständigen Werkes M. 60,—.

(Die Tafeln werden auch einzeln zu den beigesetzten Preisen abgegeben.)

Inhalts-Verzeichniss:

Tafel I. Pyrit. Gnomonische Projection der bekannten Formen. — Preis M. 4,—.
„ II. „ Punktbild. — Preis M. 2,—.
„ III. Calcit. Gnomonische Projection der bekannten Formen. — Preis M. 4,—.
„ IV. „ Punktbild. — Preis M. 2,—.
„ V. Rothgiltigerz. Gnomon. Projection der bekannten Formen. — Preis M. 4,—.
„ VI. „ Punktbild. — Preis M. 2,—.
„ VII. Pyrit, Calcit, Rothgiltigerz. Mittelfelder in grösserem Massstab. (Ergänzungsblatt.) — Preis M. 4,—.
VIII. Eisenglanz. Gnomonische Projection der bekannten Formen. — Preis M. 4,—.
IX. „ Punktbild. — Preis M. 2,—.
X. Quarz. Gnomonische Projection der bekannten Formen. — Preis M. 4,—.
XI. „ Punktbild. — Preis M. 2,—.
XII. „ Mittelfeld in grösserem Maassstab. — Preis M. 4,—.
XIII. Bournonit. Gnomonische und stereographische Projection der bekannten Formen. — Preis M. 4,—.
XIV. „ Punktbild. — Preis M. 2,—.
XV. Humit-Gruppe: Humit, Klinohumit, Chondrodit. Gnomon. Projection der bekannten Formen. Chondrodit mit Vicinalflächen. — Preis M. 4,—.
„ XVI. „ Punktbild mit optischen Abmessungen. — Preis M. 4,—.
„ XVII. Magneteisenerz, Beryll, Idokras, Baryt, Epidot, Axinit. Beispiele für die Anwendung rastrirter Blätter zur Darstellung von Projectionsbildern. — Preis M. 4,—.
„ XVIII. Amphibol. Ableitung des perspectivischen und des horizontalen Bildes aus dem gnomonischen Projectionsbild. — Preis M. 4,—.
XIX. Anorthit. Zwillingsbilder in gnomonischer Projection. Albit-Gesetz, Manebacher-Gesetz.
Calcit, Rothgiltigerz, Eisenglanz, Quarz. Linienbilder der wichtigsten Zonenentwickelung. — Preis M. 4,—.
Beilagen: Hexagonales Netz. — Preis für 4 Blatt M. 1,60.
Tetragonales Netz. — Preis für 4 Blatt M. 1,60.

Preis des Textes M. —,80. Preis der Mappe allein M. 2,20.
Beim Bezuge von Tafeln ohne die Mappe kommen ausser dem Porto noch die Kosten für Verpackung in Anrechnung.